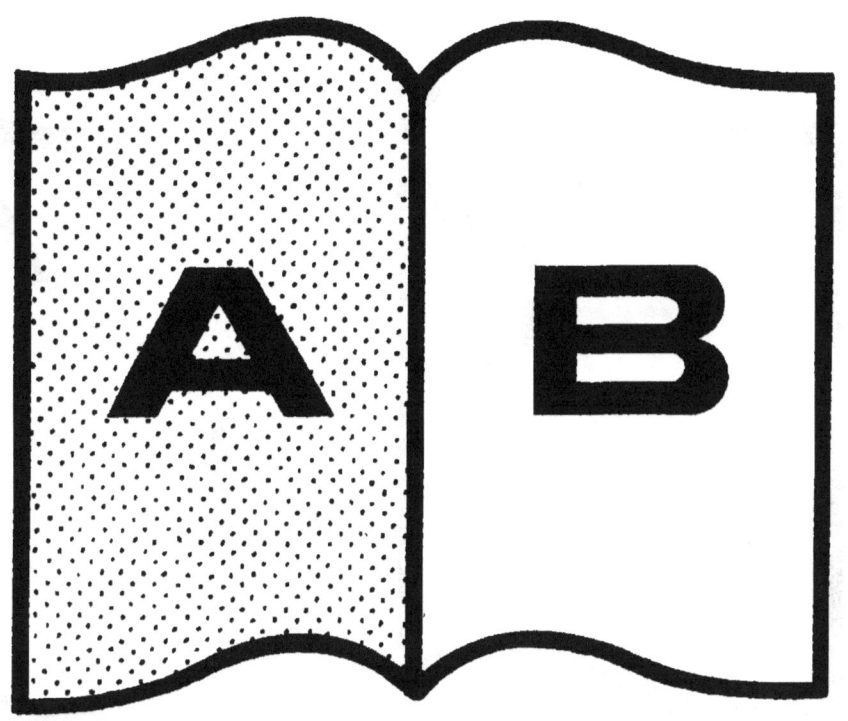

Contraste insuffisant

NF Z 43-120-14

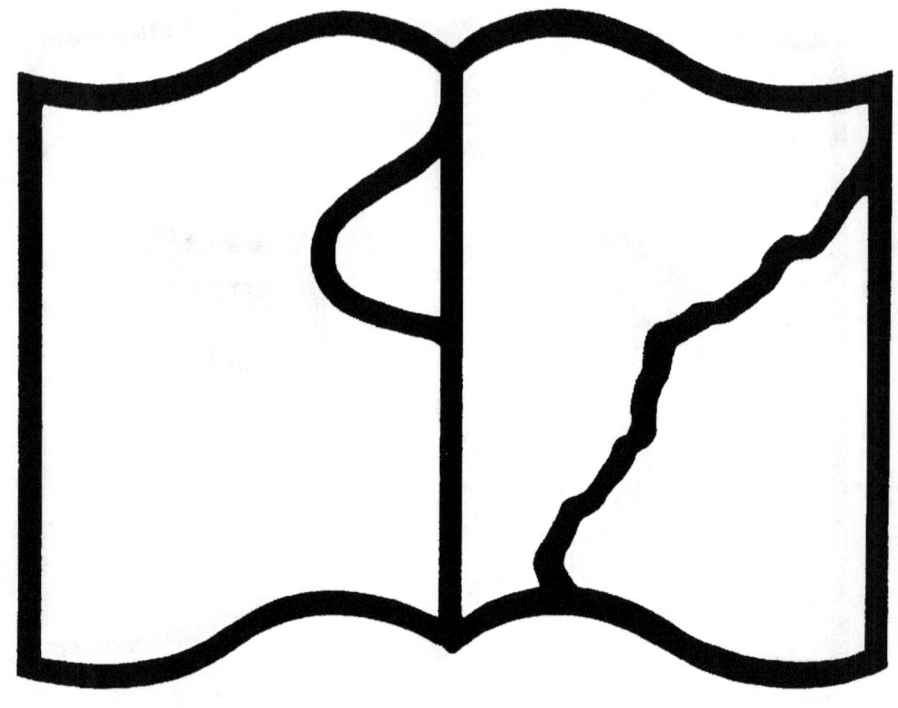

Texte détérioré — reliure défectueuse

NF Z 43-120-11

LES
DRAMES DE LA JUSTICE

TROISIÈME ÉPISODE

La Banque des Gueux. (Voir page 9.)

LES DRAMES DE LA JUSTICE
(TROISIÈME ÉPISODE)

LE CONTUMAX
Par RAOUL DE NAVERY

CHAPITRE PREMIER

LA BANQUE DES GUEUX

Le logis du père Zug était sinistre entre tous. Situé rue des Chaufourniers, presque à l'angle de la rue de Meaux, il fallait, pour y parvenir, grimper cinq étages d'une roideur d'échelle, affronter l'humidité suintant des murs, les odeurs nauséabondes s'échappant des conduits d'eaux ménagères, le disloquement des marches de l'escalier, l'étroitesse des paliers tremblant sous les pieds, et sur le carré desquels des réchauds allumés représentaient une cuisine étrange confondant l'âpreté des roux, les rissolements des fritures, le fumet des choux ou la senteur d'un café mêlé à portions égales de terre glaise et de gland doux. Autour de chaque fourneau s'accroupissait une marmaille affamée surveillant la cuisson des aliments fantastiques, achetés au rabais et destinés à détériorer plutôt qu'à soutenir les estomacs qui les ingurgitaient. Les femmes, en jupon court, en camisole, ébouriffée, les pieds dans des chaussons éculés, la face terreuse, d'une morbide pâleur, ou bien enluminée par ces tons de brique que laisse l'habitude de l'ivrognerie, s'évertuaient autour des casseroles et des poêlons, tournant leur contenu avec des cuillers de bois à long manche, ou secouant d'une main vigoureuse la queue de la poêle grésillant sur les charbons. D'étage en étage cette odeur de cuisine bizarre vous poursuivait en vous écœurant. Vous montiez dans l'espoir que l'étage suivant en serait débarrassé, mais vos pieds se heurtaient aux mêmes réchauds de terre, aux mêmes cocottes de fonte. Les enfants glapissaient plus fort, les femmes criaient plus haut, et la voix enrouée d'un homme gris depuis la veille hurlait une injure ou proférait une menace.

Certes il fallait être dévoré par une curiosité bien vive pour continuer cette ascension répugnante, à travers une spirale de cinq étages, dans un escalier sombre où les mains ne trouvaient d'autre appui qu'une corde graisseuse. Aussi les femmes et les enfants se poussèrent-ils du coude en voyant gravir, avec une obstination endiablée, les marches de cet escalier par un homme d'environ vingt-cinq ans, portant un élégant costume du matin, et qui paraissait prendre un singulier intérêt aux détails s'offrant à ses regards. De temps à autre il s'arrêtait, ouvrait son agenda, y donnait quelques coups de crayon, puis il disparaissait dans la voie montante et noire.

Lorsqu'il parvint au cinquième étage, au lieu d'un palier, il trouva un corridor. Le peu de lumière tombant par les étroites fenêtres percées sur une cour de dix mètres carrés était bien insuffisante. On se rendait vaguement compte que des portes s'ouvraient sur ce couloir. Le jeune homme tira une boîte d'allumettes, une lanterne en cuir de Russie grande comme une carte de visite, en alluma la bougie et se mit à examiner l'une après l'autre les portes qui lui faisaient face. Des noms à la craie, un outil en guise d'armes parlantes, suffisaient pour les distinguer. Enfin, tout au fond, sur une pancarte, il trouva écrit en grosse gothique ce mot solennel : Banque, et, frappant du doigt à la porte vermoulue, il attendit.

— Entrez! cria une voix cassée.

Il obéit à cette invitation, tourna le bouton de la porte, et s'arrêta sur le seuil, saisi par le spectacle étrange qui s'offrait à lui.

Le jeune homme se trouvait dans un grenier assez vaste, recevant le jour à travers des tabatières insuffisamment jointes. Tout autour de cette vaste pièce s'entassaient sur des rayons, ou pendaient à des clous, des paquets renfermant des objets de provenances hétéroclites, des habits fripés, du linge, des loques, des lampes cassées, des outils, des paquets de papiers, des pipes, des cannes, des parapluies hors d'usage, des guenilles sans nom qui, toutes cependant, paraissaient être suspendues dans un certain ordre, et portaient une étiquette et un numéro; c'était un tableau étrange, une brocante fantastique, un pandémonium insensé. La lumière rare tombant des châssis mettait des tons inattendus sur cet entassement de haillons, et ce spectacle parut réjouir infiniment le jeune homme qui venait de franchir le seuil de cette *Banque* inconnue.

D'abord ébloui, troublé, il ne distingua rien. Au bout d'une minute il aperçut cependant en face de lui une cage formée par trois portes-fenêtres composant une sorte de cabinet. Un vasistas s'ouvrait à la place d'un carreau manquant; derrière et sur une planchette s'alignaient des piles de gros sous de hauteur égale. Au fond, un casier de planches mal rabotées renfermait des registres piteux, dont la percaline noire s'éraillait à tous les angles.

— Monsieur Zug? demanda le jeune homme en s'inclinant avec politesse devant un vieillard.

— C'est moi, monsieur, le père Zug, comme on dit dans le quartier.

— Directeur de la Banque...

— Oh! n'ayez aucune crainte de m'offenser, monsieur... directeur de la *Banque des Gueux*, et qui se flatte d'être un fort honnête homme, considéré et estimé dans la rue des Chaufourniers... Veuillez vous asseoir, monsieur; je présume que vous souhaitez causer, car vous ne pouvez rien m'offrir; ma maison de prêt n'est pas bonne pour des gens comme vous.

Le père Zug avança un siège au visiteur, puis le bonhomme reprit sa place sur son fauteuil de paille, au fond du cabinet vitré qui lui servait de caisse.

— Monsieur, dit le jeune homme, je me nomme Alfred Lesueur et je suis l'ami d'Albert Picauville, le reporter du *Nouvelliste Parisien*. Un mot lancé par hasard lui a donné le désir de connaître votre établissement; il en revint, enchanté de la complaisance de votre accueil, écrivit deux colonnes pittoresques sur votre institution, car il s'agit d'une véritable institution, et les publia dans son journal. Le tableau de cet intérieur bizarre, de cette *Banque des Gueux*, a inspiré à un second journal, *l'Actualité,* le désir de donner le dessin exact de votre logis, et je viens vous demander la permission d'en faire un croquis.

— Faites, monsieur, faites! répondit le père Zug en frappant du doigt le couvercle de sa tabatière de corne. Vous m'obligerez en parlant de ma banque, et peut-être donnerez-vous à d'autres personnes l'idée de créer des établissements similaires. Vous me croyez peut-être un négociant obstiné, un juif retors; au fond, je ne suis qu'un philanthrope, mais cela vous gêne peut-être que je cause, tandis que vous dessinez...

— Au contraire! allez toujours! vous m'intéressez plus que je ne saurais l'exprimer. D'ailleurs je vous représenterai dans le milieu que vous habitez, et vous posez tout simplement devant moi.

Le père Zug sourit.

— Quand j'étais jeune, dit-il, je me trouvais trop laid pour souhaiter avoir mon portrait; cette coquetterie-là m'est passée, voyez-vous. Mes vieilles loques sont faites à mes vieux membres; je ne rougis point de la visière qui protège mes yeux. Ma vie s'est écoulée sans bonheur, maigrement, tristement, dans la solitude et une pauvreté relative. Lorsque mes bras se sont trouvés trop faibles pour la tâche quotidienne, j'ai songé à gagner autrement ma vie, et je réalise des bénéfices suffisants tout en rendant service à plus d'un malheureux... Voyez-vous, monsieur, je n'entends point dire de mal du Mont-de-Piété; il oblige bon nombre de gens, puisqu'ils en prennent si souvent le chemin... Mais il ne descend point à certains prêts. Il choisit la marchandise, repousse ce qui lui paraît désavantageux, et peut renvoyer sans pain un malheureux qu'on trouvera huit jours plus tard à la Morgue... Mes prêts à moi commencent où s'arrêtent ceux du Mont-de-Piété. On vient chercher ici un franc, dix sous, moins que cela, monsieur, deux sous! oui, deux sous! J'ai vu des misérables m'offrir en gage des lambeaux dont n'aurait pas voulu le chiffonnier. A leur figure creuse, à leurs yeux caves, je devinais la faim, et je tendais au choix le morceau de pain qui endort les déchirements de l'estomac, ou le verre de « raide » qui les fait oublier. Et les pauvres diables s'en allaient en me bénissant.

— Ne perdez-vous point d'argent? demande l'artiste qui dessinait avec la facilité de l'inspiration.

— Rarement. D'abord, je ne prête que pour un mois; au bout de ce temps, je vends soit aux brocanteurs, soit aux chiffonniers ce qui m'a été laissé en gage. Il faut le reconnaître, monsieur, ma clientèle m'aime, elle sait qu'à ce commerce je mange sans m'enrichir. Ces misérables se feraient un scrupule de me tromper, parce qu'ils feraient tort à leurs camarades de misère.

— Mais, demanda l'artiste, qui vous a donné l'idée de fonder cette *Banque des Gueux*?

— La succursale du Mont-de-Piété est près d'ici, monsieur; vingt fois il m'arriva de rencontrer des femmes chargées d'un paquet que l'employé de cet établissement venait de refuser... Elles pleuraient... les enfants attendaient peut-être son retour pour manger... Deux ou trois fois je rendis des services isolés ; j'en pris l'habitude ; l'idée de suppléer à l'insuffisance du Mont-de-Piété germa, puis grandit dans ma tête. Il fallut un mois pour l'organiser... Je suis en règle avec l'autorité ; on reconnaît que j'exerce honnêtement mon métier...

— Étourdi que je suis ! j'ai oublié de vous remettre le journal de Picauville. Le voici, lisez.

Le père Zug prit le journal avec une visible satisfaction, et lut avec lenteur, s'arrêtant aux alinéas, approuvant de la tête, souriant de voir qu'on parlait de lui comme d'un brave homme.

— Je garderai cet article-là, monsieur ! et si vous voulez bien me donner plus tard votre dessin, je le ferai soigneusement encadrer, je vous le jure.

— C'est chose promise, répondit Alfred Lesueur.

Le père Zug s'enfonça de nouveau dans le cabinet de verre, Alfred continua à dessiner, jusqu'à ce qu'un coup sec le fît tressaillir.

— Voici un client sans doute, dit l'artiste, j'ai fini, monsieur Zug, et je vous remercie cordialement. Dans quinze jours vous recevrez le numéro du journal.

La porte de la *Banque des Gueux* s'ouvrit sous la main d'un être misérable, à face simiaque, à membres grêles, contournés d'une horrible façon ; et Alfred Lesueur, ayant fermé son carnet de croquis, redescendit la spirale noire de la sinistre maison de la rue des Chaufourniers. L'individu qui s'avança avec la marche tortueuse et hésitante d'un crabe, du côté du père Zug, gardait, en dépit de sa laideur et de la difformité de ses membres, une sorte de gaieté bizarre empruntant quelque chose de macabre et de terrible. Quand il riait, si l'expression du regard était intelligente, celle de la bouche, relevée aux angles d'une façon inégale, effrayait plus qu'elle ne rassurait. Il fallait cependant que cet homme ne fût pas méchant, car le banquier lui tendit la main et dit avec bonhomie.

— Eh ! eh ! Marc le Tordu, on ne trouve pas d'ordinaire à ma banque des jeunes gens du galbe de celui qui vient de sortir. La semaine dernière un journaliste parlait de mon établissement, un artiste va l'illustrer ; encore un mois et je deviendrai célèbre.

— Ce sera le moment de donner de l'extension à vos affaires, père Zug; et, tenez, je viens vous y aider, en vous remettant les économies du mois précédent : un billet de banque de cent francs!

— Quoi! cent francs de bénéfices nets?

— Et le plus curieux, c'est que j'ai bien vécu. Ah! la situation est bonne, et je bénis chaque jour l'état que j'ai choisi.

— Celui de mendiant?

— Il serait plus juste de dire celui de client du docteur Galéas. Ce brave docteur qui mérite d'être né Gascon, après avoir signé un bail de vingt ans avec sa propriétaire, a eu des démêlés avec elle; la non-réussite d'une opération qui lui enleva l'usage d'un de ses yeux acheva de l'exaspérer, et pour se venger du praticien mal habile, elle fit chercher dans les environs l'être le plus difforme qu'on y connût. La préférence tomba sur moi. Mme Fontaine, la concierge, me promit, au nom de sa maîtresse, une bonne place sous la porte cochère, et une pitance suffisante, à la seule condition que chaque fois qu'on demanderait le docteur Galéas, je répondrais : « Au premier étage... Un bien savant homme... C'est mon médecin... » J'ai vu des gens tellement épouvantés de l'habileté du chirugien en voyant la contraction de mes membres et les enkiloses de mes doigts qu'ils s'empressaient de repasser le seuil de la maison. Galéas apprit le résultat de ce manége. Il me pria de monter chez lui, et m'offrit de me donner cinquante francs par mois si je consentais à abandonner la place... Je refusai... La somme fut doublée... Je refusai encore... Mes dernières conditions furent que j'exigeais deux cent cinquante francs par mois.. Nous en sommes là... La place est bonne, le voisinage de la fabrique de porcelaine de M. Dupont occasionne un grand mouvement autour de moi; j'inspire la pitié; les gros sous pleuvent dans ma sébile, et, comme vous le voyez, je réalise des économies. Prenez-les, et faites-les valoir dans votre banque...

« Sans adieu, père Zug, je retourne sous ma porte et j'y reprends mon rôle. »

Le bruit s'accentuait dans l'escalier; martèlements de sabots, claquements mous de chaussures éculées, traînements de pantoufles réduites à l'état de mules, frôlements de ferrailles, de poteries, cris d'enfants, gémissements de femmes, voix enrouées échangeant des confidences sinistres, refrains expirant dans la gorge contractée, tout cela se confondait dans un tapage sinistre. Marc le Tordu fendit la foule qui montait, et descendit comme il put les marches suintantes, tandis que le Banquier des gueux, l'air digne, sa casquette à visière abaissée sur les yeux, enfoncé dans son fauteuil derrière son vitrage, attendait que le défilé commençât.

Une femme portant deux enfants dans ses bras débiles, et soutenant sur l'épaule un paquet noué, posa les petits à terre et montrant deux draps troués, mais lavés soigneusement :

— Que pouvez-vous me compter là-dessus? demanda-t-elle.
— Huit sous, répondit le bonhomme.
— Un pain, murmura-t-elle.

Avec une joie fébrile la malheureuse prit l'argent, souleva de nouveau les enfants dans ses bras et fit place à un ouvrier.

Celui-ci apportait un lot d'outils.
— Je demande trois francs, dit-il.

Le père Zug le regarda en face.
— Mon ami, lui dit-il, avec quoi travailleras-tu demain?
— Aujourd'hui je boirai les trois francs, demain je me reposerai.
— Quand mangeras-tu?
— Nous nous mettons en grève.
— Ta femme et tes enfants sont-ils en grève aussi? Ceux qui te poussent à mal faire leur donneront-ils du pain?...
— Malheur! s'écria l'ouvrier, la femme et les gosses! ils chercheront leur vie, je suis pour la *Sociale*, moi, et je défends les droits de l'ouvrier... me donnez-vous trois francs?
— Sur deux de tes outils, oui, fit le père Zug; si le remords te prend en voyant les tiens réduits à la mendicité et à la famine, il faut que tu trouves encore sous la main des gouges, un rabot et un serre-joint.
— Ah! mais! fit l'ouvrier, je croyais venir au « Clou » des gueux, et je reçois une semonce... Merci tout de même, ça n'empêchera pas la rigolade.

Il enfouit les trois francs dans son gousset, remporta le reste de ses instruments de travail et fit place à une jeune fille déposant sur la tablette du père Zug une petite croix d'argent.

Le bonhomme la soupesa, et voyant une larme briller dans les yeux de la jeune fille.

— Je te la garderai, dit-il, ne pleure pas, voilà quinze sous.

Un à un ils défilèrent ainsi, après avoir donné leurs noms et leurs adresses. Zug inscrivait le tout sur son registre, mettait un numéro au paquet, au vêtement ou au pauvre bijou, puis il s'occupait d'une autre affaire. A une femme d'environ trente ans qui lui apportait un petit fourneau, Zug demanda :

— Sur quoi ferez-vous votre cuisine?

— Si je le gardais, répondit-elle, il ne me servirait plus qu'à brûler mon dernier boisseau de charbon.

— Êtes-vous seule au monde?

— Oui, répondit-elle.

— Et Dieu? reprit Zug gravement.

La femme secoua la tête sans répondre.

Puis ce furent des vieillards, des enfants, des gens exténués par la maladie, et que l'hôpital ne trouvait pas atteints assez gravement pour les recevoir ; des estropiés, des aveugles...

Le matin la foule était toujours plus grande ; il s'agissait pour ces déshérités de passer la journée et de manger. Vers midi, le calme se fit dans le couloir de l'étrange maison. Les réchauds, les poëlons et casseroles disparurent des paliers. On entendit des bruits de vaisselle, des chocs de verres. Toute la maison mangeait.

Zug prit un peu de viande froide dans l'armoire, du pain, une carafe d'eau, car ce vieillard était sobre, et fit un repas rapide, enleva son modeste couvert, puis il s'occupa à transcrire sur un autre registre les engagements de la matinée.

Quand il eut achevé, doucement il glissa dans son fauteuil au fond du cabinet vitré et s'endormit, tandis qu'un gai rayon de soleil se jouait sur les haillons multicolores.

Il s'éveilla brusquement en entendant frapper, se frotta les yeux, se leva d'un bond, et cria : « entrez. » L'homme qui parut alors en pleine lumière dans le grenier tourna autour lui un regard moins curieux que triste, et avec une politesse à laquelle le père Zug n'était guère accoutumé, il salua le vieillard qui, lui aussi, souleva sa casquette à visière.

Le nouveau venu pouvait avoir quarante ans. Grand, robuste et bien pris dans sa taille, il annonçait une remarquable force musculaire, et cependant l'expression de son visage formait un contraste avec cette vigueur. Elle respirait une bonté profonde mêlée à une incommensurable tristesse. Si les cheveux étaient restés noirs, l'œil paraissait brûlé par un feu intérieur. Sa bouche gardait des plis douloureux. Mélange singulier de virilité noble et fière, et de timidité craintive, cet homme devait posséder la passion du dévouement et des nobles choses, mais en même temps peut-être montait-il un calvaire dont lui seul connaissait les aspérités et les martyres. Au moment où il pénétra dans le capharnaüm du père Zug, ses grands yeux d'un bleu sombre s'emplirent d'une pitié dont rien ne saurait rendre la douceur.

— Monsieur, dit-il en acceptant avec une politesse affable le fauteuil ciré que lui avançait le Banquier des gueux, il a été publié sur votre établissement dans un journal très répandu, le *Nouvelliste Parisien*, un article fort intéressant. Je l'ai lu avec d'autant plus de curiosité que les questions sociales font l'objet de mes préoccupations et de mes études. La fabrique que je dirige me met en rapports constants avec les ouvriers qui deviennent si facilement des pauvres dans les temps de maladie et de chômage. On affirme que si vous vivez de cet établissement de prêt, vous n'y faites pas fortune : et voilà ce qui m'attire vers vous. Pour vous contenter d'un gain modeste et vous livrer à un travail constant, il faut que vous aimiez les classes laborieuses...

— Oui, monsieur, je les aime, répondit le père Zug, car j'ai souffert à mes heures, et mon humble trafic me rapproche des indigents du quartier. Tous ne sont pas bons, très peu sont mauvais. Bien des têtes s'égarent sans que les cœurs se pervertissent. On trouverait dans certaines familles d'admirables traits de dévouement conjugal et d'amour maternel ; ce qui n'empêche pas à côté de découvrir des monstruosités écœurantes... Ce matin seulement j'ai reçu le *Nouvelliste Parisien* et lu l'article de M. Picauville... Un de ses amis, M. Lesueur, vient de dessiner ce matin ce pandémonium où tant de choses bizarres et hétéroclites se donnent rendez-vous... A une patère vous voyez un habit d'académicien, à celle-là un chapeau de général ; un pauvre voile de communiante est enfermé dans cette boîte : le livre dont la lecture perdit une jeune fille frôle le bouquet qu'elle portait à son dernier bal. Si ces loques parlaient, monsieur! quel roman ne raconteraient-elles pas! chacun de ces haillons a son histoire, sinistre ou touchante.

— Peut-être l'histoire de celui qui se fait appeler le père Zug, serait-elle plus curieuse encore que celle de son magasin...

— Je ne dis pas, monsieur! l'homme est vieux, une guenille! guenille à laquelle lui-même n'attache pas grande importance!

Le visiteur se leva et trois fois il parcourut le grenier, étudiant les détails de ce Mont-de-Piété bizarre, revenant de temps à autre vers le père Zug, pour lui demander un renseignement, une explication.

Tout à coup ses regards se fixèrent sur une palette de porcelaine pendue à un clou avec une boîte à couleurs et une poignée de pinceaux. Ces objets qui criaient la misère de leur propriétaire, après avoir peut-être été l'objet de tant d'espérance, fixèrent plus que tous les autres l'attention du curieux.

— Qui a engagé cette palette, père Zug? demanda-t-il.

— Je trouverai le nom tout à l'heure... Je me souviens que c'est une jeune fille blonde, très pâle, d'une beauté rare, à peine couverte par un temps froid. Elle avait honte d'engager cette boîte et cette palette, et répondit à mes questions : « Que voulez-vous, monsieur, je suis sans travail! » Je lui remis trente sous, elle partit avec un sourire navré.

— Son nom, son adresse, père Zug?

— Puisque vous êtes à côté de la porte, ayez donc, monsieur, l'obligeance de me dire le numéro.

— Deux cent quinze.

Zug prit un registre, en tourna rapidement les feuillets, et lut :

— Any Darien, rue Paradis-Poissonnière, 34... l'engagement est daté d'avant-hier.

— Pauvre fille! murmura le visiteur, peut-être possède-t-elle du talent! Belle, pauvre et toute jeune! Je puis la sauver, du moins, celle-là! Ma fabrique lui procurera du travail...

— Dois-je vous transcrire l'adresse, monsieur? demanda le père Zug.

— S'il vous plaît... Je vous remercie... Mais ce n'est pas seulement à cette enfant qu'il faudrait venir en aide... Une idée, père

Zug... Je veus achète votre banque, vous continuerez à la gérer; et chaque mois, lors du dégagement des objets, vous me rendrez un compte exact de la situation de vos clients. Quand vous les jugerez trop pauvres pour rendre le prêt, nous restituerons ce qui fut engagé ; le plus souvent on y joindra une aumône... Que ma visite soit au moins utile à tous ceux qui vous laissèrent ces misérables choses! Tout sera rendu, tout! Vous voudrez bien m'apporter vos livres demain, je règlerai le prix des prêts... A partir de ce jour, en qualité de gérant de la Banque, vous recevrez deux cents francs par mois.

— Vous êtes donc bien riche, monsieur, pour vous montrer si généreux.

— Je me nomme Samuel Dupont.

— Le fabricant de porcelaine de la rue Paradis-Poissonnière?

— Vous me connaissez?

— Qui ne vous connaît point à Paris. Ah! si tous les patrons vous ressemblaient!

— Ajoutez, père Zug : si tous les ouvriers ressemblaient aux miens! Je ne dis point qu'ils sont parfaits, mais ils valent certainement beaucoup mieux que la plupart des travailleurs... Quand je songe que parmi eux quelques-uns peut-être sont descendus à ce degré de misère! Ce n'est point une banque de prêts que je devrais agrandir, mais fonder un village, afin que tous ceux qui travaillent pour moi puissent au moins se dire heureux ! J'emporte la palette de Mlle Any; elle lui sera rendue, et jamais plus cette malheureuse enfant ne sera réduite à l'obligation d'engager ses instruments de travail. Au revoir, monsieur Zug; nous nous verrons souvent désormais, et, je l'espère, à notre satisfaction mutuelle.

Le fabricant tendit la main au bonhomme, descendit l'escalier, et reprit à pied le chemin de sa fabrique. Son visage s'était rasséréné. On eût dit qu'il venait d'expier une grande faute.

LE CONTUMAX

CHAPITRE II

LE ROI DU QUARTIER

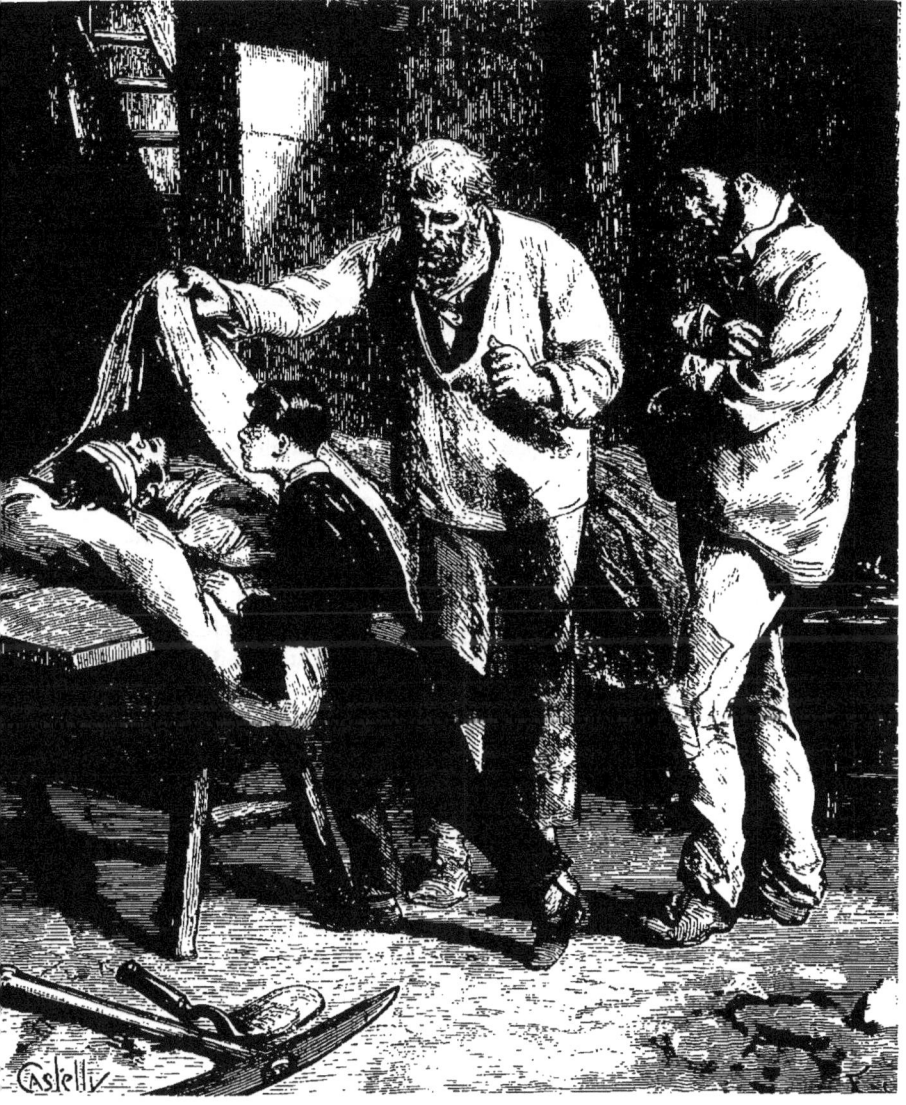

Tombant du haut d'un échafaudage, il s'était brisé le crâne sur le pavé ! (Voir page 21.)

CHAPITRE III

LE ROI DU QUARTIER

Aucune popularité n'était mieux établie dans le quartier Poissonnière que celle de Samuel Dupont. Il la devait moins à sa grande fortune, à la perfection des œuvres sortant de sa maison, à ses succès chaque fois qu'une exposition européenne groupait les grandes industries, qu'à la largeur de ses vues commerciales, à sa constante recherche des procédés nouveaux, et surtout à la générosité sans bornes dont il donnait chaque jour des preuves à l'égard de ses ouvriers. Pour ceux-ci, on pouvait dire qu'il se montrait véritablement paternel. L'élévation des salaires était le moindre des avantages présentés par sa maison. Ceux qui travaillaient sous ses ordres savaient avec quelle affectueuse équité il réglait les affaires d'intérêt. Cette bonté pourtant n'excluait point une certaine sévérité ; il se montrait souvent presque dur à l'égard de ceux qui retombaient dans une seconde faute. Il compatissait à la faiblesse humaine, faisait la part de l'entraînement et de l'exemple, et pardonnait avec une indulgence compatissante un premier manquement, à la condition, toutefois, qu'il fût la suite de l'entraînement irréfléchi, et non pas le résultat d'une habitude de conduite. Samuel Dupont ne souffrait jamais dans sa maison d'hommes discutant avec âpreté les questions sociales, appartenant à des sociétés formulant des revendications, fréquentant les clubs, et lisant ces feuilles qui jettent dans l'âme du travailleur des ferments dangereux. Non point qu'il fût l'ennemi de l'instruction : il avait créé une école du soir à laquelle assistaient un certain nombre de jeunes gens de la maison, et leur faisait donner gratuitement des leçons de dessin et de modelage; mais il redoutait que, sous le nom d'améliorations possibles et nécessaires, on troublât des intelligences souvent bornées, d'autant plus aisées à séduire que les arguments employés paraissaient désintéressés et spécieux. S'il jugeait libres toutes les opinions politiques, à la condition qu'elles respectassent toutes les lois et tous les devoirs, il en interdisait la discussion. Plus de trois cents ouvriers se pressaient dans cette fabrique : modeleurs, mouleurs, cuiseurs, peintres, emballeurs. C'était dans cette vaste maison haute de cinq étages, et dont les caves avaient des profondeurs de dessous de théâtre, une vie exubérante, joyeuse, exempte de querelle, vibrante souvent de jeunesse expansive. Entre les robustes garçons et les jolies filles que rapprochaient les exigences du travail, les relations devenaient cordiales et faciles. De temps à autre un ouvrier passait sous le sien le bras d'une brunisseuse, demandait au patron un moment d'audience et lui annonçait qu'il allait entrer en ménage. Samuel Dupont souriait, approuvait, s'engageait à offrir sa toilette à la mariée, à payer un repas de noces de vingt couverts qui se donnait dans une salle de travail, afin d'éviter les dangers du cabaret; puis, de temps à autre, il s'informait de la situation des nouveaux époux, servant de parrain aux enfants, créant entre lui et ceux qui l'approchaient des liens de parenté morale, les faisant siens par une adoption croissante, multipliant le nombre de ceux que les Romains appelaient jadis leurs « clients ».

Les bienfaits de Samuel Dupont ne se bornaient pas à ceux qu'il répandait sur ses ouvriers, cette bonté débordait sur le quartier tout entier. Tout malheur atteignant une famille trouvait un écho et une consolation à la grande fabrique. L'influence de M. Dupont croissait sans qu'il s'en doutât; une recommandation signée de son nom portait loin. On chérissait, on admirait cet homme qui, parvenu à un rang distingué parmi les commerçants notables de Paris, demeurait simple et bon, pitoyable et généreux. L'hiver, dans la grande cour on faisait une distribution de soupe aux indigents. Le soir, une grande salle chauffée recevait durant la nuit ceux qui manquaient d'asile. Il avait sa place à l'église de sa paroisse, et s'inscrivait régulièrement pour des souscriptions importantes chaque fois qu'il s'agissait de doter l'arrondissement d'une école, d'un ouvroir ou d'un asile. Sa sollicitude pour les enfants paraissait touchante. On ne comptait plus le nombre des petits orphelins qu'il prenait à sa charge. Chaque fois qu'un procès correctionnel montrait qu'un petit malheureux évadé ou banni de la famille se trouvait à la fois privé d'appui, d'instruction et de tendresse, il le réclamait aux magistrats avec un empressement n'ayant d'égal que sa bonté dont il lui donnait ensuite des preuves. Avec une patience paternelle il suivait les progrès dans une voie meilleure, les encourageant, les récompensant, heureux quand le bon grain germait de ses protégés ; triste, s'il reconnaissait l'impuissance de ses efforts. Il avait fondé de la sorte une petite colonie à peu de distance du Havre, formant pour l'avenir des matelots qui seraient des honnêtes gens et de braves soldats capables de faire honneur à la France.

Point de malheur public qui ne trouvât son dévouement prêt ; point de chagrin privé qu'il dédaignât de soulager. Un jeune homme avait, chez lui, pour mission unique l'emploi de décacheter les lettres renfermant des demandes de secours et d'y répondre ; de couper dans les faits divers des journaux les épisodes mettant sur la trace d'une infortune. Qui s'étonnerait, connaissant Samuel Dupont comme le faisaient ses ouvriers et ses obligés, qu'il fût réellement devenu le Roi du quartier. On finissait par ne plus le nommer autrement. L'essor pris par ses affaires étouffait le succès déclinant des maisons rivales. La grande fabrique englobait les autres sans les chercher, par la force même de sa puissance. La perfection de sa fabrication motivait le mouvement ascensionnel de ses affaires. Après avoir commencé par la porcelaine ordinaire, Samuel Dupont s'éleva jusqu'aux œuvres d'art, paya des prix honorables le travail soigneusement exécuté, acheta la propriété de plusieurs groupes dont le succès à diverses Expositions attira vers lui un noyau de jeunes sculpteurs désireux de gagner, au moyen de l'industrie, les facilités d'aborder ensuite le grand art, plus libre dans ses allures, plus grandiose dans ses proportions. Des amitiés fortes, inspirées à la fois par son intelligence et par sa bonté, récupéraient Samuel Dupont de ses sacrifices, de sa bienveillance, de ses efforts constants pour améliorer la destinée de ceux qui lui appartenaient à quelque titre que ce fût. Mais ces amitiés sincères, et plus profondes peut-être qu'il ne les supposait, Samuel Dupont semblait éviter de s'y livrer. On eût dit que cet homme d'action, dont chaque jour se comptait par des bienfaits, ne se croyait point droit à ces grands repos durant lesquels il est permis au cœur d'étancher sa soif. Au moment où il paraissait prêt à s'abandonner aux douceurs de l'intimité, une ombre subite passait sur son front, la parole se glaçait sur ses lèvres, une mélancolie sans nom emplissait son regard, et cette tristesse le repoussait brusquement dans une solitude presque sauvage. Mais ces accès étaient rares. Il se précipitait dans le mouvement, dans le tourbillon des affaires, avec la volonté bien arrêtée de s'y perdre et de s'oublier.

Il ne fut obligé de faire sur lui-même aucun effort, lorsque rentrant de la maison de la rue des Chaufourniers, il se retrouva dans la fabrique. C'était jour de paie; le patron ne se dispensait jamais d'assister au défilé des ouvriers. C'était pour lui le moyen de les retrouver à la fois, de s'enquérir de leurs besoins, de leur adresser une bonne parole. Ils avaient le droit et la facilité de se rapprocher de lui. A cette heure joyeuse où le salaire recevait son prix, ils se sentaient plus à l'aise auprès du maître qu'aux jours où il traversait les ateliers surveillant la besogne ou la distribuant. Il attendait ce jour-là avec une sorte d'impatience; et avant la fin de la journée, il se rendait près du caissier, guettant le défilé des travailleurs.

Un coup de cloche en donna le signal.

Un moment après les ouvriers quittèrent les salles de moulage, les ateliers de peinture, les magasins d'emballage, et se dirigèrent vers les bureaux. Le visage du patron rayonnait. Il rapportait de sa visite chez le père Zug, la certitude de faire du bien à des indigents; c'en était assez pour faire battre son cœur et allumer dans son regard une flamme humide.

Les ouvriers arrivèrent, quelques-uns paisibles, d'autres rieurs ; un petit nombre honteux à la pensée que le maître apprendrait une absence qu'ils ne pourraient justifier.

Dupont leur adressait à tous un mot bienveillant. Ils saluaient sans gaucherie, souriant, remerciant le patron, regardant derrière le grillage s'aligner les piles d'écus.

Au nom de Robin appelé par le caissier, un jeune homme de trente ans environ s'avança, la démarche hésitante, l'air narquois, la main tendue.

— Trois journées en moins, dit le caissier.

— Qu'as-tu fait pendant ces trois jours? demanda le fabricant.

— De quoi? Est-on pas libre de travailler ou de ne pas travailler.. Je suis été apprendre mes droits... les droits de l'homme... Et j'aurais rigolé que ça ne vous regarderait pas encore... Vous me payez le temps que je fais, voilà!

— Tu te trompes, mon garçon, répondit le fabricant d'une voix grave. Je crois mes devoirs plus étendus que tu ne le penses à l'égard de ceux qui viennent ici... Tes droits! pauvre fou! On te répète ce mot dans des meetings bruyants et des clubs de bas étage... Tes droits sont de travailler et de gagner honnêtement ta vie; ceux qui te mettent dans l'esprit des idées malsaines ne remplacent pas les dix-huits francs que tu aurais pu gagner et dont ta femme avait certainement besoin... Mais il est un autre point que tu comprends mal encore. L'ouvrier qui manque de se rendre à l'atelier pendant trois jours fait de mauvaise besogne le quatrième. Après avoir roulé de cabaret en cabaret, il reste absolument incapable d'un travail suivi. Sa tête lourde, ses idées confuses; les doigts même ont perdu leur souplesse; les nerfs le dominent. Je demande de tous ceux qui sont ici un labeur régulier.

— Nous sommes esclaves alors?

— Personne ne se plaint ici.

— Est-ce mon compte que vous me donnez?

— Un avertissement seulement. Au premier manquement tu cesseras de faire partie de l'atelier, où ta conduite serait un mauvais exemple.

Robin se retira en maugréant.

Un vieux travailleur le suivit : Ramonot, un brave homme avec cheveux gris ébouriffés, à la taille courbée par suite de l'habitude prise de se pencher sur l'établi.

— Eh bien! mon brave, et ta fille?

— Toujours la même, monsieur, merci de votre bonté. Autant que vous le pouvez vous soulagez sa misère et vous adoucissez ses peines... Ne lui a-t-on point porté de votre part des livres et des fleurs? De plus Mlle Gaudelen lui fournit des broderies d'or et d'argent à faire à la maison. Elle passe ses journées dans son fauteuil, oubliant qu'elle est infirme, regardant à travers la fenêtre le va-et-vient des passants... C'est l'ange de la maison, monsieur! Et nous prions tous pour vous, allez!

— Merci, Ramonot, merci !

Tour à tour les jeunes, les vieux descendirent; chacun eut un bonjour, un conseil, une promesse.

— Rigolade ! fit le patron en s'adressant à un jeune homme, tu ne prends pas garde que l'absinthe use la vie... Elle te mènera à l'hôpital et de l'hôpital à une maison de fous !

Rigolade haussa les épaules.

— Est-ce que je suis gris, patron ?

— Non, mais tu le seras ce soir... Allons Royer, on vous augmente, mon garçon, et on vous le devait bien... Vincent, votre groupe *la Liseuse* ayant obtenu un légitime succès, je vous cède cinq pour cent sur la vente... Faites-en deux autres aussi réussis, et vous pourrez vous mettre en ménage... On a vendu tes meubles, Blanchard, pourquoi ne payais-tu pas ton loyer ?

— J'ai huit enfants, monsieur, et ma femme est malade.

Samuel Dupont se pencha vers le caissier. Celui-ci traça des lignes sur une feuille de papier et la remit à Blanchard dont les yeux se remplirent de larmes...

— Oh ! monsieur ! dit-il, monsieur ! c'est trop !

Un signe de la main fut l'unique réponse du fabricant.

Les apprentis suivirent, bande joyeuse, semblable à une envolée de moineaux francs. Ils reçurent la paie de la quinzaine avec joie, saluèrent Dupont de la voix et du rire et s'enfuirent comme une traînée de gaieté dans la grande salle où commençait à se faire le vide.

Le tour des jeunes filles vint ensuite. Quelques-unes, enveloppées dans la blouse noire de l'atelier semblaient de grandes adolescentes, d'autres soignées dans leur mise, déjà coquettes, une dentelle par ci, un bouquet par là ! Le maître souriait à cette jeunesse.

Un dernier groupe passa, puis la salle resta vide.

Les grandes portes de la cour se sont fermées. Plus de bruit, que celui de la ronde des gardiens. Dans les ateliers le gaz est éteint, le caissier quitte son bureau, et le maître s'adressant à un jeune homme qui reste penché sur un gros livre, lui dit doucement :

— Viens, Norbert.

Le jeune homme ferme le registre, serre la main du caissier, et suit au premier étage Samuel Dupont.

Le couvert est dressé dans une salle à manger d'aspect sévère, mais où règne un confort bien entendu. Le fabricant et le jeune homme s'asseyent, un vieux serviteur fait le service avec soin. Le repas est simple, mais admirablement accommodé ; les vins sont de bonne marque. Le maître et le jeune homme s'entretiennent des commandes livrées, des expéditions à faire. Puis le dîner fini, tous deux passent dans un salon tendu de vieilles tapisseries, orné de beaux tableaux, et qui respire le calme des habitudes.

Sur un guéridon se trouvent un service de café et un service de fumeurs. Les cigares s'allument, et Samuel Dupont, qui commence à oublier les fatigues de la journée, raconte à Norbert la visite qu'il a faite le matin.

— J'ai rapporté, lui dit-il, la palette et la boîte de peinture de cette jeune fille, Any Darien... Elle connaît la peinture sur porcelaine, puisqu'elle a engagé tout ce qu'il faut pour l'exécuter... Dès demain, tu prendras sur elle des renseignements précis, et tu iras de ma part lui offrir du travail, que nous paierons très cher...

— Combien vous êtes bon ! s'écria Norbert.

— J'essaie de le devenir ; crois-moi, mon enfant, on ne l'est jamais assez !

— Mais quand donc avez-vous négligé l'occasion d'être utile ? A quelle heure votre caisse et votre cœur se sont-ils fermés pour les pauvres ? Refusez-vous jamais un conseil ou un secours ? Ne sais-je point ce que vous valez mieux que personne, moi qui vous dois tout depuis le pain jusqu'à l'intelligence !

— Tais-toi ! tais-toi ! s'écria Samuel.

— Eh bien ! non, je ne me tairai pas ! Il est des jours où la reconnaissance m'étouffe, où j'éprouve le besoin de crier que je vous aime et que ma vie vous appartient. Au milieu de toutes les voix qui vous bénissent, je veux croire que la mienne arrive davantage à votre cœur. Vous êtes mon guide, mon ami, vous remplacez mon père...

— Oui, Norbert, par l'adoption, tu es vraiment mon fils.

— Ah ! voyez-vous, s'il vous convient d'oublier vos bienfaits, il me plaît à moi de m'en souvenir sans cesse. Quelle famille eût fait pour moi ce que vous avez réalisé ? Mes parents étaient pauvres, ignorants, honnêtes d'âme et simples d'esprit. J'étais né si près de la rue que j'étais presque condamné à y vivre... Ma mère, usée par un travail précoce, mourut de la poitrine à vingt ans.... Sans doute mon père travaillait, j'allais à l'école; mais entre la sortie de l'école et le retour du père, que faire? J'entrais chez les voisins, je jouais sur le trottoir. Il exerçait un métier pénible : maçon. Souvent il passait de longues journées monté sur des échafaudages, secoué sur des cordes qui brusquement pouvaient se casser sous ses pieds, recevant la pluie sur le dos, et le vent en plein visage... Il rentrait souvent transi, et quand nous nous trouvions dans notre pauvre chambre, il me rapprochait de sa poitrine pour me réchauffer... Alors seulement nous causions ensemble; moi de l'école, lui du chantier. Un soir, à la place de mon père, je vis un de ses pays s'approcher de moi : — Viens souper, me dit-il. — Où est papa? — demandai-je Il évita de me répondre et m'emmena. Mais je ne pouvais manger, une secrète angoisse me serrait le cœur; j'avais l'intuition d'une catastrophe. Et comme il voulait m'amener chez nous, je refusai de rentrer. — Je verrai papa! — lui dis-je. Un de ses compagnons lui fit signe, tous deux se parlèrent bas, enfin le vieux à barbe blanche répondit : — Oui, cet enfant doit voir son père! — Qu'était-il donc arrivé, grand Dieu? Chacun d'eux me prit par la main, et nous nous dirigeâmes vers une grande maison qu'on achevait de bâtir. Les magasins du rez-de-chaussée étaient construits. Il y restait seulement un peu de paille et des planches. On me fit entrer tout au fond; sur une sorte d'estrade formée de voliges recouvertes d'un drap grossier j'entrevis une forme raide. Une lampe brûlait à côté; dans une soucoupe se trouvait une branche de buis baignant dans un peu d'eau. Un gros bouquet reposait au pied de l'estrade. Il devait servir à fleurir le pignon de la maison... On l'avait pieusement gardé pour un cercueil.

« Je tremblais de froid, de peur et d'angoisse. Le vieux serra ma main plus fort, et rabattit le drap, pendant que son ami soulevait la lampe.

« — Papa! criai-je, papa!

« Sa tête émergeait de linges sanglants... Tombant du haut d'un échafaudage, il s'était brisé le crâne sur le pavé!

« Je m'agenouillai sanglotant près de ce lit funèbre, et rien ne put me décider à le quitter. Toute la nuit les anciens compagnons reslèrent à mes côtés, cherchant dans leur mémoire des bribes de prières, cachant leur front dans leurs mains, et songeant que le sort de celui-ci pouvait devenir le leur... Au matin on l'ensevelit. Je le vis mettre en bière, et, coupant une boucle de mes cheveux blonds, je la posai sur sa poitrine, afin qu'il emportât quelque chose de moi... Une femme compatissante apporta une couronne d'immortelle, et le corbillard des pauvres vint chercher le corps du malheureux. Les deux Limousins qui avaient veillé, durent, en dépit de leur bon vouloir, reprendre la besogne matinale. L'entrepreneur avait signé l'engagement de terminer les travaux à une date précise. On ne leur permit point d'aller au cimetière et je marchai tout seul derrière la voiture de deuil, sanglotant, affolé, me demandant ce que j'allais devenir dans ce Paris où il me semblait que je ne trouverais plus place, parce que le cœur de mon père ne me réchaufferait plus... Je montai la rue Notre-Dame-de-Lorette, sans rien voir, la tête flottante, l'âme vide... Lorsque nous approchâmes du cimetière, des voitures de deuil en grand gala de galons d'argent, un char à panaches, des chevaux couverts de housses de velours semées de larmes, des cochers en costume de cérémonie funèbre encombraient le portail. Le corbillard de mon père dut se ranger et attendre que cette pompe mortuaire eût passé. Des groupes d'hommes parurent bientôt. Le corbillard entra dans l'allée, et j'eus le sentiment plutôt que la vision que je n'étais plus seul derrière la bière du pauvre maçon... Se détachant d'un groupe composé d'hommes connus, célèbres ou riches, un être bon entre tous venait de s'approcher de l'orphelin. Le prêtre des dernières prières attendait, et le corbillard se dirigeait du côté de la fosse commune, quand j'entendis la voix d'un inconnu répéter : — Non! non! le caveau provisoire... — On tourna la tête du cheval, et je me trouvai bientôt après à côté d'une excavation ouverte... Deux bouquets furent placés sur la terre remuée; le prêtre pria, et l'homme qui m'accompagnait répondait... Quand tout fut fini, cet étranger me prit doucement la main : — Où vas-tu? — Je ne sais pas, répondis-je en secouant la tête... L'idée de rentrer seul dans le logis où nous avions vécu deux m'épouvantait. — Veux-tu venir avec moi? demanda la même voix douce. Je regardai cet ami que me donnait la Providence et mes mains se joignirent...

« Dieu du ciel! quel regard plein de bonté vint me réchauffer le cœur! Comme la main qui se posa sur mon épaule me parut protectrice et douce! Si je consentais à le suivre? Mais il me parut que la Providence elle-même me prenait dans ses bras ; je ne sais plus si mes lèvres tremblantes balbutièrent quelques mots... Je ne le crois pas... des sanglots seuls me montaient aux lèvres... Je sais que je me jetai sur sa poitrine, et que dans cet élan je lui donnai toute ma vie... »

Norbert se tut... Ses pleurs, qu'il disait avoir senti jadis si brûlants, lui montaient du cœur aux paupières... Il garda un moment le silence et demeura le front penché, laissant de grosses larmes rouler sur ses joues. Samuel Dupont le regardait ému de la même émotion, respectant dans le jeune homme les souvenirs de l'enfant.

Lorsque la violence des sentiments de Norbert fut un peu calmée, celui-ci reprit :

— Le lendemain, j'étais vêtu de deuil, et une vieille servante me conduisit dans votre bureau. Ce que vous me dites, je crois l'entendre encore : « Norbert, Dieu t'a enlevé ta famille, j'essaierai de la remplacer au nom de la grande fraternité humaine que le Christ appela charité... Si tu le veux, tu entreras dans un collège, tu deviendras instruit, je ferai de toi un honnête homme.. — Faites de moi ce que vous voudrez, monsieur. — Bien, mon enfant! Louison préparera tout ; demain je te conduirai moi-même. Souviens-toi là-bas que Dieu te fit pauvre, non point pour ton mal, mais pour ton bien ; comme un autre tu pourras à force de travail prétendre à la fortune... Je mets ta destinée entre tes mains...

Le soir même je couchai dans un grand dortoir ; chaque semaine je passais près de vous une journée, et c'était la meilleure de toutes. Je courais dans la fabrique, m'intéressant à ses moindres détails, questionnant les ouvriers, essayant mes doigts au modelage, au coloriage, heureux de me rapprocher de ces blouses blanches qui me rappelaient la blouse de maçon de mon père. Le lendemain je travaillais le latin et le grec. A la fin de l'année, je vous apportai une brassée de couronnes. Et le soir, après m'avoir chaudement embrassé, vous me demandâtes : — Il est juste de récompenser l'enfant qui travaille, que souhaites-tu de moi?

« J'avais vu dans la rue un pauvre petit souffreteux, dépenaillé, malingre, celui-là me semblait bien mon frère par la souffrance et l'amertume de l'épreuve. Que pouvais-je souhaiter? Une montre! Oui, j'aurais bien aimé une montre, et la pensée de la faire voir à mes camarades, de la consulter, fit un moment rentrer dans l'ombre le petit vagabond... Mais vaguement, je me souvins du corbillard du maçon broyé sur le pavé... le pavé qui souvent peut-être servait de lit à l'orphelin, et je vous priai de sauver celui-là comme vous m'aviez sauvé... Les vacances n'étaient pas finies qu'il entrait dans une école d'agriculture. Et chaque année vous m'avez encouragé au travail, en m'offrant un malheureux à sauver. Vous ne me donniez pas seulement le pain de votre charité, vous m'appreniez à en partager les morceaux. Ah! cher noble cœur! Quelle éducation je vous ai due! »

— Ajoute donc, Norbert, dans quelle terre fertile est tombé le bon grain! Avec quelle usure ne m'as-tu point rendu ce que j'ai fait pour toi! Tes études finies, j'ai souhaité de te voir suivre les cours de l'Ecole. Sorti le premier tu avais droit à une place de substitut : la magistrature t'attirait, et cependant tu es resté le compagnon, le fils adoptif du fabricant de porcelaine. La tendresse imposa silence à l'ambition... Ne me parle jamais de reconnaissance, Norbert; si tu m'en devais, tu t'es complètement acquitté...

Samuel tendit les deux mains au jeune homme qui, dans un élan charmant de jeunesse, les porta à ses lèvres.

En ce moment une clarté subite envahit le salon, baignant les objets dans une lumière crue.

Norbert se leva vivement et courut à la fenêtre.

— C'est le feu! dit-il, le feu!

LE CONTUMAX

CHAPITRE III

A TRAVERS LE FEU

On voyait un prêtre se prodiguer avec un admirable courage. (Voir page 30.)

Chapitre III

A TRAVERS LE FEU

D'un rapide mouvement Dupont se précipita vers une fenêtre, l'ouvrit toute grande, et sentit autour de lui une atmosphère embrasée. Des lueurs roses teignaient déjà les façades des habitations. Quitter le salon et se jeter dans la rue fut pour les deux hommes l'affaire d'un instant. Une foule compacte s'y pressait anxieuse, terrifiée. Aux fenêtres se montraient des curieux surveillant les progrès du feu. Un vent violent projetait au loin des flammèches sur les toitures des maisons voisines, il devenait impossible de prévoir les conséquences du sinistre. Le feu avait pris dans les magasins d'un emballeur remplis de voliges, de caisses, de papiers, de débris de toutes sortes. Ses marchandises ne remplissaient pas seulement les salles basses destinées à la fabrication, elles débordaient dans la cour, dressées en hautes colonnes, prêtes pour le camionnage qui les repartirait le lendemain chez les divers porcelainiers du quartier. Le rez-de-chaussée, soutenu par des poutres, présentait à la flamme un aliment rapide; aussi, quelques minutes suffirent-elles, non seulement pour mettre en danger les six étages élevés au-dessus des magasins d'emballage, mais encore pour communiquer l'incendie aux trois immeubles occupant les côtés de la cour. C'étaient des ruches ouvrières, regorgeant de locataires pauvres, pleines à éclater, enfermant dans des espaces de quelques pieds carrés des familles nombreuses, des nichées d'enfants dont les pleurs dominaient de leur note aiguë les cris d'épouvante mêlés aux crépitements des flammes, au fracas retentissant de la chute des meubles sur le pavé. L'affolement s'emparait des malheureux. Il avait suffi de quelques instants pour couper toute communication entre le rez-de-chaussée et les étages supérieurs. Dans le rouge encadrement des fenêtres se dessinaient des silhouettes effrayantes de femmes tenant des enfants dans les bras, de jeunes filles éperdues penchées sur les appuis des croisées, et dont les cheveux s'envolaient sous le vent de l'incendie. Tout à coup une clameur s'éleva ; une femme, la tête perdue, venait de s'élancer du second étage dans la cour: écrasée, les deux jambes rompues, il fallut la soulever avec des efforts inouïs et l'emporter dans une maison voisine. Quelques hommes demeurant au sixième étage gagnèrent les toits, et, s'efforçant de s'y maintenir en équilibre, parvinrent jusqu'aux maisons que le feu n'atteignait pas encore. On vit apparaître une vieille femme tenant sous chacun de ses bras à demi paralysés un enfant presque nu. C'était l'aïeule en cheveux gris, terrifiante de désespoir, l'aïeule sourde-muette qui jeta dans le tablier d'un ouvrier les deux innocents, puis remonta tranquillement les degrés de l'échelle déjà brûlante, afin de chercher le dernier enfant que sa fille malade lui avait confié la veille.

Il y eut des écrasements dans les couloirs, des chutes dans les escaliers dont le bois fumait et craquait sous les pieds. Les gens du quartier apportaient des matelas, et les soutenaient à bras tendus, afin de permettre de lancer d'en haut les enfants menacés. On attendait les pompiers, mais les prises d'eau manquaient ; avant que les pompes pussent être mises en batterie, le danger croissait d'une façon formidable.

Ce fut alors que Samuel Dupont et Norbert parurent sur le lieu du sinistre.

La maison semblait toute rouge. Les clameurs d'épouvante se changeaient en râles d'angoisse; parfois on voyait disparaître des fenêtres des malheureux, asphyxiés par la chaleur et qui venaient de retomber sur le plancher brûlant de leur chambre.

A peine le fabricant eut-il d'un regard embrassé l'étendue du péril, qu'il cria:

— Des échelles! des cordages! Laisserons-nous périr tant de malheureux?

On courait en désordre, on s'agitait d'une façon trop souvent stérile, on se lamentait sans agir; il suffit brusquement de l'arrivée du roi du quartier pour régulariser le sauvetage. On dressa des échelles, des cordes furent nouées aux traverses de fer des fenêtres; Norbert et Dupont s'élancèrent les premiers dans les chambres en feu. Enjambant les croisées, fouillant les misérables demeures, ils enlevèrent tour à tour des femmes évanouies, des paralytiques, des enfants oubliés dans leurs berceaux au milieu de l'effarement général, dont les mères agenouillées sur le pavé de la cour pleuraient avec des sanglots. Le courage revint dans quelques âmes; derrière Norbert et le fabricant d'autres hommes montèrent à leur tour tendant les bras aux fardeaux humains qu'on leur confiait, les repassant à d'autres sauveteurs qui les remettaient ensuite aux compagnons restés au pied des échelles. Mais la plupart de ces malheureux avaient reçu des brûlures cruelles, ou souffraient d'un commencement d'asphyxie; des soins immédiats devenaient nécessaires. Alors Samuel Dupont donna de nouveau ses ordres:

— Chez moi! transformez les salles vides en ambulances.

Au même moment les pompiers mirent leurs pompes en batterie, et des jets d'eau inondèrent les façades.

Quelques-uns se jetaient héroïquement dans le brasier, cherchant les dernières victimes. On pouvait croire que toutes venaient d'être sauvées, quand une femme apparut au sixième étage, et tendit les bras, répétant :

— A l'aide! sauvez mon père aveugle.

— Mes enfants! prenez mes enfants! ajouta plus loin une femme éperdue.

Dupont dit à Norbert :

— Le vieillard à moi, à toi les petits.

Il gravit les degrés de l'échelle dont les montants appuyés contre la muraille commençaient à flamber. Un jet de pompe les refroidit, une fumée opaque remonta dérobant durant une minute la vue du sauveteur héroïque. Celui-ci aperçut alors, s'accotant près de la fenêtre, une jeune fille d'une pâleur mortelle serrant ses deux bras autour du cou d'un vieillard.

— Laisse-moi mourir, chérie ! murmurait l'aveugle, il s'en faut, hélas! de si peu que je sois bon pour la tombe. Tu es jeune, tu gardes devant toi l'avenir, accepte l'aide des gens de cœur... Je te bénis pour m'avoir tant aimé...

— Nous mourrons ensemble... répondait l'enfant.

Elle appuya son front contre l'épaule de l'aveugle, une bouffée de torride chaleur la suffoqua, elle serait tombée si le vieillard ne l'eût gardée et serrée sur sa poitrine.

Les flammes gagnaient, crépitantes sous l'eau qui les abattait un instant pour leur permettre de renaître : de sinistres craquements se faisaient entendre de tous côtés ; la toiture s'effondra à l'étage des mansardes avec un bruit effrayant, l'aveugle renversé par la commotion resta à genoux, cherchant à relever la jeune fille qu'un débris venait d'atteindre à l'épaule.

— Courage ! courage ! dit une voix qui montait.

En un instant la jeune fille se releva, et quand Dupont sauta dans la chambre, elle répéta en joignant les mains :

— Mon père ! sauvez mon père !

Un admirable combat de générosité se livra dès lors entre ces deux êtres, mais redoutant que la volonté de l'infirme l'emportât sur la sienne, la jeune fille s'avança près du gouffre brûlant.

— Je m'y précipite si vous hésitez ! dit-elle au fabricant.

Celui-ci ne répliqua rien, chargea sur son épaule robuste le corps débile de l'aveugle, et reparut dans la baie de la croisée au moment où la foule anxieuse le croyait déjà victime de son dévouement. De frénétiques battements de mains se firent entendre ; penchée à la fenêtre, semblable à la baie emflammée d'un four, la jeune fille surveillait le sauvetage. Tout à coup les flammmes atteignirent sa robe ; elle poussa un cri, les bras tendus, les cheveux crépitants. Brusquement alors un drap mouillé s'abattit sur elle ; Samuel la roula comme un enfant dans ce suaire, et posa le pied sur les degrés de l'échelle qu'il sentit craquer sous ses pieds.

— L'échelle est brûlée ! dit-il, à l'aide.

On en dressa une seconde, le long de laquelle il laissa glisser son léger fardeau, puis il descendit le pied hésitant, la tête vacillante, si las qu'il fût tombé sur le pavé si vingt bras ne se fussent tendus vers lui.

Du reste cet accès de faiblesse fut de courte durée ; il demanda un verre d'eau, et, sans se préoccuper des brûlures de ses mains, de ses cheveux roussis, de la vive douleur qu'il ressentait au front, il commença, au milieu des malheureux incendiés dont le quartier regorgeait, une nouvelle mission de consolation et de sauvetage moral.

Les bâtiments s'effondraient les uns après les autres avec d'épouvantables bruits. De sinistres nouvelles circulaient. Des mères à moitié folles rentrant tardivement dans leurs demeures demandaient leurs enfants perdus dans la fournaise. Quelques-uns de ceux qu'on en venait d'arracher, couverts de brûlures, semblaient n'avoir plus que quelques instants à vivre. Groupées dans des angles de portes, des familles entières, désormais sans foyer, restaient plongées dans un morne abattement. A travers les cours on voyait depuis deux heures un prêtre à cheveux blancs se prodiguer avec un admirable courage, trois enfants lui devaient la vie; voyant disparaître un pompier dans le gouffre il avait pris sa place avec la simplicité de l'héroïsme.

Sa soutane brûlée, déchirée, ses mains noircies attestaient ses généreux efforts. Il s'efforçait en ce moment de rassembler les blessés et les dirigeait vers la demeure de Samuel.

Parmi les curieux s'agitait un jeune homme à la physionomie vive et moqueuse, à l'allure rapide, s'informant, questionnant, allant d'un groupe à l'autre, ajoutant ligne sur ligne à son carnet tenant compte tour à tour du chiffre des incendiés, et des noms des sauveteurs. Il s'approcha du prêtre, et lui dit avec un accent empreint de sincérité :

— Vous êtes un véritable héros, monsieur l'abbé, et je m'estimerais heureux de vous serrer la main.

Le prêtre la lui tendit toute noire et sanglante.

— Apprenez-moi votre nom, je vous prie.

— Pourquoi faire ? demanda le prêtre.

— Je suis journaliste, et chargé en cette qualité de recueillir des notes pour le *Nouvelliste parisien*. Vraiment, vous avez témoigné trop de dévouement et de courage pour que je raconte cet épouvantable drame sans parler du rôle que vous y avez joué !

— Il vous suffira, monsieur, de dire à vos lecteurs qu'un prêtre se trouvant sur le lieu du sinistre a bien rempli son devoir.

— Je tiens absolument à connaître à quelle paroisse vous appartenez.

— Qu'importent ces détails, monsieur ! Peut-être est-il bon d'apprendre à la foule qui parfois nous insulte, faute de nous connaître, que nous savons risquer notre vie ; mais notre devoir est de demeurer humbles; la louange gâte le mérite du sacrifice.

Il disparut dans la foule, au moment où Albert Picauville, le reporter du *Nouvelliste parisien*, allait une dernière fois s'efforcer de vaincre son humilité.

L'intérêt poignant du drame diminuait pour la foule ; cependant personne ne paraissait songer à prendre du repos. Les sergents de ville éprouvaient une peine extrême à rétablir un peu d'ordre au milieu des attroupements de curieux et à régulariser les services nécessaires aux incendiés.

Obéissant à l'ordre de Dupont, le caissier de la maison s'était tout de suite occupé du campement des malheureux. Dans une immense pièce vide destinée aux emballages des porcelaines, on étendit d'épaisses couches de paille, puis les blessés, portés à bras ou soutenus péniblement, furent étendus sur les couches improvisées. Des soins médicaux dirigés par le docteur Galéas s'organisèrent rapidement. Les défauts du praticien, un amour de la réclame, ses vanités mesquines ne l'empêchaient point de posséder du talent. Il avait le coup d'œil juste, l'intelligence vive, la main adroite. Joignez à cela un sentiment de joie véritable chaque fois que l'occasion se présentait de se mettre en évidence, son amour immodéré pour la mise en avant, la crânerie officielle, la pose, de quelque nature qu'elle pût être, et il sera facile de comprendre que chaque accident, chaque sinistre était considéré par lui comme un véritable bienfait.

Pendant que des pharmacies voisines on apportait les remèdes urgents et que le docteur procédait aux premiers pansements, les contremaîtres des divers ateliers installaient dans les vastes bâtiments du rez-de-chaussée les familles sans asile. Sur les fourneaux des cuisines chauffaient des marmites, et se préparaient des consommés. Ne fallait-il pas songer au lendemain pour ces malheureux ? Norbert et son père adoptif ne pensaient point à prendre un repos dont ils auraient eu grand besoin. Ils allaient d'un groupe à l'autre, relevant les courages, promettant des secours, tandis que le prêtre dont le reporter avait en vain sollicité les confidences s'agenouillait auprès des couches de paille et parlait de la Providence aux infortunés.

Dans certains coins de la salle se passaient des scènes touchantes. Une mère gardait dans son giron trois petits enfants à peine remis de leur effroi, et paraissait menacer ceux qui s'avançaient vers elle.

Une autre berçait dans ses bras un paquet de loques informes, s'imaginant presser sur son cœur le nourrisson qu'on ne retrouvait pas.

L'empressement de leur double héroïsme plaça subitement en présence le prêtre et le fabricant de porcelaine.

— Monsieur Dupont !
— Le Père Xavier !
— Toujours où l'on souffre !
— Toujours où l'on désespère !

Ils se pressèrent rapidement la main et se séparèrent pour retourner où les appelait le devoir. Albert Picauville savait désormais que le prêtre admirable était l'ami du négociant, et il n'oublia point de le noter sur son carnet.

Dans la rue l'ombre se faisait; quelques jets de flamme montaient bien encore des amas de décombres, mais on les noyait vite grâce à la lance que les pompiers continuaient à manœuvrer. Les plus craintifs parmi les gens du quartier commençaient à comprendre que le sinistre ne les atteindrait pas, et qu'ils pouvaient goûter un peu de repos. La rue se vidait; les pompes roulaient sur le pavé sonore. Le quartier pouvait s'endormir. La porte cochère de la fabrique venait de se fermer; désormais les drames intimes y seraient à l'abri de la curiosité publique.

Personne ne songea à prendre du repos, parmi ceux qui venaient de risquer leur vie? Norbert, les vêtements moitié brûlés, moitié ruisselants, s'improvisa l'aide du docteur Galéas. Sa main paraissait légère aux blessés; il trouvait le mot qui encourage et console. Au nom de son père adoptif, il promettait une ample assistance, charité du cœur n'ayant rien de commun avec une prétendue bienfaisance qui vit d'ostentation et trouve son salaire dans la réclame. Samuel Dupont se multipliait. Cependant, tout en s'occupant de cette foule souffrante, il cherchait les deux êtres laissant au fond de son âme les plus profonds souvenirs. Ses bras robustes avaient arraché plus d'une victime de la fournaise, pourquoi donc se rappelait-il particulièrement l'aveugle et sa fille? Il revoyait sans fin, même en fermant les yeux, cet homme de haute taille, maigre, livide qui, au milieu du brasier, conservait la sérénité du martyre. Il retrouvait l'expression de tendresse ardente resplendissant sur le visage de sa fille. Il gardait à la fois dans son oreille et dans son cœur le son de cette voix sonore et tendre tout ensemble qui lui avait commandé de la laisser mourir... Il croyait encore la voir, les cheveux roussis par un jet de flamme, enveloppée d'un linceul ardent, à l'instant où il la roula dans un drap ruisselant comme un enfant dans ses langes. Le reste lui échappait. Il savait qu'il était descendu, ce corps svelte, abandonné sur son épaule, qu'on le lui avait enlevé à l'heure où les échelles croulaient sous ses pieds, mais le reste échappait à sa mémoire. Si vastes étaient les magasins convertis en ambulance et en asile de nuit qu'en dépit des efforts faits pour y répandre une clarté vive, ils demeuraient dans des pénombres pleins de mystère. Le docteur Galéas pansait les blessés à la clarté des lampes soutenues par les contremaîtres ; Norbert et le caissier lui aidaient. Tour à tour penché sur chacun des lits, le négociant interrogeait le visage des infortunés demandant un nom, évoquant une image,

Enfin, dans un angle, il aperçut le dos appuyé contre la muraille, l'aveugle dont l'expression du visage lui semblait inoubliable. Tombée et comme évanouie sur le cœur paternel, la jeune fille faisait entendre de sourds gémissements, tandis que les mains hésitantes du vieillard se promenaient sur la masse ondoyante de sa chevelure.

— Enfin ! s'écria Samuel Dupont, enfin, je vous retrouve !

S'approchant alors, il interrogea tour à tour le père et la fille, puis, incapable de supporter plus longtemps le tableau de leurs souffrances, il rejoignit le docteur Galéas :

— Venez de ce côté, dit-il, venez vite ! Après avoir arraché le père de l'incendie, suis-je donc condamné à voir mourir l'enfant?

Le docteur s'approcha de la jeune fille.

Le feu lui avait causé des blessures plus douloureuses que graves. Mais la terreur passée, jointe à une grande faiblesse, la jetait en ce moment dans une prostration absolue. Une sorte de délire s'emparait de son cerveau surexcité. A diverses reprises elle porta ses deux mains à sa poitrine, comme si elle y sentait une douleur aiguë.

Galéas se tourna vers le fabricant.

— Le père et la fille meurent de faim, dit-il.

— C'est horrible! horrible! murmura Samuel.

On apporta du vin d'Espagne pour le père et pour l'enfant, et une sorte de calme reparut sur le visage de la jeune fille.

— Dans huit jours ses brûlures seront guéries, dit Galéas.

Il retourna à ses blessés, et laissa le fabricant auprès de l'aveugle.

— Ne désespérez pas, monsieur, je vous en supplie, dit celui-ci, vous êtes chez un ami bien nouveau, sans doute, mais sur qui, pourtant, vous pouvez compter. Les mauvais jours sont finis... Pourquoi ne vous ai-je pas connu plus vite!

La jeune fille se souleva, écartant ses cheveux formant un voile devant son pur visage, puis elle murmura :

— Mendier, il faut en venir là... Oui, mendier! Qu'importe! il s'agit de mon père... la charité s'il vous plaît... une obole, un sou... pour ne pas mourir... ils ne répondent pas, ils s'éloignent... Je ne puis cependant pas rentrer ainsi... Essayons encore... Une jeune femme, jolie, au bras de son mari qui lui parle bas... la charité, pour mon père... mon père qui depuis deux jours...

Elle n'acheva pas et éclata en sanglots.

— Tais-toi! tais-toi! murmurait l'aveugle.

— Et vous demeuriez si près! dit Samuel, si près, et je ne savais pas...

Obéissant à un appel de Norbert il quitta les deux êtres qui l'intéressaient si profondément et rejoignit son fils adoptif à l'extrémité de la vaste salle. Les lumières pâlissaient; le jour naissait pur et brillant comme si sa jeune lumière ne devait pas éclairer d'horribles misères. Et cependant pour tous ce fut une consolation de le voir grandir. Les ténèbres doublent l'impression produite par les choses sinistres et l'épouvante du danger. Les portes des magasins s'ouvrirent, renouvelant l'air de cette ambulance improvisée. Des hauteurs du faubourg descendaient les ouvriers ignorants du drame de la nuit. Quelques magistrats qui n'avaient pas quitté le théâtre du sinistre pénétrèrent dans la cour et demandèrent M. Samuel Dupont.

Celui-ci s'avança dans le magnifique désordre qu'il devait à sa hardiesse et à son héroïsme. Sa barbe presque entièrement brûlée, ses cheveux hérissés, ses yeux superbes éclairant un visage pâle; les déchirures de ses vêtements tombant en lambeaux témoignaient suffisamment du rôle sublime qu'il venait de remplir dans ces héroïques sauvetages.

Il n'attendit point qu'on le complimentât, et montrant les groupes de pauvres gens couchés dans la cour, nichés dans les couloirs, acculés dans les angles, il s'écria :

— Montrez-vous prodigue, monsieur le préfet ! voyez quelles misères vous avez à secourir !

— Il restera aussi à récompenser les hommes braves comme vous, monsieur.

Samuel se recula vivement.

— Je n'ai rempli que mon devoir, monsieur, ne songez point à moi, mais à l'abbé Xavier, mon ami, un missionnaire et un apôtre, à Norbert, mon fils adoptif... à vingt autre, dont monsieur a pris les noms, ajouta-t-il en désignant Picauville.

Tandis que les magistrats serraient les mains de ceux qui venaient de braver ainsi le danger, les ouvriers arrivant des quartiers éloignés se précipitèrent dans la cour :

— Le patron? le patron? s'écrièrent-ils anxieux.

— Il est sain et sauf, répondirent plusieurs voix.

— Alors, camarades, dit le père Rigolade, il ne nous reste qu'à sacrifier pour ceux-ci une journée de travail... Nos frères qui souffrent et qui auront faim : trois cents ouvriers à cinq francs en moyenne, voilà de quoi habiller quelques gosses.

— Commençons par celui-là, ajouta Robin.

Un enfant d'une dizaine d'années, ruisselant d'eau, le visage noirci par la fumée, pleurant et geignant d'une voix lamentable, fut poussé au milieu du groupe.

— Qui es-tu? demanda un peintre en décor.

— Le petit Poulot... Mes parents demeuraient dans une des maisons qui viennent de brûler ; je me suis sauvé avec eux, puis je les ai perdus... J'ai faim, oh ! comme j'ai faim ! et puis j'ai froid... La pompe m'a tant de fois aspergé tandis que je restais à demi évanoui dans la cour.

Une vieille dame qui voulait prendre des renseignements sur le drame de la nuit entendit ces derniers mots :

— Suis-moi, dit-elle, je garde des vêtements ayant appartenu à mon petit-fils ; je puis t'habiller de pied en cap... tu déjeuneras....

Ensuite tu reviendras ici t'informer de nouveau de tes parents : ils sont bien inquiets de toi, j'imagine...

— Oh ! vous pouvez me croire, ma bonne dame ! Je les aime tant, et ils sont si bons !

Poulot, pleurant toujours, suivit la vieille dame, tandis qu'un carton sous le bras, Alfred Lesueur, s'installant sous la porte cochère, commençait le croquis des décombres et des groupes disséminés sur le théâtre du sinistre.

CHAPITRE IV

LA PALETTE D'ANY

Vous ressentez-vous encore des terreurs de l'autre nuit? demanda Samuel à l'aveugle. (Voir page 40.)

Chapitre IV

LA PALETTE D'ANY

Parmi ceux qui s'occupaient des blessés avec le plus de zèle et d'intelligence, on ne pouvait manquer de citer dame Jude, que ses cinquante ans gardaient alerte. Depuis quinze ans qu'elle était au service du fabricant, son dévouement ne s'était pas ralenti d'une heure. Errant à la suite de son maître dans les salles où il donnait des ordres, dame Jude se lamentait sur la folie de dévouement qui parfois s'emparait de son maître Samuel.

— Il sera vraiment bien avancé, murmurait-elle, quand il aura reçu une blessure mortelle... Ne devrait-il point comprendre que la vie de cinq cents hommes dépend de la sienne? Mais non! le danger l'attire comme un aimant. Se reposera-t-il? Jamais... Blessé, sanglant, les mains brûlées, les cheveux roussis, il faut qu'il reste debout sous prétexte que d'autres souffrent plus que lui! C'est un héros! un vrai héros! Et je suis sûre que l'abbé Xavier partage mon avis... Monsieur...

Contre son espoir, Dupont, dont elle tirait doucement la manche, se retourna :

— Ah! c'est vous, ma bonne Jude, j'allais vous faire demander...

— Que puis-je faire, mon cher maître?

— La chambre et le cabinet du cinquième sont libres?

— Oui, monsieur.

— Est-il possible d'habiter ce petit logement?

— Je crois bien, monsieur! la grande pièce est superbe; comme elle ouvre sur la cour, elle est claire et gaie; le cabinet laisse à désirer sous le rapport du jour; une toute petite cuisine complète le logis. Les meubles qui le garnissent furent ceux de M. Lazare. Comme il possédait du goût, c'est gentil au possible.

— Aujourd'hui même ce logement sera occupé, ma bonne dame Jude. Portez-y du linge, de la vaisselle, un peu d'argenterie. Lorsque tout sera prêt, vous me préviendrez.

— Bien, monsieur ! fit dame Jude en s'éloignant. Samuel Dupont rentra dans l'ambulance.

Dame Jude reparut bientôt triomphante, et supplia son maître de venir visiter le petit logement. Trois heures avaient suffi à la brave créature pour le rendre tout à fait habitable. Des rideaux blancs, un tapis couvrant le carreau, quelques porcelaines de rebut prises au magasin, mais produisant un grand effet, en changeaient complètement l'aspect. Des piles de linge remplissaient l'armoire ; des provisions garnissaient le buffet.

— Est-ce bien ? demanda timidement dame Jude.

— Tout à fait, répondit Samuel Dupont.

Il redescendit et se dirigea vers l'angle de la salle où se trouvait le lit de l'aveugle. Brisé par les émotions, le malheureux reposait ; sa fille, assise à terre, laissait sa belle tête appuyée sur l'oreiller de l'infirme. Elle reposait, elle aussi, mais si léger était ce repos qu'au bruit des pas du fabricant elle souleva son pâle visage.

Alors seulement, à la grande clarté du jour, elle vit complètement celui qui, pour elle, avait risqué sa vie. Instinctivement la jeune fille joignit les mains, et des larmes montèrent à ses yeux quand elle regarda celui à qui elle devait la vie de son père et la sienne.

— Mademoiselle, lui dit le fabricant, un petit appartement est disposé pour vous dans cette maison, dame Jude va vous y conduire. Norbert soutiendra votre père pendant la montée des étages.

— Oh ! vous êtes bon ! dit-elle en saisissant une des mains de Dupont. Sur cette main ridée, déchirée, couverte de plaies, elle appuya pieusement ses lèvres.

Un quart d'heure plus tard Norbert et le caissier installaient l'aveugle et sa fille.

— Ne songez à rien ce soir, mademoiselle, dit la femme de charge, je monterai ce qui sera nécessaire. Monsieur m'a donné des ordres...

Dame Jude sortit, laissant l'aveugle et sa fille pénétrés d'une reconnaissance qui ne se traduisait que par des larmes.

Pendant ce temps Norbert entrainait Samuel Dupont dans son appartement et l'obligeait à accepter les soins du docteur Galéas. Tant que sa présence avait été indispensable, le fabricant, soutenu par une sorte de fièvre, s'oublia lui-même. Mais depuis près de vingt-quatre heures il restait sur la brèche, oubliant de manger, prodigue à la fois d'or, de sympathie, de cette bonté débordante qui guérit le cœur ulcéré, plus vite que le pansement d'une main habile ne soulage une blessure. Un bain reposa les membres de Samuel. Vers huit heures du soir, après avoir pris un léger repas, il se jeta sur son lit, et, comme il ne se sentait plus indispensable, il s'abandonna à un sommeil profond.

A midi seulement il s'éveilla, trouva sur pied quelques blessés, leur distribua des secours, leur offrit du travail, puis il gravit les cinq étages de sa maison, et frappa à la porte du petit logis habité par l'aveugle et sa fille.

Celle-ci, assise près de la fenêtre ouverte, causait avec son père quand le fabricant passa le seuil de la chambre,

— Vous ressentez-vous encore des terreurs de l'autre nuit, monsieur? demanda Samuel à l'aveugle.

— Il m'en reste seulement un tremblement qui ne tardera point à se dissiper... Je suis tenté de bénir un malheur qui me vaut votre protection.

— N'employez pas ce mot, dites : mon aide fraternelle. Nous nous devons tout à tous en ce monde. J'espère désormais que vous voudrez bien voir en moi un ami auquel vous ne cacherez rien de vos besoins et de vos peines...

Depuis qu'il voyait en pleine lumière le visage de l'aveugle, Samuel Dupont était frappé de la noblesse de ce visage. En dépit de la misère noire au fond de laquelle il était descendu, les traces indélébiles de l'intelligence et de la beauté se lisaient sur son front et dans la coupe des lèvres. Mais ce qui complétait cette impression, c'était la vue de sa fille. Grande, mince, élégante dans sa taille comme dans ses mouvements, tout en elle était harmonieux, depuis les traits jusqu'à la démarche, depuis le son de la voix jusqu'à l'expression de deux grands yeux limpides qu'elle fixait avec une candeur sereine sur le visage de ceux qui la regardaient. La mince robe noire dont elle était vêtue, roussie et brûlée par endroits, racontait le drame terrible de l'incendie; un petit châle en laine se nouait derrière son dos avec négligence; ses cheveux réunis en une seule natte, roulaient sur son épaule. Samuel le contemplait avec un respect attendri. Les soins dont cette jeune fille entourait l'infirme, la dignité fière qu'on devinait en elle l'intéressaient profondément. Il éprouvait une hâte bienveillante de connaître les causes ayant amené la misère de cet homme et de cette jeune fille ; mais en présence des malheureux, l'homme de cœur devient timide. Il ne questionna pas d'une façon directe, et, ramenant l'entretien sur la catastrophe de la veille, il dit à l'aveugle :

— Vous avez dû, monsieur, éprouver une bien grande terreur au moment où l'incendie éclata dans la maison que vous habitiez.

— Elle fut d'autant plus horrible que j'étais au lit, souffrant et seul... ma fille était sortie au moment où commença le danger, et lorsqu'elle pénétra dans la cour, il y avait déjà péril à tenter de rentrer dans la maison... C'est aux premières lueurs du feu qu'elle m'aida à m'habiller; mais lorsque nous nous trouvâmes prêts à descendre, la retraite était déjà coupée... Nous avons cru mourir, et si grande depuis longtemps est notre misère que nous eussions béni la mort.

— La mort! Ne vous reste-t-il donc aucun bonheur à attendre?

— Des consolations, peut-être, mon enfant est un ange... Du bonheur! il n'est pas fait pour nous, monsieur... Je vous dois assez déjà pour me montrer confiant tout à fait... Nous sommes pauvres, très pauvres... Lorsque j'arrivai à Paris, après avoir subi des chagrins cruels, je pus trouver un emploi modeste, grâce auquel ma fille et moi pous dûmes de vivre sans grandes privations. Elle continuait le soir son éducation et prenait durant le jour des leçons de peinture. Je voulais, prévoyant que la santé me ferait quelque jour défaut, lui laisser entre les mains un art ou tout au moins un état capable de la faire vivre. Ses progrès furent rapides. Cependant une angoisse secrète me traversait souvent le cœur; déjà plusieurs fois je m'étais alarmé de voir devant mes yeux voltiger des points noirs; le médecin à qui je communiquai mes inquiétudes hocha la tête en me recommandant de ne pas écrire le soir... mais le moyen ! Les émoluments de ma place étaient insuffisants à nous faire vivre et j'avais accepté des tenues de livres ajoutant une centaine de francs par mois à mes appointements. Je me trouvai cependant plus d'une fois dans l'impossibilité de poursuivre ce labeur ; je croyais sentir s'enfoncer dans mes prunelles des milliers d'épingles. Dans la crainte d'alarmer ma fille, je lui taisais mon angoisse. Un jour vint, cependant, où il me fut impossible de dissimuler. De ce moment, je me sentis perdu. Trois mois d'appointements parurent à ceux qui m'employaient une indemnité suffisante, et vraiment je n'avais pas le droit d'exiger davantage... Dieu sait si nous économisâmes ces derniers écus... Ma fille se montra d'un courage à toute épreuve ; grâce à la recommandation de son professeur, elle trouva quelques travaux à faire pour des particuliers. J'étais devenu complètement aveugle, et notre pauvre logis se changeait presque en prison. Nous ne sortions pour prendre l'air qu'à la nuit, quand ma fille n'y voyait plus assez pour travailler. Nous marchions lentement, moi m'appuyant sur elle ; elle me rassurait, m'avertissant, s'efforçant de m'intéresser par la description qu'elle me faisait des rues que nous traversions ; au retour elle me lisait le journal prêté par un voisin ; puis nous dormions, sentant que le lendemain serait aussi triste que la journée qui venait de finir, et demandant à Dieu le courage de supporter la vie...

L'aveugle laissa tomber son visage dans ses mains ; sa fille l'enlaça de ses bras, puis tournant son beau visage vers Samuel :

— Allez, monsieur, tout est facile à supporter quand on travaille. La grande, la terrible épreuve est d'avoir la volonté, et de sentir en soi une ardeur stérile. Vous ne sauriez vous figurer le désespoir de deux êtres qui s'adorent et demeurent impuissants à réaliser leur mutuel bonheur. J'ai connu toutes les déceyances de l'attente, j'ai vu toutes les humiliations, je me suis abreuvée de toutes les amertumes. Une seule chose m'eût tuée : la honte ! Je n'en étais pas là ! Mais la faim venait... Mon père vous a dit que mes premiers travaux se trouvèrent suffisamment rémunérés, cela est vrai, mais nos amis possédèrent bientôt assez de faïences ; il fallut chercher ailleurs. Je peignis à la maison des plats vraiment artistiques, et dont j'espérais trouver un prix élevé ; en dépit de mon orgueil qui se révoltait malgré moi, je les offris de magasin en magasin, mal reçue souvent, parfois poliment accueillie, mais

uniformément repoussée. Partout j'entendais cette même réponse :
— Nous avons nos artistes ! — Un jour, il faut que vous sachiez tout, monsieur, afin de comprendre que notre dénuement n'est pas la suite de la paresse ou du désordre, un jour, revenant d'offrir inutilement de magasin en magasin trois assiettes qui me semblaient réussies, je me plaçai contre une porte cochère, et je les offris pour dix francs pièce ; chacune m'avait coûté huit jours de travail... Mon père mangea ce soir-là, et plus d'une fois j'eus recours à ce moyen ! Mais je dus chercher autre chose.

— Je cherchai de la couture ; en restant penchée sur mon ouvrage quinze heures par jour, j'arrivais à peine à gagner trente sous. On mangeait mal, mais on mangeait. Et puis notre tendresse nous soutenait. Nous nous aimons tant, monsieur ! Mais les travaux dont je vous parle me firent défaut il y a un mois... La tire-lire fut cassée, pauvre réserve en vérité, contenant de rares pièces blanches au milieu des gros sous... Cette réserve s'épuisa... Nous mangions du pain sec, nous buvions de l'eau ; il devint nécessaire de rogner les portions... puis un matin je m'éveillai sans un sou... On m'avait parlé jadis d'un brave homme demeurant rue des Chaufourniers...

— Le père Zug ?

— Vous le connaissez, monsieur ?

— Je l'ai vu hier matin pour la première fois. Continuez, je vous en supplie...

— Je ne possédais de vêtements que cette misérable robe, il ne me restait à mettre en gage que ma palette et ma boîte à couleurs...

— Mon Dieu ! s'écria Samuel, mais alors vous vous appelez Any Darieu...

— Oui, monsieur, comment savez-vous mon nom ?

— Hier j'ai visité les singuliers magasins de cet étrange prêteur sur gages. Tout ce qu'il m'apprit de son humble clientèle m'intéressa vivement ; je passai en revue les objets hétéroclites groupés dans ce pandémonium, et au milieu des haillons de la misère, j'aperçus une palette et des pinceaux. Vous dire ce que cette vue remua en moi serait impossible... Tout un drame de misère, de privations, de talents inutiles, se déroula devant moi... Cette pauvre palette semblait me crier : — « Prends-moi ! Emporte-moi ! »

— Le père Zug décrocha la boîte ; les pinceaux et me les remit sur ma demande... Ce n'est donc pas lui qui vous les rendra, mais le porcelainier qui vous suppliera de travailler pour lui.

— Vrai! s'écria l'aveugle, vous vous intéressiez à nous sans nous connaître. Ah! la Providence est grande et bonne.

Les mains d'Any se joignirent, et des pleurs de reconnaissance roulèrent sur ses joues.

Samuel Dupont n'était pas de ceux qui sollicitent les actions de grâces, on eût dit plutôt qu'elles l'embarrassaient. Il se leva, et s'adressant à l'aveugle, de cette voix sonore qui possédait un charme secret :

— Vous avez en moi un ami désormais; demain Mlle Any recevra des travaux, et mon chef d'atelier aura ordre de ne jamais la laisser manquer de travail... Courage, les mauvais jours sont finis pour vous... Je serai bien occupé durant une semaine de mes pauvres blessés, mais Norbert me remplace, adressez-vous à lui si vous manquez de quelque chose.

Any sourit d'un beau sourire qui, depuis bien longtemps, ne s'était pas posé sur ses lèvres, et ses grands yeux humides suivirent le négociant jusqu'à ce qu'il eût disparu.

Une heure plus tard, Mme Jude accompagnait une demoiselle de magasin chargée de remettre à la jeune fille un trousseau modeste et de lui essayer deux robes et un manteau. Dame Jude dit alors à Mlle Darieu :

— Mon maître a pris des arrangements avec le magasin, vous réglerez cette note à tant par mois.

— Voilà qui est parfait! dit joyeusement Any.

Un moment après elle ajouta :

— Et mon père?

— Le commis de galeries de la *Belle-Jardinière* doit venir.

— Ainsi tout est prévu, dame Jude! Nous n'avons pas même la peine de demander.

— Mon maître est le meilleur des hommes, mademoiselle, et ceux qui l'appellent le Roi du quartier ne disent rien de trop, je vous jure!

Dame Jude redescendit prestement. Au moment où elle traversait la cour, une scène étrange s'y passait. Une femme pauvrement mais proprement vêtue venait d'arrêter un ouvrier, et lui demandait avec l'expression d'une réelle angoisse :

— N'avez-vous pas vu mon fils ? Depuis la nuit de l'incendie il n'est pas rentré à la maison... Le malheureux !

— Je ne sais pas, moi, répondit l'ouvrier. Des enfants ! Nous en comptions cinquante dans la fabrique... Je suis emballeur, je ne les connais guère... Tenez, voici le patron, adressez-vous à lui...

— Monsieur ! Oh ! par grâce, monsieur, reprit la mère en s'adressant à Dupont ; apprenez-moi si mon fils est ici... il est arrivé un grand malheur dans le quartier, Poulot a dû se mêler à la foule...

— Poulot ! attendez donc, dit le fabricant, je me rappelle ce nom-là... Mais oui, un blond, frisé, à mine futée... Vous êtes donc revenue de la campagne...? Poulot m'a raconté que vous étiez chez vos parents, et que, resté seul dans la grande maison qui vient de brûler, il se trouvait momentanément sans asile. Une vieille dame l'a emmené, nourri, habillé de pied en cap ; elle doit nous le ramener aujourd'hui... Mais tenez, je ne me trompe pas, le voilà !

En effet, Poulot, le visage radieux, vêtu d'ancien vêtements ayant appartenu au petit-fils de la vieille dame, revenait à la fabrique où Dupont avait promis de l'employer. En le reconnaissant la mère bondit vers lui et le saisit avec rudesse par l'épaule.

— Mauvais sujet ! dit-elle.

— Soyez bonne pour lui, fit Dupont qui crut à une colère imméritée. Nous n'avons rien à lui reprocher...

— Rien ! c'est que vous ne connaissez pas Poulot, monsieur... Il me fait mourir de chagrin à petit feu, en attendant qu'il me fasse mourir de honte... Votre charité il la surprend, ce que vous lui donnez il le vole ! oui, il le vole ! Oh ! tenez, je n'aurais qu'une chose à faire, le jeter dans une maison de correction jusqu'à sa dix-huitième année... Il vous a menti comme il ment à tout le monde... Je ne reviens pas de la campagne, je n'y suis jamais allée... Poulot, qui feint d'aller à l'école, flâne tous les jours dans les rues à l'affût d'une nouvelle, en quête d'un accident, comme l'autre jour... Il se glisse au milieu des incendiés s'il s'agit d'un incendie, raconte une histoire imaginaire qu'il possède déjà l'habileté de rendre touchante... A ce métier il recueille des dîners succulents, des pièces d'argent, des vêtements neufs... Poulot est de toutes les bagarres, de toutes les aventures, il finira par se mêler à des voleurs et par passer en police correctionnelle... Voyons, poursuivit la mère, retourne tes poches... Des pièces blanches... C'est madame qui te les a données... tu vas les rendre... et ces habits qui sont le prix du mensonge... Il me reste une blouse pour toi... Quelle vie que la mienne, monsieur! Je dois courir après lui à tous les coins de Paris, tremblant toujours que la police le ramasse...

— Est-ce vrai ce que dit ta mère? demanda Dupont.

— Où est le mal? demanda effrontément le gamin, la maison m'ennuie? depuis que le père est mort, la mère pleure toujours... C'est rien drôle... J'aime le drame, moi, et ne pouvant pas même me payer de contremarques je cours où je trouve un embarras, un malheur, une catastrophe... L'autre soir j'ai joué l'incendié... la vieille dame m'a dorloté, je la remercie, et voilà! J'vas suivre la mère, mais je ne suis pas comme le magasin du coin du quai, moi, je ne rends pas l'argent!

La mère pleurait la tête dans ses mains.

Le fabricant reprit d'une voix grave en s'adressant à l'enfant :

— Ta mère vient de prononcer une terrible parole; elle a parlé de la maison de correction... C'est la prison jusqu'à la majorité, la vie avec des voleurs précoces qui peut-être ont commencé comme toi... La flétrissure pour toute la vie... Tu pourrais encore choisir entre le travail et le vagabondage, la réclusion et la liberté...

— Oh! pas la prison! pas la prison! s'écria Poulot effrayé. Je ne recommencerai jamais. Je ferai ce que la mère voudra... Tenez, vous, monsieur, voulez-vous me prendre?

Poulot regarda le négociant avec ses yeux vifs, intelligents; la mère accablée, les mains pendantes, se voyait cette fois obligée de sévir. Dupont mit la main sur le front de Poulot:

— Si je croyais à ton repentir je n'hésiterais pas, dit-il, mais une chose me frappe et me navre... Tu n'as pas eu un mot de tendresse pour cette mère dont tu fais déjà le désespoir.

— Je me conduirai bien à l'avenir, je vous le promets, monsieur, gardez-moi! J'ai trop peur de la maison de correction.

— Consentez-vous à lui pardonner encore cette fois? demanda Dupont à la mère.

— Si vous voulez bien le garder en qualité d'apprenti, oui, monsieur... Mais si jamais vous le chassez ou si sa paresse le pousse de nouveau dans la rue, c'en sera fait de sa liberté et de ma tendresse.

— Vous viendrez me voir avec lui, dit la vieille dame, je lui pardonne, allez ! Il ressemble tant à l'enfant que j'ai perdu...

Poulot sortit un moment après avec sa mère à qui la vieille dame parlait bas avec bonté. Tous trois rencontrèrent sous la porte cochère une jeune fille brune, dont le visage respirait autant de bonté que de franchise et qui demandait au concierge si elle pouvait voir Mlle Darieu.

— Mon Dieu, mademoiselle, répondit le brave homme, notre maison est tellement pleine depuis quelques jours qu'il m'est impossible de vous donner des renseignements.

— N'avez-vous point entendu parler d'une jeune fille et de son père aveugle...

— Veuillez me suivre, mademoiselle, dit le docteur Galéas qui venait faire sa visite quotidienne, je me rends chez vos amis qui sont désormais mes clients.

La jeune fille remercia et monta lestement les cinq étages. Ce fut Any qui vint lui ouvrir.

— Marcelle ! toi ici ?

— Moi, arrivée hier ; moi qui à la place de ta maison, n'ai vu qu'un monceau de ruines... On m'a renseignée heureusement. « — Si votre amie habitait une des maisons brûlées, elle se trouve chez M. Dupont. » J'arrive, je te trouve et je t'embrasse ! Par quelles terribles émotions tu as dû passer, grand Dieu !

— Je dois la vie à M. Dupont, dit Any en embrassant Marcelle... Quel homme ! Jamais on en dira tout le bien qu'il mérite... Mais toi !

— Mme de la Peña, de retour de Nice, part dans huit jours pour Lima... je ne l'accompagne pas ; Soletad, sa fille, me trouve grave et sévère ; elle prétend faire ce qu'elle veut, c'est à dire rien... et je garde, moi, la prétention d'apprendre quelque chose à mes élèves... Ces Espagnols gardent toujours envers ceux qui se trouvent sous leurs ordres des façons de maîtres à esclaves, dont ma dignité s'accommode mal...

— Docteur, dit Any en regardant Galéas avec l'expression de la prière, vous devez connaître des mères cherchant des institutrices, des dames âgées ou souffrantes ayant besoin d'une dame de compagnie, recommandez Marcelle, je vous en supplie...

— Je n'oublierai point votre recommandation, mademoiselle.

Marcelle passa une partie de la journée avec son amie. Pendant ce temps Samuel Dupont s'enfermait avec Norbert.

— Mon cher enfant, lui dit-il, l'heure est venue de mettre à exécution un projet qui depuis longtemps hante ma pensée. Il s'agit du logement des ouvriers à Paris. Leur entassement dans des maisons semblables à celles qui l'autre nuit ont brûlé cause une mortalité terrible. Relégués dans des bouges, privés d'air, ils ne connaissent guère le soleil et la lumière... Je leur donnerai tout cela... Plus loin que Montrouge, je possède un terrain énorme sur lequel il est temps de bâtir un village modèle, afin de donner à l'homme du peuple, au travailleur, une partie des joies dont il est privé. Demain tu iras chercher Georges Bizot, un jeune architecte que je souhaite lancer, et tous deux nous discuterons nos plans.

Il était près d'onze heures quand Norbert prit congé de cet ami rare qui, pour lui, remplaçait un père.

Lorsque Dupont se trouva seul il marcha tout droit vers un crucifix de grande taille suspendu à la muraille, et tombant brusquement à genoux, il s'écria :

— Est-ce bien, mon Dieu, est-ce assez? Aurez-vous bientôt pitié de moi, et me donnerez-vous les seuls biens auxquels j'aspire : l'oubli, le pardon, la mort !

LE CONTUMAX

CHAPITRE V

LE CABINET DU DOCTEUR GALÉAS

Il lui eût suffi d'ouvrir la main pour que le Portugais roulât dans le gouffre. (Voir page 51.)

Chapitre V

LE CABINET DU DOCTEUR GALÉAS

L'appartement occupé par le docteur Galéas répondait admirablement au but que se proposait le praticien. Accoutumé à visiter les coulisses des théâtres, Siméon Galéas y avait appris l'importance de la mise en scène, et sous ce rapport il était passé maître. Arrivé pauvre à Paris, avec une volonté féroce de parvenir, il acquit ses grades comme on monte à l'assaut, et se trouva, son brevet de docteur en poche, aussi pauvre que Job. Mais Galéas était de ceux pour qui sont bons tous les chemins, pourvu qu'ils mènent au but convoité. Ce déshérité du nécessaire se sentait assoiffé de luxe ; l'envie âpre couvait en lui, mêlée à une obstination devant laquelle tous les obstacles se devaient briser. S'installer était impossible. Il trouva, grâce à une annonce qu'un ami complaisant fit passer dans un journal, un malade désireux de s'attacher un médecin intelligent. Ce malade, Portugais d'origine, riche à millions, et ne trouvant plus ni l'énergie du plaisir, ni la volonté de vivre, mourait d'un mal sans nom fait de lassitude et de dégoût. Pour avoir précocement abusé de toutes les jouissances il en perdit le désir. Galéas lui plut par l'effet du contraste. Le voisinage de cet homme aspirant sans cesse vers ce qui ne causait plus à Salazar que de l'ennui, le galvanisa.

Entre ces deux hommes se forma un lien qui, sans être de l'affection, devint cependant assez fort pour que, si l'un d'eux avait songé à se séparer de son compagnon, il eût tout de suite compris qu'il en souffrirait. Galéas conseilla à Salazar de voyager.

— J'ai tout vu, s'écria le malade avec lassitude.

— Alors montrez-moi ce que vous connaissez.

— C'est-à-dire, fit Salazar, que c'est moi qui vais me dévouer ?
— Pourquoi pas? Cela vous changera.
— Allons en Suisse alors.

Ils partirent. Salazar trouva plus de plaisir qu'il n'en attendait à se faire le cicéron de Galéas.

L'air vif des montagnes, les saines fraîcheurs des torrents, des fleuves, des cascades, rafraîchirent ses poumons desséchés. C'était chaque jour des excursions nouvelles, dont il revenait lassé, mais moins triste. Un matin qu'il s'agissait de commettre une véritable folie en faisant l'ascension d'un pic réputé inaccessible, Salazar dit à Galéas au moment de quitter le châlet où tous deux venaient de passer la nuit :

— Je laisse mon testament dans ce petit meuble, Galéas; je l'ai écrit cette nuit; il faut tout prévoir.

Ils partirent avec des guides. L'entreprise était réellement périlleuse, et il fallut la cruelle puissance de l'or pour décider les braves gens faisant métier de guider les voyageurs, à grimper sur cette aiguille dressée vers le ciel comme un défi porté à l'imprudence humaine. Toutes les précautions avaient été prises avec soin; mais l'inattendu reste toujours à redouter dans les montagnes. Vingt fois les explorateurs franchirent des précipices, dressèrent des échelles, montèrent à des hauteurs inaccessibles aux chamois, et toujours le pied sûr, le front haut, l'esprit libre, ils avançaient, les yeux fixés sur le but. Tout à coup le sol manqua sous les pieds de celui qui tenait la tête de la colonne, une roche coupante hacha le cable auquel se retenaient Salazar et Galéas; tous deux roulèrent sur une pente d'une rapidité telle que le vertige de l'abîme prenait rien qu'à la voir. Le Portugais, moins énergique que son compagnon, laissa échapper un cri d'épouvante en se cramponnant à une aspérité de roc. Au-dessous de lui la roche se fendait perpendiculaire, effrayante, lisse comme une paroi de marbre; tout au fond l'eau bouillonnait.

— Galéas! s'écria Salazar dans un râle.

Ses yeux se retournèrent du côté du médecin.

Celui-ci était devenu livide. Une impression étrange troublait son regard. Comme il retenait seulement Salazar par ses vêtements, il lui eût suffit d'ouvrir la main pour que le Portugais roulât dans le gouffre. Se rappela-t-il en cet instant que dans un meuble du châlet se trouvait un testament faisant de lui l'héritier de son compagnon? La lueur qui flambait dans ses prunelles était-elle celle d'une convoitise homicide...? Salazar le crut et ferma les yeux. Il s'imagina que les doigts de Galéas desserrait son étreinte... Une seconde il se dit que le gouffre l'attendait pour le broyer... Mais à peine cette sensation plus nerveuse peut-être que réelle venait-elle de le soumettre à une torture infernale, que, d'un mouvement plein de force et de lenteur réfléchie, Galéas l'attira vers une étroite plate-forme, et murmura d'une voix qui parut à Salazar d'une incompréhensible douceur :

— Je veux que tu me doives la vie!

Salazar en avait assez des excursions périlleuses, la fantaisie lui prit de retourner dans sa patrie. Il y rentra presque guéri de la morosité de son humeur, retrouva des parents oubliés, et s'aperçut un jour en regardant sa cousine Mercédès que son cœur battait encore...

Trois semaines plus tard il la demandait en mariage.

— Mon cher Galéas, dit-il le même soir à son compagnon, vous avez si parfaitement équilibré mon esprit et mon corps que j'épouse Mercédès Sylvio. Vous avez accompli une cure qui vous présage bien d'autres succès. Voici cent mille francs de mise de fonds pour votre installation ; avec cela et votre intelligence on va loin... Vous êtes doué de beaucoup d'esprit, d'un peu de fatuité et d'une forte dose de savoir-faire ; à ces dons, vous joignez celui de ne pas manquer de cœur. Peut-être votre talent réel se complique-t-il d'un peu de charlatanisme inconscient ; ce n'est pas un mal, au contraire, surtout à Paris où vous retournez... Si jamais vous avez besoin de moi, n'oubliez pas que je suis votre ami depuis l'heure où la tentation de m'assassiner traversa votre pensée.

— Salazar... balbutia Galéas.

— Croyez-vous que je garde de cette scène mauvais souvenir? Non, vous vous tromperiez... La preuve c'est que je vous tends la main en vous quittant, convaincu qu'à l'occasion vous me sauveriez encore...

Galéas quitta Lisbonne le lendemain du mariage de Salazar. Il semblait au docteur qu'il prenait à la fois possession du monde et de lui-même. Il prit à Paris une chambre modeste, et se demanda de quelle façon il s'y prendrait pour se créer rapidement une clientèle. Il lui parut nécessaire d'habiter un centre populeux. Il recruterait ses malades dans les mansardes, certain plus tard d'avoir ses entrées au premier étage. Le hasard le conduisit dans le quartier Paradis-Poissonnière, il trouva un magnifique appartement pour un prix relativement modique, l'aménagea d'une façon à la fois magnifique et pittoresque, et fit de son cabinet et de son salon de véritables musées. De cette façon il atteignait le double but d'affirmer une situation de fortune indépendante et de prouver à ses clients qu'il avait le droit de taxer très haut les soins qu'il consentait à leur donner.

Ses voyages, une sorte de beauté bizarre, son entente de la mise en scène, tout, jusqu'à ce nom étrange, contribua à lui créer rapidement des relations. Doué d'habileté et de sang-froid, il guérit plusieurs riches malades, opéra gratuitement et avec succès de pauvres diables, il n'eut bientôt plus qu'à suivre une voie habilement tracée. Tout lui réussissait, et Galéas se serait estimé parfaitement heureux si, à sa porte, il n'avait trouvé chaque jour le gnome hideux appelé Marc-le-Tordu. Dans tout le quartier Galéas était populaire. Ses confrères haussaient les épaules quand on prononçait son nom, et le mot de « charlatan » passait sur leurs lèvres. Charlatan, certes, il l'était d'une façon prodigieusement habile. Tantôt il publiait un mémoire, tantôt il lançait un remède. Chaque jour Galéas devinait une nouvelle manière de couper la queue de son chien.

L'incendie de la rue Poissonnière parut à Galéas une magnifique occasion de faire parler de lui. Le reporter Picauville s'était longuement étendu dans ses articles sur le dévouement dont le docteur venait de donner des preuves. Alfred Lesueur en dessinant l'ambulance provisoire établie dans les magasins de Samuel Dupont y plaça un portrait ressemblant du praticien. Aussi la vogue du docteur doubla-t-elle rapidement. Il fut représenté comme un médecin millionnaire soignant gratuitement les pauvres, érigeant la science en sacerdoce; on vantait ses curiosités de telle sorte que l'envie vint à une foule de jolies mondaines de visiter ses tableaux et ses ivoires. Toutes se retirèrent enchantées de son accueil autant que de sa science. L'unique preuve qu'il en eût donné était de leur affirmer que l'anémie les tuait, et que pour la combattre les distractions seules étaient un remède efficace. Durant l'été les bains de mer étaient indispensables; les bals et l'Opéra en hiver; une haute dose d'élégance devait couronner ce traitement qui décuplait, en quelques semaines, le nombres de ses clientes.

Il achevait de déjeuner, au moment où sa pendule sonna une heure. La comédie allait commencer; Galéas s'occupa de la mise en scène et des accessoires. Dans le salon tendu de peluche d'un rouge clair, sur laquelle s'enlevaient des fleurs merveilleusement brodées, on ne voyait ni le buste traditionnel d'Hippocrate, ni la gravure classique représentant un médecin de l'antiquité repoussant les présents d'un roi... Dans les angles, des palmiers montant jusqu'au plafond faisaient ressortir la blancheur des marbres rapportés d'Italie. Des vitrines d'ébène incrustées d'ivoire renfermaient des bibelots précieux; sur les tables, couvertes de tapis brodés d'or venus d'Ispahan, les journaux du jour se trouvaient rangés. Un guéridon s'encombrait de revues. Un piédestal supportant le buste du docteur attirait le regard. Sur la cheminée, une sorte de fouillis charmant composé d'ivoires, de porcelaines de Saxe, de Sèvres et de Calcédoines d'un prix fabuleux. Les rideaux de tulle couverts de fleurs et d'oiseaux laissaient passer une clarté discrète; les portières amoindrissaient le bruit de l'appartement. Tous les sièges étaient bas, profonds, commodes; on y pouvait attendre dans une douce mollesse que l'heure de l'audience fût arrivée.

Galéas jeta dans cette pièce le coup d'œil du maître, sourit d'un air approbateur, regagna son cabinet, et déchira la bande d'un journal.

Il eut à peine le temps d'en parcourir les *Nouvelles diverses* qui, pour lui, formaient la partie la plus intéressante; un coup de timbre autoritaire retentit, puis le valet de chambre entra:

— Mme Marchenoir, dit-il.

— Faites entrer, répondit Galéas.

On entendit un bruit de soieries, puis une femme de haute taille, à la tournure lourde et gauche, la tête empanachée comme celle d'un cheval de corbillard, pénétra dans le cabinet du docteur. Un sourire dont la gaieté dissimulait l'ironie accueillit la visiteuse. Elle pouvait avoir soixante ans. Évidemment jamais elle n'avait eu ce qu'est non pas la beauté, mais simplement cette fleur de visage qu'on est convenu d'appeler la beauté du diable. Cette tête **carrée**, aux lourdes mâchoires, exprimait une sorte d'hébètement. Ses **yeux** à fleur de tête manquaient d'expression. Sa bouche énorme, avancée, à lèvres pendantes, laissant voir des dents mal plantées, s'ouvrait par un mouvement régulier, comme si un mécanisme eût déterminé ses mouvements. Cette laideur était complète, une seule beauté était le partage de cette créature, tenant du mastodonte par le corps, et du requin par l'avancement des os maxillaires ; au-dessus de son front bas, s'enroulait une tresse de cheveux d'une grosseur énorme, une natte qui eût à Pékin causé l'orgueil et la joie d'un mandarin de première classe. Au-dessus de cette natte, et perché comme il pouvait, se dressait un chapeau bizarre, foisonnant de plumes, qui contribuait à augmenter la bizarrerie de cette étrange créature.

— Que souhaitez-vous de moi, chère madame? demanda Galéas.

— Oubliez-vous donc, docteur, que nous sommes le 30 mars... Je vous suis redevable du *cinq pour cent* que vous devez toucher sur les bénéfices de l'*Eau des prodiges*... Ah! vos prospectus ont fait merveille! Toutes les clientes sortant de chez vous accourent chez moi... J'ai joint une pommade à l'*Eau des prodiges*, l'une doit compléter l'autre... Nous pourrons peut-être quelque jour inventer un lait quelconque pour le teint... Le mois dernier a rapporté six mille francs. Voici vos billets de banque, docteur..

— Eh! mais les affaires marchent bien!

— Je ne me plains pas, mais l'argent fond en réclames de toutes sortes, voyez-vous... Au fond, je suis malade, très malade. Je mange peu, et ce que je mange ne me profite guère ; les vins fins couvrent ma table, et je bois de l'eau... l'habitude, voyez-vous... Il m'arrive souvent de manger du pain noir à mon dîner, ou d'envoyer chercher dans une gargotte une ratatouille à cinq sous la portion! Quand on gagne soixante mille francs par an à duper les imbéciles, c'est dur, croyez-moi, de ne jouir de rien..,

— Bah! Bah! fit le docteur, vous vous procurez mille jouissances grâce à ces soixante mille francs-là... Si l'estomac est mauvais, la vanité est solide. Elle remplace pour vous la beauté que vous n'avez jamais eue, la tendresse que vous n'avez pas inspirée, l'amitié que vous dédaignez. Cette vanité-là vivra autant que vous. Je ne suis pas certain qu'elle ne vivra pas plus que vous... Le petit Picauville est allé vous voir?

— Il vous l'a raconté? demanda la parfumeuse.

— Ce n'était guère nécessaire, je vous assure. A propos de l'incendie de mon voisin, M. Samuel Dupont, il a trouvé moyen d'apprendre au public que vous aviez envoyé des vêtements à quelques ouvrières... Il compte cher sa prose, Albert Picauville, mais enfin c'est bien trouvé.

— Je le paye à la ligne, dit la parfumeuse; cinq francs quand il s'agit de l'eau qui fait pousser les cheveux; vingt francs quand il s'agit d'une réclame sur mes vertus privées. Vous parliez de ma vanité, docteur; j'en ai, pourquoi le nierais-je? Mais il est des gens encore plus bêtes que moi, ce sont ceux qui la flattent! Ah! je vois de près l'humanité, allez, et je ne l'aime ni ne l'estime... Que de platitudes commises pour arriver à m'arracher un billet de cinq cents francs! J'ai à mes gages des journalistes, et même des poètes! Tenez, on a fait sur moi un poème, un vrai poème! Et cependant je ne me tiens pas encore pour contente.

— Eh! bon Dieu! que vous faudrait-il donc?

— La croix de la Légion d'honneur, dit la parfumeuse en se penchant vers Galéas. Vous êtes influent, vous; vous comptez des amis dans tous les mondes... A celui qui me la ferait obtenir, je donnerais bien...

— Voyons ce que vous donneriez?

— Quatre cent mille francs! répondit Mme Marchenoir.

— Peste! un joli denier. Seulement, croyez-moi, évitez d'y songer beaucoup, les idées fixes deviennent dangereuses, il faut s'en méfier... Je songerai à lancer votre pommade. Encore un coup de sonnette! cette fois il s'agit d'une cliente sérieuse.

— Je ne suis donc pas sérieuse, moi!

— Vous! Mais ma bonne Marchenoir, vous faites partie de cette catégorie que j'appelle les détraqués, et le nombre en est grand, croyez-le. J'en ai fait presque ma spécialité. Tous les détraqués de Paris traversent mon cabinet. Artistes dévorés par un besoin de popularité rapide, écrivains fouillant avec des chiffonniers dans les tas d'ordures; poètes maladifs s'imaginant que la poésie consiste dans un rapprochement de mots bizarres et qui dédaignent l'idée pour s'attacher à la forme. Manieurs d'argent s'affolant autour de la Corbeille, et que la misère abattra quelque jour sur le pavé; femmes possédées par le démon d'une coquetterie stupide, et qui foulent aux pieds le bonheur réel pour courir après le bruit et le tapage. Des détraqués, mais je ne vois que cela, je ne connais que cela... Le coup de sonnette que vous venez d'entendre annonce certainement un client de ce genre.

— La parfumeuse soulevait déjà la portière, quand, se retournant, elle dit à Galéas:

— A propos, ne sauriez-vous me procurer une demoiselle de compagnie...

— Une demoiselle de compagnie, répéta le docteur, vous les usez vite, il me semble; on les voit traverser votre maison bien plus que s'y établir... Je vous chercherai cela pourtant... Mais oui, je me souviens, c'est tout trouvé... Mlle Marcelle Auger, jeune, jolie, intéressante, et sans pain... Voilà de quoi satisfaire le besoin de dévouement que vous affichez en même temps que l'*Eau des prodiges*.

— Recommandée par vous, docteur, elle est certaine d'être bien reçue... Quand la verrez-vous cette demoiselle Marcelle?

— Aujourd'hui même.

— Et vous me l'enverrez?

— Avant ce soir...

— Décidément, vous êtes un homme charmant.

— Personne n'en doute, fit Galéas avec fatuité.

— Puis-je encore solliciter quelque chose?

— Dites toujours.

— Vous connaissez la princesse de Chypre?

— Elle est ma cliente et mon amie.

— Etes-vous assez lié avec elle pour lui présenter quelqu'un?

— Cela dépend; souvent je lui rends service en lui conduisant... comment dirais-je bien cela?... Non, je ne le dirai pas... une seule question, la personne qui désire lui être présentée est-elle riche?

— Oui.

— Affaire faite alors. De qui s'agit-il?

— De moi.

— J'aurais dû le deviner... La princesse reçoit ce soir...

— Et vous allez à cette réunion?

— Comment donc? Tous détraqués dans ce milieu-là! J'y recrute une nombreuse clientèle, allez. Si vous avez une toilette de bal, j'irai vous prendre,

— Vous me trouverez prête à dix heures.

— Est-ce tout?

— Tout pour aujourd'hui.

— Un nouveau coup de sonnette; le salon sera plein tout à l'heure.

— Voilà qui est bien, je vous laisse à ceux que vous appelez vos détraqués.

Elle ouvrit la porte avec bruit, occasionna un froissement de soie dans les couloirs, et longtemps après qu'elle eut disparue, la maison resta emplie d'une âcre odeur de musc.

C'était encore une cliente qui attendait le docteur, bien différente de l'autre, il est vrai. Grande, d'une taille mince et haute, blonde, d'un blond artificiel mais réussi, dérobant les rides de son visage sous une couche de blanc gras recouvert de veloutine, les paupières allongées de cohheul, la bouche peinte. Très élégante, sa chevelure crêpée tombant jusqu'à rejoindre des sourcils tracés au pinceau, elle pénétra lentement dans le cabinet du docteur, releva son voile et lui tendit la main.

— Vous, malade! s'écria Galéas, c'est impossible. Vous êtes la première Parisienne de Paris. Aucune ne possède mieux que vous l'art de danser tous les soirs et de paraître jolie tous les matins.

— Vous m'avez connue ainsi avant mon second mariage.

— N'est-il point le plus heureux du monde?

— Si heureux, docteur, que je viens vous demander de la morphine... Oh! ne croyez point que j'ai envie d'en finir tout d'un coup et de m'empoisonner dans l'espace de quelques heures... Non! Non! je veux vivre, quand ce ne serait que pour me venger... Ce qu'il me faut, c'est de la morphine à petite dose, comme on prend l'opium... j'ai besoin de m'engourdir et d'oublier... On affirme que la morphine procure une sorte d'ivresse, donnez-m'en donc... Vous ne me dissimulâtes point ma folie quand je vous annonçai mon mariage avec M. Horel. Je ne vous crus pas, je ne voulais pas vous croire! Mais je suis à souhaiter de m'endormir lentement pour ne plus me réveiller jamais... Seulement cette fortune convoitée par mon mari, cette fortune qui, je le comprends maintenant, fut seule l'objet de son désir, jamais il ne l'aura, jamais, entendez-vous?...

Ses yeux sombres lancèrent un éclair, puis elle reprit en tombant avec lassitude sur le dossier de son fauteuil :

— Eh bien ! cette ordonnance ?...

— Vous ne l'aurez pas, répondit le docteur, je ne suis point meilleur qu'un autre, mais je croirais manquer au devoir professionnel. Ce que vous demandez, en somme, est le moyen de poursuivre un empoisonnement lent. La mort vous effraie quand il s'agit de douleurs vives, d'une lutte acharnée entre la nature qui se révolte et la volonté qui s'acharne à son œuvre. Et puis, qui sait, une sorte d'espérance vous reste encore. Tant qu'on respire, on a le droit d'attendre mieux de la vie. Mais, foudroyant ou lent à terminer son œuvre, il s'agit d'un poison conduisant au suicide... Vous aussi, vous êtes une détraquée ! La vie commença belle pour vous cependant. Votre père avait tant de billets de banque pour votre dot qu'il vous maria avec un gentilhomme. Il vous rendit heureuse, mais le goût du plaisir était en vous arrivé à un paroxysme touchant à la folie, et votre deuil de veuve fini vous vous êtes jetée à corps perdu dans le tourbillon des plaisirs. Après avoir brillé dix années, les dernières de votre jeunesse, au moment où vous eussiez dû entrer dans la phase calme de l'existence, vous avez tenté la Providence en épousant un homme plus jeune que vous; la situation se trouvait renversée ; il était pauvre, et vous comptiez sur sa reconnaissance ! Malheureuse femme ! vous voilà réduite à me demander de la morphine, ce poison dont les femmes malheureuses abusent aujourd'hui... Tenez, dans la disposition d'esprit où vous vous trouvez, vous vous trompez de porte, c'est au seuil d'un confessionnal qu'il faut frapper. Le prêtre vous offrira mieux qu'un poison, il vous présentera le remède : la résignation et la prière.

— Je vous croyais sceptique ! dit Athénaïs Horel.

— Sceptique, par rapport aux qualités, aux vertus des hommes, mais croyant à ma manière dès qu'il s'agit de Dieu.

— Quelle singulière phrase: « à votre manière ! »

— La seule qui soit vraie. Je sais bien que Dieu est là, que Dieu veille, commande et gouverne; mais la pratique de la loi m'effraie souvent, et j'essaie d'oublier que je devrais me plier sous son joug ;

mais dès qu'il s'agit de donner un conseil, je ne me crois point le droit de tromper... Qui sait si, loin de garder votre mari près de vous, votre obstination à vouloir conserver les goûts d'une jeunesse envolée ne l'éloigne pas... Rendez votre foyer plus calme, il y reviendra; calmez vos nerfs, combattez la névrose qui vous tue, et la paix renaîtra dans votre maison...

— Combien vous faut-il pour cette leçon de morale? demanda Athénaïs avec amertume.

— Rien! fit le docteur; vous la dédaignez et vous avez tort... Enfin, si vous avez besoin de moi, adressez-moi une dépêche...

Mme Horel tendit le bout de ses doigts à Galéas, puis elle quitta le cabinet du docteur.

— Celle-là finira par le suicide! dit-il.

Tour à tour une dizaine de clients se succédèrent dans le cabinet de Galéas. A chacun d'eux il donna une consultation moitié humoristique motié savante; les louis tombaient étincelant sous les derniers rayons du soleil; chaque fois que le bruit du métal résonnait une fugitive impression de joie traversait l'esprit de Galéas. La journée était bonne. L'heure de ses consultations venait de finir, le docteur se trouvait libre jusqu'au lendemain. Après avoir fermé sa caisse, il quitta son cabinet, prit son paletot et sortit.

Une voix piteuse lui cria au moment où il franchissait le seuil de sa maison :

— Docteur Galéas! guérissez-moi pour l'amour de Dieu!

— Va-t-en au diable! répondit Galéas à Marc-le-Tordu qui tendait ses mains nerveuses à l'aumône du docteur.

— Au revoir, alors! dit le bancroche.

Il se recula dans son angle, et laissa passer Galéas qui, montant au petit appartement d'Any, lui dit gaiement :

— J'ai trouvé une place pour votre amie Marcelle.

LE CONTUMAX

CHAPITRE VI

CHEZ LA PRINCESSE DE CHYPRE

Le docteur prit la main de la princesse et la baisa avec un respect... (Voir page 63.)

Chapitre VI

CHEZ LA PRINCESSE DE CHYPRE

Une foule compacte remplissait déjà les salons de la princesse de Chypre, lorsque le docteur Galéas y fit son entrée, ayant à son bras Mme Marchenoir. Sa robe de lampas blanc d'une magnifique étoffe, paraissait flotter autour d'elle, tant par sa coupe elle rappelait vaguement la forme d'une robe de chambre. Lourde, essoufflée, cramoisie, mais portant la tête haute, coiffée de sa natte invraisemblable, agitant par coups saccadés un éventail suspendu à une grosse corde d'or, la parfumeuse jetait autour d'elle un regard moitié ravi, moitié inquiet. Enfin, elle se trouvait chez une princesse ! Une princesse portant un nom célèbre dans l'histoire des croisades. Il sembla que son importance grandissait de moitié.

C'était un milieu singulier que celui dans lequel Galéas venait d'introduire sa cliente.

L'hôtel de la princesse de Chypre, situé rue des Belles-Feuilles, était de dimensions restreintes, mais construit d'une façon intelligente. Situé entre cour et jardin, il dissimulait les murs sous des arbustes à feuillage persistant; son large perron avait grand air. Dans le vestibule se dressaient deux nègres de bois sculpté soutenant des torchères, des meubles de certosine supportaient des bronzes et des faïences italiennes. Les laquais, de haute taille, portaient trop de galons à leurs livrées; on devinait même que tous ceux qui se trouvaient dans les antichambres n'appartenaient point à la maison, et se recrutaient au hasard les jours de réception. Trois salons faisaient suite à l'antichambre; tous trois, blanc et or, paraissaient froids en dépit des lumières. Le boudoir de la princesse se trouvait au fond. On y remarquait, outre un divan de soie bleue et quelques fauteuils, un cabinet italien dissimulant un grand nombre de tiroirs cachés derrière les panneaux représentant un porche d'église, puis une table couverte d'un tapis, et sur laquelle se trouvait un encrier monumental, à côté d'une coupe d'onyx et un énorme registre.

Ce boudoir gardait un petit air de bureau.

La princesse de Chypre se tenait dans le salon le plus rapproché du boudoir. Petite, mince, blonde, encore jolie aux lumières, elle portait une robe d'un bleu très pâle et des diamants sur lesquels on médisait un peu. On affirmait que la plupart de ses pierreries étaient fausses; mais enfin de l'ensemble du diadème, des pendeloques, de la branche de fleurs ornant le corsage, de la flèche retenant sur le côté des flots de dentelle se dégageaient assez de feux pour produire une satisfaisante illusion. Mais ce qui ressortait bien autrement que les diamants sur la toilette de la princesse, c'était un large ruban orange passé en sautoir, et soutenant sur le côté une énorme décoration. Non loin de la princesse Marthe, se tenait son mari : type italien prononcé, taille souple, teint pâle, cheveux noirs, sourcils et cils touffus et bien dessinés. Trois brillants lui servaient de boutons de chemise, un solitaire brillait à sa main gauche ; comme sa femme il portait le cordon orange. Dans le nombre des invités, on pouvait compter un certain nombre de commandeurs cravatés du même ruban et des officiers à rosette extravagante. Galéas traversa les deux premiers salons, pénétra moins facilement dans le troisième, où la princesse de Chypre se trouvait entourée en ce moment d'une foule de nouveaux venus. Cependant il parvint jusqu'à elle, et tandis que la parfumeuse esquissait une révérence, le docteur prit la main de la princesse, la baisa avec un respect mitigé par un sourire, et lui dit d'une voix dans laquelle sonnait des réticences :

— Altesse, Mme Marchenoir sollicite l'honneur de vous être présentée ; vos bontés la trouveront toujours reconnaissante.

— Je vous remercie d'avoir amené madame, nous ferons dans un moment plus ample connaissance.

La princesse indiqua un siège à la parfumeuse qui, la tête et les panaches plus hauts que jamais, s'éventait avec une vigueur égale à son émotion orgueilleuse, puis promena autour d'elle des regards curieux.

Elle ne reconnaissait personne dans cette foule bariolée. On y apercevait des uniformes étranges couverts de décorations énormes.

On aurait pu compter dans cette cohue autant de rastaquouères que de provinciaux. Il sembla pourtant à la parfumeuse qu'elle apercevait Albert Picauville. Il était là, en effet, carnet en main, prenant des notes, interrogeant, inscrivant des noms et traçant des silhouettes. En ce moment Picauville servait de cicérone à un avocat de Riom que les hasards de la vie parisienne avaient conduit chez la princesse de Chypre.

— Est-ce que vous vous amusez? lui demanda Picauville.

— Moi! Je ne connais personne! Tout me semble bizarre pour le moins dans cette réunion, et je me demande dans quel monde je me trouve... Le prince et la princesse s'habillent comme des charlatans, et portent un cordon inventé par les Fontanarose.

— Désirez-vous en être commandeur? demanda Picauville.

— Moi.

— Asseyez-vous dans l'embrasure de cette croisée, cher monsieur; il y a longtemps que je médite un article sur le coin de Paris dans lequel nous nous trouvons ; je ferai d'abord mon feuilleton parlé, je l'écrirai ensuite. C'est la princesse qui a fondé l'*Ordre de la Fée* dont le ruban orange traverse magistralement sa robe. Si vous examinez attentivement ceux qui semblent le plus intimement liés avec les maîtres de la maison, vous verrez qu'à des degrés divers ils en portent les insignes. De plus, un certain nombre d'hommes et de femmes ont une aiguillette à ferrets d'or et à l'épaule : ce sont les chevaliers et les dames d'honneur de la princesse. Le hasard vous fera rencontrer le chambellan, vous le reconnaîtrez à sa clef. Une vraie cour du roi Pétaud, cher monsieur! Et, ce qu'il y a de plus fort c'est que beaucoup de gens prennent cela au sérieux, et s'imaginent, comme nous disons entre nous, « que cela est arrivé ».

— L'*Ordre de la Fée* n'est cependant pas reconnu?

— Naturellement! Mais il existe un certain nombre de gens qui ne sont jamais décorés que dans leur maison ou à l'étranger... Silence, la princesse va chanter.

En effet, Son Altesse, acceptant le bras d'un jeune homme nouvellement présenté, et qui tremblait de joie en songeant qu'il avait l'honneur d'accompagner la princesse de Chypre, se dirigeait vers le piano. Un musicien, officier de l'*Ordre de la Fée*, joua l'accompagnement d'un grand morceau que la princesse chanta d'une voix grêle, avec des prétentions minaudières, et qu'elle acheva au milieu d'un délire admiratif.

Après avoir recueilli le tribut d'éloges sans lequel, pour elle, il n'existait point de bonne soirées, la princesse reprit sa place, puis, profitant du moment où un jeune Croate allait entamer une rapsodie sur des airs nationaux, elle saisit doucement la main de la parfumeuse et l'entraîna dans le boudoir.

Une lumière discrète s'y tamisait à travers les fleurs; quoique les portières n'en fussent point baissées, le bruit des salons s'adoucissait en arrivant à cette pièce mystérieuse.

La princesse fit asseoir la parfumeuse sur le divan de soie bleue, et lui dit d'une voix douce comme un son de flûte :

— Je ne puis remercier assez le docteur Galéas de vous avoir amenée. Tout ce qu'il m'a raconté de votre bonté m'est allé à l'âme. Il paraît qu'on vous rencontre partout où éclate un malheur. C'est beau de faire ainsi honneur à sa fortune, car vous êtes riche, très riche !

La parfumeuse redressa davantage sa lourde taille, et parut alors ressembler dans sa robe de damas blanc à ces magnifiques dindons couleur de neige qui paradent dans les basses-cours de luxe.

— Oui, répéta-t-elle, je suis plus que millionnaire !

— Si vous saviez combien les natures comme la vôtre me sont sympathiques. Autour de nous on brûle sans cesse l'encens d'une flatterie qui se changerait en poison délétère si nous ne possédions assez de raison pour nous dire que notre rang les attire plus que notre mérite... Mais du sein de ces grandeurs qui nous éloignent un peu du vulgaire, la soif nous prend d'une amitié vraie, d'un dévouement qui garderait les audaces de la vérité. Tenez, moi qui, je puis le dire, fus douée par la Providence d'une façon miraculeuse, puisqu'elle me donna non seulement l'amour des arts, la passion du beau, mais encore une voix faite pour traduire les grandes œuvres lyriques, et ce que le monde appelle ma beauté... j'ai souvent cherché en vain une âme sœur de la mienne...

— Vous, princesse! s'écria la parfumeuse.

— Moi, oui moi, la couronne fermée que j'ai le droit de porter sur mes cheveux blonds ne suffit pas au bonheur, croyez-le; sans doute la tendresse du prince ne s'est jamais démentie; mais à côté de cet amour fidèle, l'amitié serait cependant la bienvenue, l'amitié un peu grave d'une femme de votre âge. Avoir souvent à ses côtés une créature d'élite, ne rêvant que le soulagement de l'humanité, ce serait un rêve... et ce rêve, jamais je ne l'ai réalisé...

— Jamais, Altesse!

— Vous voyez cette dame en jaune, puis cette autre, qui porte si fièrement un manteau de cour bordé d'argent, sont mes dames d'honneur. J'ai perdu la première et la plus chère de toutes, la comtesse Caprionelli... Je cherche celle qui pourra la remplacer près de moi...

— Si j'étais plus digne d'un tel honneur, princesse...

— Il existe plusieurs moyens de le devenir; si le blason de la Caprionelli vous manque, vous possédez un cœur magnanime, d'une générosité sans borne... Je suis certaine que votre bourse s'ouvrirait toujours pour mes pauvres... Il est si doux de faire le bien...

— Altesse! Altesse! s'écria la parfumeuse en joignant les mains, je serai votre esclave.

— Mon esclave, vous! dites ma compagne préférée... Nous parlions des pauvres... Ah! madame! Ah! chère amie, les misères dont à Paris vous êtes témoin ne sont rien à côté des tortures endurées en Syrie par des chrétiens qui sont nos frères... C'est par milliers qu'ils expirent de besoin dans les déserts sablonneux, dans les ravins des montagnes... Chaque misérable demeure se change souvent en tombeau pour toute une famille... Avec quelle angoisse ils tendent leurs mains vers la France, implorant une généreuse aumône... Peut-être vous demanderez-vous pourquoi les infortunés Syriens me touchent plus que les misérables de Paris? Vous allez le comprendre... Mes aïeux ont régné là-bas... Leur nom survit aux siècles écoulés depuis l'apparition de la croix en Terre-Sainte... Plus d'un chevalier de ma race y repose, et je me crois obligée envers ceux qui veillent autour de ces mausolées dont ils savent encore le chemin... La Syrie est ma seconde patrie. D'ailleurs, assez de philanthropes répandent à Paris leurs aumônes. Mais qui songe aux infortunées tribus syriennes? Qui leur envoie de quoi acheter assez de grain pour ne pas mourir... Il existe des œuvres catholiques qui secourent en plein jour, élèvent les orphelins, instruisent les enfants et consolent la vieillesse des chrétiens. Moi, je songe aux isolés; les secours qui me sont remis pour eux leur parviennent d'une façon mystérieuse. Dieu seul connaît leurs généreux bienfaiteurs.. Dieu et moi ! N'est-ce pas que c'est une grande œuvre que celle des *Affamés de Syrie*.

— Une œuvre digne de celle qui la créa, car vous l'avez fondée seule, n'est-ce pas ?

— Et je la soutiens grâce au concours des cœurs dévoués dont je suis entourée... Vous compterez désormais parmi ceux-là... Si vous vous dévouez à moi, je serai trop heureuse de vous fournir des preuves d'une amité sans bornes... Tenez, quand je songe que le grand cordon de *l'Ordre de la Fée* s'étale sur tant de cœurs égoïstes et froids, je me demande pourquoi vous ne l'avez pas encore... Mon devoir est d'aller au-devant de toutes les hautes personnalités parisiennes. Et quel est le journal dans lequel on ne trouve votre nom... Il s'étale à toutes les pages, depuis la première jusqu'à la quatrième, dans laquelle on apprend combien vous portez haut la bannière de la chimie parisienne !

Le visage de la parfumeuse s'empourpra, elle goûtait moins cette allusion tout à fait directe à son commerce.

La princesse prit sur la table le gros livre à coins dorés, l'ouvrit et désignant la première page à Mme Marchenoir.

— Voici nos statuts, dit-elle.

La parfumeuse s'arrêta au dernier paragraphe qu'elle lut à mi voix :

« — Les droits de chancellerie des membres de *l'Ordre de la Fée* sont fixés ainsi : cinq cents francs pour les chevaliers ; mille francs pour le grade d'officier ; quinze cents pour le titre de commandeur ; six mille francs pour les grands-officiers... Les grands-officiers ont droit au cordon ! »

— La chancellerie n'offre que le brevet, mais les titulaires ont droit de l'acheter, de même que la plaque... Comme il vous siéra bien ce cordon orange, à vous qui avez les cheveux noirs.

La princesse de Chypre enleva son grand cordon et le passa au cou de Mme Marchenoir, puis la conduisant devant une glace :

— Vous voilà royalement parée, dit-elle, je ne résiste point au plaisir de vous accorder un brevet... Vous serez reçue dans trois semaines par les membres dignitaires de l'Ordre.

La parfumeuse se souvint du chiffre des droits de chancellerie...

La commerçante les trouvait un peu élevés ; mais un second coup d'œil jeté vers la glace vainquit la courte révolte de son bon sens, elle baisa la main de la princesse et se contenta de répondre :

— Vous me comblez.

— Vous êtes des nôtres, maintenant ; l'hôtel vous est ouvert, et je reçois tous les samedis... Si je cédais à l'entraînement sympathique qui me porte vers vous, je vous attacherais tout de suite à ma personne...

— Attachez-moi, Altesse! Attachez-moi...

— Serez-vous dévouée à notre cause ?

— De toutes mes forces.

— Secourrez-vous les Affamés de Syrie ?

— Je les comblerai de bienfaits!

La princesse de Chypre s'assit devant son bureau, prit dans un buvard une feuille de vélin enluminée, gravée, signée à l'avance de scels de cire rouge et de longs rubans flottants, puis se tournant vers la parfumeuse :

— Votre nom de baptême, s'il vous plaît?

— Séphalie...

— Vous êtes née...

— Au village de Frélaté.

Son Altesse remplit les blancs du brevet de première dame d'honneur, puis prenant une autre feuille de papier du buvard, également écrite à l'avance, elle dit d'une voix émue :

— Maintenant, mon amie, prouvez-moi que vous êtes digne de vous associer à mon œuvre humanitaire... Cette obligation sur papier timbré attend deux lignes : le montant de la somme que vous offrez aux *Affamés de Syrie,* votre signature, et l'adresse de votre banquier...

Dans les petites mains de la princesse le brevet de : « Première dame d'honneur » brillait sous les clartés d'une torchère. Les grands cachets rouges aveuglaient la vaniteuse créature ; pourtant encore une fois la marchande d'eau pour les cheveux eut un éclair de raison.

— Les Syriens sont bien profondément malheureux aujourd'hui? fit-elle.

— Nous attendons l'heure de pouvoir leur expédier de Marseille mille quintaux de blé...

— Combien manque-t-il pour cette expédition?

— Une misère pour une philanthrope aussi riche que vous... dix mille francs...

La plume s'arrêta dans les mains de la parfumeuse.

— Dix mille francs! pensa-t-elle, une grosse somme.

Mais le hasard voulut que la seconde dame d'honneur de la princesse de Chypre entrât en ce moment dans le boudoir bleu. C'était une jolie femme de trente ans, au teint pâle, à la chevelure noire, opulente, et qui portait sur l'épaule gauche avec une grâce charmante le nœud orange aux aiguillettes de diamants. La parfumeuse sentit brusquement faiblir les dernières résistances, elle trempa brusquement sa plume dans l'encrier, traça les chiffres de l'offrande en toute lettres, data, signa, puis tendit le papier à la princesse qui en échange lui remit avec un sourire le brevet à cachets rouges.

— J'espère vous voir samedi des aiguillettes à mes couleurs, dit-elle en laissant voir une soudaine expression de joie sur son visage.

— Princesse, dit la seconde dame d'honneur en s'inclinant avec une cérémonie théâtrale, la soirée languit sans vous; la duchesse de Blangino demande à vous être présentée; le prince Bradovan sollicite la même faveur.

— Je rentre au salon; comtesse, occupez-vous de madame; elle est désormais des nôtres.

La comtesse Gataëna sourit d'une façon imperceptible, s'effaça pour laisser passer le princesse, puis, s'appuyant amicalement sur le bras de la parfumeuse, elle quitta le boudoir bleu.

On continuait à faire de la musique; une jeune fille jouait de la contre-basse avec beaucoup de maëstria, et lorsqu'elle acheva son morceau des bravos unanimes retentirent. Heureuse de son succès, elle alla baiser la main de la princesse de Chypre; la pauvre enfant arrivait de Belgique, elle ignorait les *Petits Mystères de Paris*. Pour la seconde fois la princesse chanta; elle aborda sans terreur le grand air de *Tancredi* qui s'acheva au milieu d'une véritable ovation.

Prenant alors le bras d'un jeune homme fraîchement débarqué de la province, elle chercha sur une table encombrée de bibelots une aumônière de velours, et dit en promenant autour d'elle un regard suppliant :

— Toute joie pour être complète doit se terminer par une bonne action... Je vous demande à tous la charité au nom des Affamés de Syrie...

Les habitués de la maison sourirent; les nouveaux venus fouillèrent dans leurs poches avec empressement. Il y eut bien des surprises, des tentatives de refus, mais les yeux bleus de la princesse de Chypre suppliaient; le grand cordon du chevalier d'honneur aveuglait.

La bourse de velours débordait; la princesse la déposa dans le cabinet italien dont elle portait la clef sur elle. Ce fut le dernier événement de la soirée; les invités se retirèrent lentement; Galéas sortit un des derniers, il avait attendu Mme Marchenoir, à qui la princesse adressait des adieux débordants d'affection.

— Eh bien! demanda Galéas à la parfumeuse, vous revenez ravie, je l'espère, Son Altesse vous a comblée. Vous voilà grand cordon de l'*Ordre de la Fée*, première dame d'honneur, rien ne manque aux satisfactions de votre vanité.

— Savez-vous combien cela me coûte ces satisfactions? Seize mille francs.

— Une misère pour vous! Il existe tant de chauves en ce monde, et surtout tant d'imbéciles! L'*Eau des prodiges* comblera le déficit.

Tandis que les invités de Son Altesse s'éloignaient les uns dans leur voiture, les autres en fiacre, les derniers à pieds, les domestiques éteignaient les lumières des salons, et le prince et la princesse s'installaient dans le boudoir.

— Eh bien! demanda le prince, la soirée a été bonne?

— Excellente! Grâce au docteur! Il a découvert une mine d'or dans la vieille folle qui depuis deux heures est grand cordon de notre Ordre.

— Faisons les comptes, Marthe.

La princesse ouvrit le registre et lut:

— Mme Marchenoir, droits de chancellerie pour grade de grand officier de l'*Ordre de la Fée*, ci . . . . 6,000 fr.

Idem, pour les Affamés de Syrie. 10,000

M. Rataboul, avocat, chevalier de l'Ordre, droit de chancellerie 500

Mlle Rosalie Verpré, titre de 2ᵉ lectrice . . . . . 1,000 fr.
Baron Vertignac, titre de chevalier. 500
Ce qui forme pour ce soir un total de . . . . . 18,000 fr.
La quête a produit sept cent cinquante francs dix centimes...

— Sans ce succès inespéré, je ne sais ce que nous serions devenus. Les créanciers criaient à nous assourdir... Je dois trois mille francs à mon tailleur.

— Moi quatre mille à ma couturière.

— Mes tiroirs regorgent de mémoires de fournisseurs de bas étages, et ce sont les plus pressés; le boulanger, le boucher, le courtier en vins... Pour le règlement de ces factures, il me faut quinze mille francs.

— Mais à ce compte vous prendriez toute la recette. Croyez-vous que mes créanciers m'accordent plus de répit que les vôtres? La couturière, la lingère, la modiste, le carrossier reviennent chaque matin.

— Faites-les attendre, corpo di Bacco!

— Cela ne se peut plus, partageons la recette, c'est tout ce que je puis faire.

— Je veux quinze mille francs.

— C'est trop fort, s'écria la princesse, qui donc mène cette double affaire de l'*Ordre de la Fée* et des dignitaires de notre maison? Moi, moi seule. J'ai tout inventé, tout préparé. Je tends les toiles où se prennent les mouches, et vous n'avez d'autre rôle à jouer que de vous camper devant la cheminée et de recevoir les niais qui viennent ici se faire rançonner.

— Vous parlez trop de votre peine, ma chère, que feriez-vous sans moi, je vous prie? Oubliez-vous que je vous ai faite princesse?

Marthe partit d'un strident éclat de rire.

— Mais qui donc vous fit prince, sinon ma hardiesse? Je me promenais à Venise, au bras de mon tuteur, lorsque j'aperçus un jeune marchand d'éponges d'un beau type... Il avait vingt ans, savait quelques fragments du Tasse, possédait cette élégance innée des Italiens qui savent se camper et faire de beaux gestes... Ah! ce fut bien simple, vous me plaisiez, mon tuteur vous l'apprit en vous posant certaines conditions... La première, que vous apprendriez un peu de français, que vous cesseriez de manger des tranches de pastèques sur les marches des palais et du macaroni aux échoppes des carrefours ; la seconde que vous vous prêteriez à une combinaison que ma dot me permettait de réaliser. Je payai dix mille francs à un homme faisant métier de découvrir des généalogies et de faire refleurir certains noms sans parchemins.... Celui de prince de Chypre était sans maître ; le bonhomme exhuma des titres, en composa d'autres ; tant de révolutions avaient passé depuis la mort du dernier prince qu'il fut possible de badigeonner tout cela d'une apparence de véracité. Je revins à Paris où un an plus tard vous m'épousiez à l'aide de papiers suffisamment en règle... Ne me jetez donc jamais à la tête un titre que j'ai repêché dans les abîmes de l'histoire comme vous pêchiez, vous, des éponges dans l'Adriatique.

— Qu'importe ! Le mariage a fait de moi le chef de la communauté, et je la gouvernerai, je vous le jure.

— Prenez garde de me fâcher, Pietro ! ce jour-là, je vous laisse libre de retourner à vos pastèques et à votre macaroni.

— Vous ne l'oseriez pas !

— Eh bien ! essayez de m'irriter, et vous verrez !

— Vous ne l'oserez pas, parce que le jour où vous vous séparerez de moi, je retournerai peut-être en Italie, mais pas avant d'avoir prévenu la police qu'elle apprendrait de curieuses choses, si elle mettait la main sur vos livres de commerce.

— Des menaces, à moi !

— Mes menaces sont moins terribles que ne le serait la correctionnelle, et... les *Affamés de Syrie* mangent trop !

Marthe s'élança vers son mari, mais celui-ci serra à le briser le poignet de la jeune femme, et la repoussa violemment :

— *Finita la comedia* ! dit-il avec une expression qui fit frissonner la princesse, et, fouillant dans le cabinet incrusté d'ivoire, il saisit l'argent de la quête, emporta le registre renfermant les papiers timbrés signés par les dupes de la soirée, et remonta tranquillement chez lui.

— Le misérable ! dit Marthe en le suivant d'un regard mauvais, à Italien, Française et demi ! Je me vengerai ! Si jamais je passe en police correctionnelle, je n'y irai pas seule...

LE CONTUMAX

CHAPITRE VII

LE VILLAGE DE L'EDEN

Tous ces braves cœurs débordaient de reconnaissance. (Voir page 84.)

Chapitre VII

LE VILLAGE DE L'EDEN

Depuis l'effrayant incendie qui détruisit un groupe de maisons et jeta sur le pavé des familles désormais sans abri, comme sans mobilier, l'esprit de Samuel Dupont demeura hanté par un projet qui prit progressivement corps et devint une œuvre colossale; durant des semaines, hors le service des blessés et des malades demeurés dans « l'ambulance », le fabricant ne s'occupa d'aucune affaire et abandonna aux soins de son caissier et de Norbert la direction de sa maison. Il travaillait longtemps seul, jetant sur le papier les idées affluant de son cœur à son cerveau, répandant à la fois dans un mémoire son intelligence et sa bonté, ses idées morales et ses projets humanitaires, traçant des plans, les effaçant pour les recommencer, jusqu'à ce que, croyant avoir donné la note vraie jaillissant à la fos d'un esprit élevé et d'une âme généreuse, il se dit qu'il devait non point se reposer, mais compléter avec la collaboration d'autrui ce qui manquait encore à son œuvre.

L'abbé Xavier accourut à la fabrique.

— Mon Père, lui dit Samuel après l'avoir fait asseoir devant une table encombrée de papiers tantôt couverts d'une écriture large et régulière, tantôt de dessins ébauchés, l'heure est venue, je crois, de mettre à exécution ce qui, après en avoir été le but, deviendra le couronnement de ma vie. Bien des plans ont été élaborés afin d'arriver à ce résultat: le bonheur du peuple, l'avenir du travailleur. Je ne me crois pas plus intelligent que ceux qui sont considérés comme compétents dans les questions humanitaires, mais je possède plus qu'eux le point de vue pratique; j'ai la claire vision du résultat possible. Je n'écris point dans un milieu somptueux des projets de réforme sociale; certains fragments de mon travail furent tracés sur des coins d'établis, à la suite de conversations avec mes ouvriers; le lendemain d'un mouvement parisien; souvent aussi suivant les impressions soulevées en moi par un fait qui pour d'autres esprits eût semblé complètement étranger à mon rêve. Ai-je donc fait simplement un songe? L'expérience que je vais tenter restera-t-elle infructueuse pour le présent et stérile pour l'avenir? Dieu le sait. Peut-être jetterez-vous une lumière nouvelle sur mes projets; je sollicite vos avis avec toute l'humilité d'un esprit troublé souvent et d'un cœur qui n'a cessé de souffrir.

— Pauvre ami! dit le prêtre en serrant les mains de Samuel.

— Depuis dix ans, reprit le négociant, je possède de vastes terrains aux environs de Saint-Cloud. Achetés après la guerre, dans d'excellentes conditions, ils représentent aujourd'hui un capital énorme, et forment un ensemble de deux cents hectares, dont une partie est plantée de bois... J'occupe dans ma fabrique cinq cents personnes, hommes, femmes et enfants. J'entends créer non point une cité ouvrière, mais un village modèle, occupé seulement par mes ouvriers, et réalisant pour eux tout ce que mes connaissances économiques, et la volonté de les voir heureux, est capable de faire.

— Quelle noble entreprise! s'écria l'abbé Xavier.

— Je suis un outil employant une matière précieuse, mon Père! Qu'est-ce que l'outil devant Dieu!... Je ferai donc construire des maisons dans lesquelles l'air et la lumière entreront à flots. Elles se composeront de pièces claires et saines. Un rez-de-chaussée et un étage, rien de plus. En bas la cuisine, véritable royaume de la ménagère, assez vaste pour servir de salle à manger à la famille, puis le parloir, conforme au *parloir* anglais dans lequel le soir et le dimanche la famille se réunit. Là trouvent place la machine à coudre de la mère, les pupitres des enfants, la bibliothèque du père, les meubles les plus élégants du ménage, quelques pots de fleurs, la cage des oiseaux, tout ce qui parle de la nature pour la faire aimer, de l'œuvre du Créateur pour élever davantage la pensée. Ne croyez-vous pas que l'ouvrier serait sensible à cet accroissement de bien-être? Que de fois, dans les bouges parisiens sans air et sans clarté, n'a-t-il pas dû se demander pourquoi la place manquait aux lits de sa nichée, pourquoi ses regards ne se reposaient que sur des objets misérables. D'autres fois, lorsqu'il traversait les rues, si ses yeux en se levant distinguaient à travers les rideaux les lueurs des lampes, comme il songeait avec amertume que dans sa mansarde brillait une clarté insuffisante pour que la mère pût raccommoder les haillons des enfants... Il ne maudissait pas les riches, s'il gardait des sentiments chrétiens, il se résignait même, mais malgré lui s'établissait une comparaison douloureuse. C'est ce sentiment de douleur involontaire que je prétends supprimer, non seulement afin de remplir le vœu de toute ma vie, mais encore pour donner un exemple à ceux qui comme moi vivent au milieu des travailleurs; je prétends prouver que tous, tant que nous sommes, négociants et notables de Paris, nous devons réaliser le bien-être de ceux qui nous entourent afin que jamais ils ne songent à nous quitter, et que leur véritable intérêt soit de contribuer à une fortune dont ils resteront solidaires.

— Continuez, continuez, dit l'abbé Xavier.

— Vous approuvez ce projet de maisons familiales?

— Complètement, mon ami.

— Un jardin égayera chaque demeure. De ses fenêtres la ménagère verra s'épanouir ses bouquets. Un poulailler, un clapier permettront de varier l'ordinaire de la table, et supprimeront bien des dépenses. Une rangée d'arbres changeant chaque rue en boulevard achèvera l'aspect joyeux de mon village; vous verrez combien ces constructions de briques seront charmantes au regard. Au centre du village, une grande place... Avez-vous visité Bruxelles?

— Non, répondit l'abbé.

— Je le regrette, vous comprendriez mieux mon projet. Sur une place superbe se trouvent avec l'hôtel de ville les antiques maisons des corporations, ornées de fresques emblématiques, de sculptures naïves; étalant les dorures de leurs balcons, les ferrures de leurs faîtes. Là battait véritablement le cœur de la ville... Dans mon village on trouvera autour de la place, non point une mairie, mais la maison commune où se discuteront les intérêts de tous, où s'apaiseront les querelles s'il en naissait, où se donneront des conférences et des fêtes, oui, des fêtes, car le travailleur a souvent besoin d'une franche gaieté pour le reposer du labeur. Sur un autre côté de la place, l'église; vous daignerez y officier dans les grands ours, je vous prierai de la bénir...

« Le troisième côté de la place sera pris par l'école... Ah! le grand mot que celui-là, aujourd'hui, l'école! Il me la faudra grande, claire et belle. Le long des murailles s'étaleront des cartes, des spécimens de tous les règnes de la nature, de tous les degrés de la civilisation. De chaque côté de la chaire les tableaux noirs sur lesquels écrira l'élève; au-dessus de la chaire du maître un crucifix, vrai docteur de l'école.

« Voici l'idée en germe, l'architecte la développera... Je ne vous ai point parlé du bâtiment qui occupera le quatrième côté de la place. J'ai songé à la maison de Dieu, à l'hôtel de ville du village, à l'école des enfants; il me faut de plus non point un hospice, mais une maison pour les vieillards. Je la place non pas en dehors, mais au centre même du mouvement et de la vie. Les infirmes verront de leurs croisées la flèche de l'église; le son des orgues parviendra jusqu'à eux; les moins impotents en traversant une galerie arriveront à la tribune de l'orgue. Quand les enfants quitteront l'école ils entendront leurs cris joyeux et se complairont à voir ces têtes brunes et blondes. Il me semble qu'il y aurait cruauté à les exiler de la famille et des amis. Doucement, après avoir beaucoup besogné, ils s'endormiront dans la paix de Dieu... »

— Alors, reprit l'abbé Xavier, croyez-le, ils iront lui dire: « Il est un homme qui a nourri les affamés, donné à boire à ceux qui avaient soif, vêtu les gens en haillons, essuyé les larmes de ceux qui pleuraient et réconforté les âmes souffrantes... Celui-là, Seigneur, aimez-le, parce qu'il nous aima beaucoup... »

— Vous croyez, l'abbé, vous croyez...

— Ah! s'écria le prêtre! ma plus grande douleur est de vous voir rebelle à toute consolation!

— Eh! qu'importe ce que je souffre, si je réalise mon œuvre, si je rassemble autour de moi des heureux. Le fardeau m'écrase, et souvent il m'arrive d'avoir peine à le soulever; dans ces moments-là, j'implore la mort comme une délivrance... Mais la tâche acceptée me reprend dans ses rouages, et le lendemain, après une nuit d'agonie morale, je me retrouve debout...

— Pauvre! pauvre ami!

— L'architecte sera mandé demain. Tant que dureront les constructions, j'aurai tant à faire qu'une vie nouvelle commencera pour moi. Norbert gardera la fabrique, et je suis tranquille, tout marchera bien.

Lorsque l'abbé Xavier quitta le négociant, celui-ci paraissait avoir recouvré toute sa sérénité. Le soir même il fit prier un architecte ami de Norbert de venir dîner avec lui. Le café pris, il emmena les deux jeunes gens dans son cabinet, puis il expliqua ses plans dans les plus grands détails, y joignit son mémoire, car l'idée morale inspirant son œuvre devait, croyait-il, aider à en trouver la réalisation. Adrien David, qui n'avait pas eu le bonheur de remporter le prix de Rome, n'en était pas moins actif, intelligent et avide de parvenir.

— Comprenez-moi bien, lui dit Samuel, je veux avant tout la simplicité unie à une certaine grandeur. Tout doit être pratique, économique dans ce que vous ferez, de telle sorte que l'exemple donné étant facile à suivre, je trouve beaucoup d'imitateurs. Du fer, des briques et du verre, voilà tout ce que je vous demande. A quelle époque mon village sera-t-il construit?

— En y employant cinq cents ouvriers à la fois, dans un an...

— J'y compte, alors, jour pour jour...

Ce fut avec une sorte d'emportement joyeux que le négociant conduisit des travaux sur lesquels il garda le plus profond secret. Norbert seul se trouvait dans la confidence; il partageait les entraînements de Samuel, et l'activité de son ami. On eût dit que cette cité se construisait comme jadis s'élevaient les murailles des villes antiques, aux sons des lyres divines. Elles germaient de terre ces maisons coquettes dont les jardins dessinés et bordés n'attendaient plus que les plantations. Suivant le programme de Samuel, le fer, la brique et le verre étaient seuls employés. Il en résultait une rapidité d'exécution surprenante. Cinq cents ouvriers jetés dans ce chantier produisaient des merveilles sous la direction d'un architecte intelligent et de contremaîtres zélés.

Dans les ateliers du fabricant, rien ne transpirait des projets du maître. Les ouvriers le voyaient moins, et s'en affligeaient; la présence plus fréquente de Norbert leur faisait croire que le patron céderait un jour la fabrique au jeune homme. Sans doute celui-ci, formé par Samuel, se montrait affable et bon pour tous, cependant il lui manquait ce je ne sais quoi d'indéfinissable qui prenait le cœur des ouvriers, sollicitait leur confiance, et les poussait vers ce millionnaire dont le cœur sympathisait avec leurs besoins et leurs souffrances, comme si lui-même avait connu les difficultés de la lutte et les affres de la nécessité. S'ils le trouvaient presque sévère les jours de paie, en présence des camarades, chaque fois que l'un d'eux, sollicitant un entretien, lui avait exposé une misère, demandé conseil, même avoué une faute, il l'avait trouvé d'une bonté incomparable. Jamais un jeune homme ne posséderait cet art spécial, provenant plus du cœur que de l'esprit, d'arriver sûrement à l'âme de celui qu'il s'agit d'éclairer, de toucher, de ranimer. Moralement, quand un malheureux entrait dans le cabinet du patron, il se sentait réchauffé par l'accueil qu'il en recevait. Devinait-il une situation embarrassée, il ouvrait sa bourse; lui demandait-on avec toutes les réticences de la timidité de consentir à être le parrain d'un nouveau-né, il envoyait tout de suite une layette, des dragées, et une assurance sur la vie de l'enfant, suffisante pour lui donner à l'époque de sa majorité une dot de cinq mille francs. Aussi dans chaque famille la grande ambition des mères était de donner Samuel pour parrain à un des chérubins qui en faisaient la joie.

Les ouvriers allaient-ils donc perdre ce maître excellent, dont la fortune soutenait tant de pauvres, dont la bonté ne se démentait jamais. Quand les nécessités des travaux le retenaient à Saint-Cloud, et que le caissier et Norbert présidaient seuls à la paie, ils demandaient d'une voix inquiète :

— Monsieur Samuel est-il malade?

— Non, mes amis, répondait Norbert, il est seulement bien occupé!

— Dites-lui qu'il nous manque, monsieur! Vous savez, des ouvriers de vingt ans, ça tient au patron et à la fabrique! Nous serons plus heureux la semaine prochaine, pas vrai?

Cependant, à mesure que les travaux s'achevèrent, Samuel reprit sa vie accoutumée; il rentrait rue Paradis avec une joie profonde, songeant par avance à la fête du mois de juin. Dans les ateliers il se montrait plus affable que jamais.

Le soir, gravissant cinq étages, il sonnait à une porte qu'Any ouvrait en souriant, s'asseyait et causait avec l'aveugle, lui témoignant une affection mêlée de respect. Sans demander le secret de son malheur, il savait par mille façons lui prouver qu'il compatissait aux souffrances subies. Rien ne lui manquait désormais. Le talent très réel d'Any, estimé à sa valeur véritable, suffisait pour faire vivre ces deux êtres à qui de rudes privations avaient appris à vivre de peu. On réservait pour Any les travaux les plus productifs. Norbert et Angus, le directeur de l'atelier de peinture, s'entendaient pour lui faire oublier les misères subies, et lui rendre la gaieté de son âge. A mesure qu'il venait davantage dans cet intérieur, Samuel appréciait mieux les qualités charmantes de la jeune fille. Pas d'ombre dans cette belle âme, une élévation d'esprit et de sentiments entraînant ceux qui l'approchaient vers des hauteurs sereines. Sa beauté était le moindre des dons qu'elle eût reçus de Dieu; elle ne semblait pas même s'en douter tant elle demeurait simple. Pour elle, Samuel Dupont était plus qu'un sauveur; elle professait pour lui une admiration passionnée! Jamais depuis qu'elle était en âge de comprendre et de sentir, Any n'avait rencontré sur sa route un homme doué des dons de l'intelligence servis par d'aussi admirables qualités de cœur. Depuis qu'elle travaillait dans sa jolie chambre si claire et si gaie, elle avait suspendu à la muraille sa palette de porcelaine jadis engagée chez le père Zug, tremblant de cœur à ce souvenir qui lui rappelait à la fois le comble de la misère et un salut inespéré.

Ainsi qu'il l'avait dit au directeur de la Banque des gueux, le le jour où il pénétra pour la première fois dans son étrange établissement, le faïencier, non seulement avait fait remettre à chacun des emprunteurs ces misérables gages laissés dans le grenier du bonhomme, mais il lui avait avancé des fonds afin de sauver la valeur des prêts et de soulager un plus grand nombre de misères. Quand la Banque des gueux regorgeait de marchandises, Samuel donnait ordre de liquider. Un billet avertissait alors les dépositaires qu'ils pouvaient gratuitement reprendre les misérables objets engagés. Any savait tout cela : la petite palette le lui eût rappelé si elle avait été capable de l'oublier. Lorsque Samuel se trouvait placé entre M. Darieu et sa fille, il sentait descendre en lui un bien-être inespéré. Le sourire revenait à ses lèvres; un chant mystérieux s'élevait de son cœur. Cette belle enfant blonde, il l'avait sauvée! Mais qui sait de quelles joies mystérieuses elle payait le sacrifice

que Samuel lui avait fait de sa vie dans la terrible nuit du sin.
Elle ne lui demandait jamais la raison de ses absences, mais elle trouvait mille moyens de lui faire comprendre qu'elle le regrettait. Alors il était obligé de se faire violence pour résister à la tentation de lui dire ce qu'il avait rêvé, et comment se réalisait son rêve.

Les semaines passaient; le travail s'achevait. Sans doute les fresques de la chapelle n'étaient point exécutées, mais les vitraux étincelaient sous les rayons du soleil. On aurait pu observer qu'au premier étage de la maison d'école les menuisiers ne se trouvaient point tout à fait prêts, mais dans ses salles les bancs, les tables, la chaire du maître, les tableaux noirs étaient en place. Le vaste parloir de la maison commune pouvait recevoir deux cents personnes; si l'on avait dû tout de suite y discuter de graves intérêts, il eût été possible d'y réunir trois cents personnes. L'hospice présentait deux grands dortoirs garnis de lits blancs, une salle à manger ouvrant sur des jardins, des cuisines étincelantes de l'émail des faïences et d'une batterie de cuisine modèle. La lingerie étalait ses richesses dans les rayons d'armoires monumentales.

Une émotion mêlée d'impatience lui faisait attendre, ce samedi-là, l'heure de la paie; lorsqu'elle fut terminée le négociant dit à tout le personnel de la maison :

— Demain je vous ménage une surprise, nous irons à la campagne, soyez prêts à huit heures, les hommes, les femmes, les enfants, tout le monde sera de la fête.

— Merci patron! dirent cinq cents voix.

Il y eut alors des questions sans fin, des éclats de rire, une véritable explosion de ce bonheur populaire qui se trahit par la mimique, le geste et l'accent. Puis cette foule de travailleurs descendit ou remonta la rue, tous se promettant un nouveau plaisir à la pensée de la surprise des femmes, des sœurs, des enfants. On ne dormit pas trop cette nuit-là. Plus d'une ménagère tira de l'armoire la toilette des petits, repassa une collerette ou se blanchit un bonnet. On se préoccupa d'innocentes coquetteries. Une fête à laquelle devait assister le patron, cela ne s'était encore jamais vu. Dès l'aube, tout le monde était debout. A mesure que les invités arrivaient, ils montaient dans des omnibus qui devaient les conduire à la gare. Dans la grande calèche de Samuel Dupont se trouvaient Norbe

Brissot, le vieux caissier, M. Darieu et sa fille. Une sympathie profonde liait désormais l'aveugle au fabricant ; chaque soirée passée dans le petit appartement que celui-ci abandonnait à l'infirme et à sa fille ajoutait au respect et à l'amitié dont Samuel se sentait pénétré pour cet homme frappé d'un horrible malheur, pour cette enfant si admirablement belle et qui avait supporté la misère et la faim avec une incomparable dignité. Nul ne s'étonnait de voir le maître de la fabrique prodiguer à cet homme si cruellement éprouvé, à cette charmante fille douée d'un véritable talent, les preuves d'une amitié profonde. Peut-être se disait-on que si le maître était de beaucoup plus âgé qu'Any il ne serait pourtant pas impossible qu'il la demandât en mariage. Mais d'un autre côté Samuel paraissait si grave, quelquefois si triste, qu'on éloignait cette supposition. Celui qui se dévouait tant au bonheur d'autrui paraissait si complètement s'oublier lui-même !

Cependant lorsque Samuel eut vu l'une après l'autre s'éloigner les grandes voitures, une expression de joie passa sur son visage, et il dit à Norbert d'une voix émue :

— Allons, la journée sera bonne !

La descente des omnibus, l'installation dans les wagons, l'arrivée à Saint-Cloud occupèrent un temps relativement court. Jusqu'à ce moment les ouvriers s'abandonnaient à un entrain sans préoccupation ; mais dès qu'ils approchèrent de la petite ville, ils comprirent que leur arrivée faisait sensation.

Les ouvriers et leurs familles suivirent à pied une route que leur indiqua Norbert. La calèche prenant les devants ne tarda point à s'arrêter devant une grille monumentale fleurie de bouquets, pavoisée de drapeaux. L'arrivée de Samuel fut saluée par les bravos de tous les travailleurs qui, avec un zèle joyeux, avaient achevé en moins d'une année ce ravissant village. A mesure qu'il avançait le long de ces boulevards dont les arbres étalaient coquettement leurs jeunes feuilles, et dont les jardinets réjouissaient le regard, une profonde émotion montait du cœur aux yeux du négociant. L'utilité, la grandeur de son œuvre, lui apparaissaient d'une façon plus nette. Il s'agenouilla d'abord dans la chapelle, puis il attendit debout sur le perron de la maison commune la venue de ceux qu'il allait faire les maîtres de ce domaine. Au moment où ceux-ci pénétrèrent dans le village, les menuisiers, les maçons, les plombiers, tous ceux qui avaient mis leur talent et leur force au service du maître, les entouraient, serrant leurs mains, et laissant percer au milieu de félicitations cordiales le sentiment d'un regret qui, sans descendre à l'envie, ne restait pas cependant exempt de tristesse. Combien ils seraient heureux dans cette ville construite pour eux, appropriée à leurs besoins, dans laquelle circulait l'air pur, et qui, oasis cachée au milieu des bois, dormirait dans la double paix qui tombe du ciel et qui monte de la terre. Les ouvriers ne comprenaient pas encore, pourtant les mains pressaient les mains tendues, et tous se dirigeaient vers le cœur même du village. Au moment où la place leur apparut avec ses monuments, sa fontaine, quand ils virent le maître attendant sur le perron, ils devinèrent une partie de la vérité, et avec un indescriptible élan ils se portèrent du côté de la maison commune.

Un geste de Samuel leur demanda le silence, puis, dominant une émotion qui le prenait à la gorge, il leur dit :

— Mes amis, dans la proportion de mes forces et de mon intelligence, j'essaie aujourd'hui de réaliser le rêve d'un bonheur modeste pour tous ceux qui ont contribué à ma fortune. Ce village est à vous. Chaque famille y connaîtra la joie de posséder un chez-soi paisible ; vos enfants grandiront à l'air libre, nous en ferons des hommes sous vos yeux, nous élèverons vos filles, nous adopterons les vieillards. Je vous veux libres de toutes les libertés qui naissent de la morale, de toutes celles que reconnaît la foi. Voici l'église dans laquelle vous prierez, l'école à la tête de laquelle je place un homme de cœur et d'intelligence. A côté de l'asile de la jeunesse la maison des invalides du travail. Ils ont gagné le repos, nous ne le leur marchanderons pas. Enfin, ici auront lieu vos réunions sérieuses. Ce sera une sorte de *Parloir des Bourgeois*, ouvert à toutes les discussions, ce petit hôtel de ville en miniature vous fournira des livres, des journaux ; on y donnera des cours gratuits de dessin et de modelage, afin que chaque enfant annonçant des dispositions remarquables puisse les cultiver et franchir un jour la distance séparant l'ouvrier de l'artiste ! Puisse la bénédiction du ciel reposer sur ce village, puissiez-vous y vivre heureux, puissé-je y mourir en paix !

Sa voix faiblit au moment où il prononça ces derniers mots comme si un sanglot les étranglait dans sa gorge.

Il trouva cependant bien vite une compensation aux sacrifices accomplis, dans l'élan spontané avec lequel femmes, enfants, travailleurs se précipitèrent vers lui. Des larmes roulaient dans tous les yeux, l'émotion serrait tous les cœurs. L'abbé Xavier, qui venait de rejoindre Samuel, le pressa fraternellement dans ses bras et lui adressa à voix basse quelques paroles qui amenèrent un sourire sur les lèvres du négociant. Oui vraiment les vœux formés pour lui étaient sincères. Tous ces braves cœurs débordaient de reconnaissance. Lorsque cette première émotion fut calmée, on dut successivement visiter l'église, la maison commune, l'hospice, l'école des enfants, les maisons du village. Quelles admirations naïves, quelles joies franches dans tous les cœurs. Grâce aux meubles achetés par Samuel, l'installation serait pour tous également confortable. L'heure du déjeuner arriva avant que ces braves gens eussent tout vu, tout admiré. On avait dressé le couvert dans le bois, et tout le monde fit honneur au plantureux repas que l'on y servit.

Samuel se trouvait à table entre M. Darieu, l'abbé Xavier, Brissot le caissier, qui ne l'avait jamais quitté, et Norbert son fils d'adoption. Venaient ensuite en second les contremaîtres, les ouvriers, chacun entouré de sa femme et de ses enfants. Le repas fut gai, quoique dominé par quelque chose de grave. L'émotion étouffait un peu tous ces braves cœurs. Quand il s'acheva, les promenades recommencèrent, et le soir descendit sur ces heureux sans qu'ils se fussent aperçu de la fuite des heures. Il ne s'agissait cette fois que d'une sorte de prise de possession, mais avant de se séparer les ouvriers se promirent de rendre plus tard au patron la fête qu'il leur avait donnée. Il fallut revenir à Paris, et pour la dernière fois y dormir dans les chambres noires et privées d'air, tandis qu'on gardait encore la vision de ce village modèle que les ouvriers avaient déjà nommé : le village de l'*Eden*. Trois jours après, l'émigration des familles pour Saint-Cloud était terminée, et il ne restait plus à Paris un seul ouvrier travaillant pour la maison *Samuel Dupont*.

LE CONTUMAX

CHAPITRE VIII

LA DEMOISELLE DE COMPAGNIE

Ils commencèrent une marche sur laquelle ils opérèrent leur sortie. (Voir page 93.)

Chapitre VIII

LA DEMOISELLE DE COMPAGNIE

Any et son père avaient refusé de s'installer au village. Accoutumés à leur petit appartement, certains d'y recevoir fréquemment la visite du fabricant, ils s'y trouvaient si heureux qu'un changement, de quelque nature qu'il pût être, aurait dérangé le calme de leur vie. Any gagnait au moins cent francs par semaine; l'aisance régnait dans le modeste ménage. Afin de ménager un temps précieux, Any avait même pris une petite servante, pauvre orpheline jetée à la rue par la mort des siens et qui serait peut-être allée au ruisseau, si Mlle Darieu ne s'était trouvée sur sa route. Une seule chose préoccupait Any: la situation précaire dans laquelle se trouvait son amie Marcelle. Aussi, quand le docteur Galéas vint proposer à cette dernière d'entrer chez Mme Marchenoir, Any lui conseilla-t-elle d'accepter en attendant un emploi meilleur. Mieux valait encore cette quasi-domesticité que la faim.

D'un caractère doux et bon, timide et discret, Marcelle possédait toutes les qualités nécessaires pour tenir cet emploi difficile. Suffisamment musicienne, spirituelle sans prétention, instruite sans fatuité, patiente, parce qu'elle avait beaucoup souffert, elle devait être pour la marchande de l'*Eau des prodiges*, une acquisition précieuse. Celle-ci, confiante dans le tact du docteur Galéas, attendit Marcelle avec la certitude qu'elle allait enfin posséder une créature malléable et sérieuse, prête à faire sa partie dans le concert des parasites qu'elle entendait sans fin bourdonner autour d'elle.

Marcelle, en sortant de la fournaise qui venait d'anéantir et son chétif mobilier et sa garde-robe, ne possédait plus qu'une mince robe noire et un mantelet usé jeté sur ses épaules dans la nuit du sinistre. Une amie lui prêta un chapeau, et ce fut sous ce pauvre costume qu'elle se dirigea vers le Palais-Royal. Lorsqu'elle se trouva dans la rue habitée par la parfumeuse, on eût dit qu'une émeute venait d'y éclater, tant elle regorgeait de curieux. Peut-être Marcelle aurait-elle éprouvé un certain sentiment de crainte, si, au moment où elle essayait de fendre cette foule compacte, les sons bruyants d'une fanfare n'eussent brusquement éclaté. En s'approchant davantage, elle aperçut une bannière décorée d'une gigantesque lyre d'or, autour de laquelle se trouvait cette inscription : *Les Enfants d'Orphée*. Elle se trouvait près d'un orphéon. Marcelle dut attendre la dernière mesure d'une marche triomphale avant de s'approcher du trottoir. Au même moment la fenêtre du premier étage s'ouvrit, une femme, en robe de chambre de satin blanc, parut au balcon, s'inclina trois fois devant les musiciens et se retira à reculons.

Les gamins mêlés à la foule applaudirent avec frénésie ; les *Enfants d'Orphée* s'épongèrent le front, et Marcelle traversa le couloir.

Les orphéonistes s'engouffrèrent dans le corridor, tandis qu'elle gravissait rapidement l'escalier. Elle sonna et une femme de chambre vint ouvrir. Marcelle demanda si elle pouvait être reçue.

— Attendez, mademoiselle, répondit la camériste, madame est occupée.

Elle disparut, laissant Marcelle dans l'antichambre. Le son d'une voix lamentable parvint alors aux oreilles de la jeune fille, et cette voix disait :

— Ayez pitié ! madame ! On vous dit si charitable et si bonne ! Nous mourons de faim, moi et mes six enfants... Avec une si nombreuse famille, quel travail peut suffire ? Et pourtant, je vous le jure, après avoir couru tout le jour je travaille pendant la nuit... Quelle misère ! Oh ! si vous entriez dans les taudis des vrais pauvres... Du pain ! du pain ! pour l'amour de Dieu ! Chaque jour dans les journaux, on met des articles sur votre bienfaisance ; tout à l'heure j'ai traversé une foule de gens venus pour vous fêter... Donnez-moi les miettes de votre table, elles rassasieront mes petits ! Du pain ! madame, du pain !

Une voix dure et sèche répondit :

— Je ne puis rien pour vous! rien! si vous n'aviez profité du bouleversement qui règne en ce moment chez moi, vous n'y seriez pas entrée! Je hais les haillons, et j'ai horreur des larmes!

— Ah! la faim! la faim! répéta la pauvresse; je puis l'endurer, moi, mais les enfants! Vous ne savez pas ce que c'est que de voir pleurer les innocents qui ont grandi dans vos bras.

Un mot qui dut sonner comme un glas aux oreilles de la mère désespérée répondit seul à cette adjuration suprême.

— Sortez! sortez!

En même temps un tumulte joyeux s'éleva dans le vestibule. Les *Enfants d'Orphée* se disposaient à envahir l'escalier.

Avec la rapidité d'une bête chassée, la pauvresse quitta la salle à manger, traversa l'antichambre, frôtant de ses haillons la robe de Marcelle. Un coup de sonnette rapide appela la camériste dans le cabinet de la parfumeuse:

— Rose dit-elle, faites descendre vingt bouteilles de champagne aux *Enfants d'Orphée*, et dites que je recevrai le chef de l'orphéon.

Rose, transmit l'ordre qui venait de lui être donné, puis se souvint de Marcelle, et dit à sa maîtresse:

— Une jeune fille attend que madame puisse la recevoir. Elle se nomme Mlle Aubry, et vient de la part du docteur Galéas.

— Faites entrer.

Marcelle fut introduite dans un salon assez vaste, que son regard embrassa rapidement. Au milieu du plus large panneau, au-dessus d'un socle de peluche, se trouvait le buste en marbre de la parfumeuse. Des palmiers placés de chaque côté dans des bacs élégants donnaient une apparence de chapelle à cette partie de la pièce, d'autant plus qu'un dais brodé d'or surmontait l'agencement des palmiers et du piédestal. Des photographies encadrées, des gravures sur bois, des photogravures représentaient Mme Marchenoir dans des poses diverses et sous différents aspects. On sentait dans cette multiplicité d'images le besoin extravagant de la pose. Certainement la femme qui tenait tant à sa personne devait avoir d'elle-même une haute opinion. Et ce qui rendait ce culte plus extravagant, c'était l'extrême laideur de la parfumeuse. Laideur burlesque, tenant à la fois du colosse de foire par la lourdeur de la taille, et du phénomène par la chevelure. Ce qui, chez une autre, eût été une beauté achevait de la rendre ridicule. Cependant dans cette pièce on eût cherché vainement le premier de ces portraits photographiés à Paris. Celui-là la représentait en déshabillé de nuit, les pieds nus dans des babouches, les cheveux tombant en manteau jusqu'aux talons. Ah! celles-là étaient retirées de la circulation à mesure qu'on les découvrait. On les payait même fort cher. La prétendue philanthrope répudiait la parfumeuse. Le long des murs s'étalaient des diplômes d'une foule de sociétés qu'elle dotait assez richement pour avoir droit à une marque de reconnaissance. Cette profusion de portraits, de diplômes, de couronnes, et de médailles produisit sur Marcelle un bizarre effet. Le temps lui manquait pour analyser les détails, elle traversa le salon et se trouva dans le boudoir où la parfumeuse l'attendait.

Assise dans un grand fauteuil, encore tout émue de la manifestation des orphéonistes, Mme Marchenoir attendait.

Marcelle s'approcha timidement.

— Mademoiselle, lui dit la parfumeuse, la recommandation du docteur Galéas est toute puissante auprès de moi, vous êtes pauvre, je suis très riche et paie libéralement les services qui me sont rendus. Je donne douze cents francs d'appointements. Il me faut savoir la musique, un peu de dessin, afin d'esquisser des projets de costumes...

— Je joue assez bien du piano; mais je n'ai jamais tenu un crayon.

— C'est dommage... Votre écriture doit être belle...

— Très lisible, fort nette.

— Je suis vive quoique extrêmement bonne; je fais ma spécialité de la bonté; j'exige de ceux qui m'entourent une soumission aveugle. Je commande, on obéit. Il est tout naturel, n'est-ce pas, que je supprime, au profit de la mienne, la volonté de ceux qui m'entourent. Je ne dirige point ma maison. Vous compterez avec la cuisinière; vous dépouillerez ma correspondance, et vous m'en rendrez compte; puis vous répondrez suivant mes indications; possédez-vous un joli style?

— On le disait au pensionnat, madame.

— Je vais beaucoup dans le monde, ma popularité m'y oblige, vous m'accompagnerez.

— Certes, madame, répondit Marcelle avec une voix dont le timbre pas et triste eût touché tout autre que la parfumeuse, ce serait avec un grand plaisir ; mais comment voulez-vous que, sur douze cents francs d'appointements, je prélève une somme suffisante pour l'existence mondaine que vous comptez me faire mener... Douze cents francs ! c'est le prix d'une de vos toilettes.

— Je vous en donnerai deux par saisons, sortant de maisons à la mode. Vous devrez être élégante pour me faire honneur. Du reste, comme vous être mince et délicate, il sera facile d'ajuster à votre taille des robes que je ne porte plus...

— J'accepte, madame, répondit Marcelle en baissant la tête.

Ce n'étaient point tant ces offres qui blessaient la fierté légitime de la pauvre enfant, que la façon dont elles étaient faites. Le ton cassant de la parfumeuse, le dédain exprimé par son regard et par l'expression de sa bouche, trahissaient en quel mépris elle tenait ceux qui, comme elle, n'avaient pas eu l'esprit d'amasser un million. La pauvre enfant sentait plus que jamais l'amertume de son abandon et de sa misère devant cette femme hautaine dont la vanité stupide montait à la hauteur d'un fétichisme. Elle, cette jolie et fière créature que sa mère environna de tendresse, qui vécut dans ce milieu probe et grave des fonctionnaires, se trouvait brusquement, à la suite de la mort des siens, jetée en pleine misère, et pour gagner le pain nécessaire, il lui faudrait vivre à côté d'une femme ignorante et dédaigneuse de tous les égards dus à la jeunesse éprouvée.

Elle accepta tout, cependant, promit de se conformer aux ordres de cette nouvelle et terrible maîtresse, et courba le front en murmurant :

— J'espère que madame sera contente de moi...

La porte du boudoir s'ouvrit, et une servante annonça :

— M. Albert Picauville.

— Dois-je me retirer? demanda Marcelle.

— Restez au contraire, vous apprendrez comment certaines choses marchent dans la maison.

Picauville entra, coquet, pommadé, en costume du matin. Un carnet mignon se montrait par l'entrebâillement de la poche du veston.

— Ma foi, chère madame, dit-il, vous pouvez vous vanter d'avoir désaltéré d'une riche manière la société d'orphéonistes qui encombre en ce moment le vestibule et l'escalier. Les *Enfants d'Orphée* sont gris comme jadis les soldats du roi de Pologne. Attendez-vous à un fier charivari si la fantaisie leur prend de vous offrir une dernière sérénade... Vous m'avez fait appeler... que puis-je réaliser de bon pour vous?

— Parler des *Enfants d'Orphée*. Vous saurez tout à l'heure dans quel sens... Auparavant je tiens à vous remercier de l'article que vous avez publié sur ma nomination de première dame d'honneur de la princesse de Chypre... Aucun des détails n'a été omis... Vraiment, si accoutumée que je sois aux ovations, je me suis sentie émue... Elle est solennelle à ses heures la cour de la princesse... On avait décoré la salle du trône; le prince et la princesse et six chevaliers se tenaient sous le dais. Trois pages portant chacun un coussin, s'approchèrent. Sur l'un se trouvait mon brevet, car je suis dame à brevet, sur l'autre, le grand cordon orange; sur le troisième, la plaque de l'*Ordre de la Fée*...

— Vous avez prêté serment? demanda gravement Picauville.

— Sur un livre de chevalerie, datant...

— De l'époque des rois de Chypre, je le connais... Ensuite...

— Le prince et la princesse m'ont donné l'accolade. Après j'ai fait mes trois révérences, à reculons... Ah! j'ai bien failli me prendre les pieds dans ma robe... Enfin tout s'est bien passé.

— Et c'est tout? demanda Picauville à demi-railleur.

— Absolument tout.

— Votre mémoire vous fait défaut, chère madame, combien avez-vous donné pour les *Affamés de Syrie*!

— Quoi! s'écria la parfumeuse, vous savez...

— Mais tout le monde connaît cela à Paris, chère madame! la réception des mamamouchis forme le plus clair des revenus de la princesse. Avec quoi vivrait-elle, grand Dieu! si les vanités lui manquaient. Nous n'avons pas besoin de nous gêner, n'est-il pas vrai... Vous et moi, nous savons ce que vaut cette comédie. Riez-en chez vous, et feignez devant les autres de vous y laisser prendre... Il restera toujours des niais pour croire que cela « est arrivé ».

La parfumeuse ne savait plus quelle contenance tenir. L'humeur gouailleuse de Picauville la déroutait. Elle essaya de lui faire comprendre qu'elle aimerait le voir parler de ces choses avec un plus grand sérieux.

— Pardon, chère madame, je ne puis cependant avoir l'air d'un sot. Le Picauville qui s'est fait votre historiographe particulier, parle de vos faits et gestes, et les enregistre comme un Dangeau. Mes adjectifs les plus ronflants sont à votre service, j'emploie pour vous mes tournures de phrases les plus élogieuses; je brûle de l'encens devant votre divinité avec une prodigalité dans laquelle je défie qu'on soupçonne la commande; mais je demande la liberté de rire à huis clos.

— Il se peut, dit la parfumeuse, que j'attache trop de prix à ces détails, mais chacun de nous a sa marotte, sa passion...

— Sa toquade! rectifia le reporter. Mon article vous a satisfaite, c'est tout ce qu'il faut. De quoi s'agit-il aujourd'hui?

Au moment où la parfumeuse allait répondre, un chœur formidable retentit dans l'escalier, les *Enfants d'Orphée* chantaient à l'unisson :

> La baronne de Folbiche
> De son balcon les voyait,
> Elle se dit : « Je suis riche!
> Si j'exauçais leur souhait ? »
> — Fantassins, leur cria-t-elle,
> Entrez chez moi sans façon...

Un fort coup de timbre retentit, et tandis que la femme de chambre courait ouvrir, les *Enfants d'Orphée* continuèrent :

> Essuyez votre semelle
> En bas sur le paillasson !

Il se fit une invasion soudaine d'hommes assez ivres pour festonner dans l'antichambre. Le premier portait la bannière dont le poids menaçait de l'entraîner ; ceux qui suivaient agitaient leurs instruments avec enthousiasme :

— La baronne de Folbiche est-elle visible? Non, je me trompe, la jolie parfumeuse... Dites-lui que les *Enfants d'Orphée* demandent à déposer à ses pieds...

— Tiens ta bannière droite! cria le plus sérieux de la bande.

— Elle s'incline, et elle tourne au gré du vent... Cale-moi, Châtillon... Du décorum et de la tenue! peste, la porte s'ouvre.

Sur le seuil du salon venait d'apparaître la maîtresse du lieu. Les *Enfants d'Orphée* se précipitèrent au-devant d'elle.

— Protectrice des arts, illustre bienfaitrice de l'humanité! Ange tutélaire des orphéons! Bouée de sauvetage des noyés!... Quel champagne exquis vous nous avez offert! Marque premier numéro! Et une bannière velours et or, or fin, velours tout soie! Notre reconnaissance égale votre munificence, et votre nom passera à la postérité la plus reculée... Mettez le comble à vos bontés en prenant place au milieu de notre cortège, bannière en tête, cette auguste bannière avec laquelle nous voulons parcourir les rues de la capitale...

La parfumeuse sourit, ses yeux brillèrent; la pensée de traverser les grands quartiers de Paris, musique en tête, lui parut un tel triomphe, qu'elle en rougit de joie; cependant elle parut hésiter...

— En vérité, dit-elle, je ne sais si je mérite...

Picauville la tira brusquement par le bras.

— Refusez, dit-il rapidement, refusez! Sapristi, si vous établissez une rivalité entre vous et le bœuf gras, je me verrai dans l'impossibilité de parler de vous dans les journaux!

— Vous croyez que cette promenade...

— Vous fera prendre tout au moins pour la mère des compagnons... et nous ne sommes pas à la Sainte-Anne, patronne des charpentiers.

La parfumeuse hésitait... Cependant le regard moqueur de Picauville, l'empêcha de céder à la tentation. Elle se redressa avec le plus de majesté possible, et répondit aux *Enfants d'Orphée* :

— Messieurs, si l'amour éclairé des arts m'a portée à vous offrir la bannière glorieuse à l'ombre de laquelle vous marcherez désormais, ma modestie m'interdit le triomphe que vous voudriez me décerner.

Les musiciens approchèrent tous de leurs lèvres leurs bruyants instruments; ils commencèrent dans l'appartement une marche sur laquelle ils opérèrent leur sortie.

Picauville, le visage collé contre les vitres, attendit que son accès d'hilarité fût passé; et, se tournant vers Mme Marchenoir :

— C'est de la remise de la bannière et de la sérénade que je dois parler dans le *Nouvelliste Parisien*, n'est-ce pas?

— Oui, monsieur.

— Approuveriez-vous un début à peu près semblable à celui-ci :
« Il est des spectacles consolants pour l'humanité et qui viennent à

point, au milieu de notre époque de décadence, pour nous prouver que nous nous relevons de notre abaissement... Une femme ! il faudrait dire un ange... »

Picauville s'arrêta, et la parfumeuse se contenta de lui dire :

— Bien, très bien ! Étendez-vous sur l'ange...

Elle ouvrit un petit meuble, y prit un billet de cinq cents francs et le tendit au reporter.

— Voici pour la rédaction, vous me réserverez un tirage de cinq cents exemplaires.

— Toujours à vos ordres, chère madame. Prévoyez-vous que je puisse vous être utile d'ici une quinzaine de jours ?

— Certainement, j'honorerai de ma présence une réunion de *Société de secours*, la *fête des Orphelins*, le *Cercle libéral*, il faudra pour toutes ces fêtes des entrefilets soignés.

— On les soignera, chère madame.

— Mlle Marcelle Aubry, qui désormais me servira de secrétaire, vous tiendra au courant de ce qui se passera relativement à mes actes d'humanité et de générosité.

Picauville salua Marcelle, en mettant dans son regard une expression de pitié profonde, puis il prit congé de la parfumeuse. Celle-ci ouvrit un gros registre, et dit à sa demoiselle de compagnie :

— Inscrivez aux dépenses de ce jour : bannière velours et or des *Enfants d'Orphée* : MILLE FRANCS... A M. Picauville pour rédaction d'un article flatteur : CINQ CENTS FRANCS... Vin de Champagne versé aux orphéonistes : DEUX CENTS FRANCS...

Marcelle écrivit.

— Quel est le total, mademoiselle ?

— Dix-sept cents francs, madame.

— Il faudra joliment soigner l'*Eau des prodiges* pour compenser cela. Et Marcelle, en additionnant les dépenses de cette matinée, se souvint de la jeune mère qui demandait du pain pour ses petits...

Mais il ne se trouvait point là de Picauville pour enregistrer le bienfait, et, comme l'avait dit déjà la parfumeuse :

— Les pauvres honteux ne sont pas ma partie !

Dès le lendemain, Marcelle entra définitivement en fonctions. Sa place était loin de ressembler à une sinécure.

Le matin, elle dépouillait la correspondance et en rendait compte à la parfumeuse. Le plus souvent il s'agissait de demandes d'argent. On les divisait en deux catégories. Les pauvres que nul ne connaissait ne devaient rien attendre ; les loteries, les quêtes bruyantes, les bals, les souscriptions recevaient un excellent accueil, et le don était toujours libéral, sinon magnifique. Comme un grand nombre croyaient à l'influence de la parfumeuse, en raison du nombre d'articles publiés sur elle dans les journaux, elle eût été exposée à recevoir un grand nombres de visites, mais elle déléguait Marcelle qui devait repousser tout ce qui ne pouvait rapporter ni bruit, ni honneurs, ni médailles, ni articles de journaux.

Dans la journée elle sortait avec Mme Marchenoir, parcourait les magasins, faisait des visites. A l'heure du dîner, quelques invités arrivaient. La table était bonne, les vins excellents ; la santé de Marcelle se refaisait à ce régime. Plus d'un parasite se pressait autour de la table, mais il payait son dîner en éloges si flatteurs, il brûlait en honneur de la parfumeuse un encens si capiteux qu'elle se trouvait trop heureuse d'offrir des primeurs et des vins délicats à ces prodigues de louanges. Marcelle éprouvait une morne tristesse au milieu de ces réunions. Elles lui montraient l'humanité si basse, la pauvreté si envieuse, qu'elle éprouvait une sensation de repos étrange à se retrouver seule ; alors elle priait avec une ardeur croissante ; elle s'efforçait de dilater son âme en haut après avoir vu patauger dans des flaques de boue. Elle aimait sa pauvreté, quand elle la comparait à cette vaniteuse richesse. Une soif ardente la prenait de revoir Any, sa vaillante compagne des mauvais jours, de retrouver près d'elle le droit sentiment du devoir.

— Que tu es heureuse, Any ! disait-elle à son amie quand elle pouvait s'échapper pour monter jusque chez elle, tu vis à côté d'un père dont le cœur n'est que bonté ; tes nouveaux amis possèdent toutes les qualités que vainement je cherche autour de moi dans la maison où je vis. M. Dupont soulage les pauvres, parce qu'il les aime. Celui-là est chrétien et comprend la divine charité. Mais moi j'assiste à de stupides comédies suivies de scènes cruelles. L'argent qui coule entre les doigts d'une femme philanthrope ne console jamais la veuve aux abois, ne secourt pas l'orphelin inconnu.

— Tu sais, Marcelle, si tu souffres trop, notre logis te reste ouvert.

— A chacun son épreuve, ma chérie; je subis la mienne. En somme, j'ai connu des privations descendant jusqu'à la faim; après avoir joui d'une large aisance, je me suis vu refuser du travail... Ma tâche est rude, sans doute, mais je ne manque de rien, quant à la vie matérielle, et jusqu'à ce que je trouve quelque chose de complètement satisfaisant, je me contenterai de mon lot. Ce qui me fatigue le plus, ce sont les réunions publiques, les matinées musicales, dans lesquelles on me traîne en robe de soie rose, des fleurs dans les cheveux. Je dois rester à côté de ma maîtresse, refuser de danser, me tenir dans une attitude, je ne dirai pas modeste, ce ne serait que juste, mais humiliée. Je n'ai ni le droit de me sentir vingt ans, ni d'être jeune. Je joue du piano sur commande, mais je m'efface dès qu'on m'adresse un compliment. Elle me considère comme un rouage de la maison, voilà tout. Tandis que dans les grandes et nobles familles, la jeune fille trouve les égards dus à son malheur et l'affection que mérite sa jeunesse, je ne rencontre, moi, que la richesse hautaine et l'égoïsme qui me glace le cœur; alors j'accours ici, trop rarement à mon gré, je cause avec ton père, je retrouve un sourire franc avec toi; si je rencontre M. Dupont ici, ou bien si je l'aperçois au milieu des ouvriers, son salut me fait du bien. Ah! le grand cœur, ma chère Any!

— Oui, répondit la jeune fille, et je tenterai de te montrer combien les ouvriers lui rendent ses bienfaits en reconnaissance. La fête de M. Dupont arrive dans quinze jours. Ce sera une véritable solennité dans ce village qu'on a si justement appelé l'Eden. Nous sommes invités, et je te ferai envoyer une carte. Mon Dieu, nous subirons la parfumeuse, s'il le faut. Pourvu qu'il se trouve un petit journaliste dans la foule ou un homme de lettre besogneux elle l'accaparera et nous laissera le temps de causer.

— Quelle bonne idée! s'écria Marcelle, je tâcherai de faire une provision de joie.

LE CONTUMAX

CHAPITRE IX

LA FÊTE DU PATRON

émotion de Samuel Dupont fut telle qu'on le vit chanceler. (Voir page 107.)

Chapitre IX

LA FÊTE DU PATRON

Samuel Dupont vérifiait des listes de commandes lorsque le valet de chambre lui demanda s'il consentait à recevoir M. Ségrados.

Le nom de ce banquier fort connu à Paris n'inspirait peut-être pas une confiance aveugle, mais il était accompagné d'un tel retentissement que le fabricant répondit en repoussant ses registres :

— Faites entrer.

Pablo Ségrados, un petit homme trapu, robuste, à peau bistrée, à cheveux et à favoris noirs, au nez d'aigle, trahissant son origine de juif portugais, aux mains fines et soignées, mais spatulées au bout des doigts comme toutes celles des manieurs d'argent, habiles aux manipulations de la banque, s'avança vers le négociant avec les marques d'une courtoisie pleine de déférence. On sentait dans cette nature rendue orgueilleuse par le succès les restes d'une ancienne servilité. Le juif banni se retrouvait sous la peau du triomphateur de la corbeille.

— Qui me vaut, monsieur, l'honneur de votre visite? demanda Dupont de sa voix calme.

— Un vif désir de faire la connaissance d'un homme de votre valeur. Votre nom, déjà très honorablement connu dans le haut commerce parisien a tout à coup conquis la célébrité. Vous êtes aujourd'hui un économiste de premier ordre. Les journaux retentissent des nouvelles du *Village de l'Eden*. On ne voit que vues du bourg, croquis de la chapelle, de l'école, de la maison de ville. Bref, vous êtes populaire, et l'entreprise que je rêve a besoin de popularité. A la tête de mon administration, je ne veux que des noms retentissants à des titres divers. Je viens vous demander le vôtre. Hommes d'argent tous deux...

— Pardon, interrompit Dupont, je fais du commerce artistique, mais je ne suis point un manieur d'argent.

— Quel homme pointilleux vous faites.

— Les mots sont l'écorce de la pensée.

— Soit! enfin vous comprenez la valeur de l'argent, puisque vous l'employez si bien... Si vous acceptez de faire partie du groupe chargé de lancer l'affaire dont je viens vous entretenir, vous recevrez ainsi que les autres administrateurs un nombre d'actions libérées, suffisant pour vous permettre de réaliser des bénéfices considérables le jour où la cote à la Bourse sera obtenue.

— Et cette affaire s'appelle?

— L'*Exploitation des richesses de la mer*. Il y a là une idée si féconde que vous ne pouvez en craindre le résultat. Il s'agit d'explorer les diverses mers du globe, et de retrouver au fond de ses abîmes les trésors qu'on croyait à jamais perdus. Pas un golfe, pas une anse qui n'ait été le théâtre d'un naufrage. Grâce à l'invention du *Bateau de cristal* dont les parois se trouveront complètement transpercées par des foyers de lumière électrique, nous pourrons promener la course des plongeurs au gré de la volonté des ingénieurs et des géographes. Les scaphandres étaient jeux d'enfants, improductifs et dangereux. Les *Bateaux de cristal* permettront de travailler à coup sûr. Que d'or retrouvé au fond de galions perdus, à demi démontés dans les abîmes, que de diamants et de perles dorment dans des cassettes de fer depuis des siècles. Nous fondons la société au capital de quatre cent millions; une fois le succès de l'affaire assuré, les administrateurs seront libres de revendre leurs actions et de réaliser tout de suite un bénéfice énorme.

— Et, demanda Samuel Dupont, c'est de la sorte que vous me proposez de gagner quatre millions?

— Naturellement.

— L'intérêt des actions serait?

— De sept pour cent, afin d'attirer les petits capitaux.

— Oui; les capitaux de l'ouvrier, des serviteurs, des misérables marchands roulant un camion chargé de légumes, vont bien souvent aux entreprises promettant de gros revenus. C'est naturel! Pauvres gens! avides de songer qu'un jour ils cesseront de tenir l'outil et de pousser des brancards, ils calculent ce que leurs maigres économies représenteront de rentes, et dans combien de temps, grâce à ce chiffre tentateur, il leur sera possible de se reposer dans quelque coin du village natal où ils trouveront un air pur, du pain bis, la pleine lumière et la vue du ciel. Ah! ils sont crédules, ceux-là! L'article financier qu'ils lisent dans leur journal, la circulaire lancée leur inspirent confiance. Ils s'écrasent à la porte de certains bureaux les jours d'émissions. Mais nous, monsieur, nous qui savons la vérité sur ces tristes choses qu'on appelle les « lancements d'affaires » nous ne pouvons garder les mêmes illusions que ces naïfs... Le jour où nous nous défions, nous vendons, et riches, nous assistons à la ruine des petits actionnaires... Et vous avez cru que je travaillerais contre les pauvres gens, moi! Tenez, monsieur, vous le savez bien, votre entreprise n'est pas viable... L'invention des *Bateaux de cristal* peut être d'une grande utilité pour la science, ne cherchons pas à la faire entrer dans des combinaisons de Bourse, ces combinaisons seraient véreuses.

— Ainsi vous refusez de vous associer à des personnes connues et parfaitement honorables?

— Je les plains si elles ignorent où elles vont. Dans plus d'une entreprise du genre de celle que vous fondez, j'ai vu tomber des réputations jusqu'alors intactes. Il se peut que ma vie ne soit pas assez longue pour me permettre de remplacer les millions sacrifiés à la création de l'*Eden*, mais, je suis seul, je n'ai pas de besoins, et le bonheur des autres me suffit... Un dernier mot, monsieur, veuillez ne jamais adresser ici un prospectus ni un journal financier chargé de lancer l'affaire de l'*Exploitation des richesses de la mer* dans ma maison. Je ne veux pas qu'un seul de mes ouvriers y risque un sou.

M. Ségrados se leva gourmé et dédaigneux.

— Je vous croyais des vues plus larges, dit-il.

— J'ai seulement des ambitions modestes.

L'homme d'argent se retira, et comme Norbert entrait en ce moment dans le bureau :

— Tu vois bien ce Ségrados, dit Samuel Dupont, il échouera misérablement quelque jour sur les bancs de la police correctionnelle. N'a-t-il pas eu l'audace de m'offrir de m'associer à une de ses combinaisons! Va, ces misérables sont tous les mêmes. Il me semble que plus tard Dieu se montrera bien terrible pour eux.

— Ah ! vous, dit Norbert avec l'expression d'une tendresse profonde, vous êtes l'honneur, la loyauté même !

Le fabricant se leva. Son visage devint d'une pâleur livide, il s'appuya sur la table, et d'une voix sourde il répondit :

— Tais-toi, Norbert, ne dis pas ces choses ! jamais, entends-tu !

— Mais je ne suis qu'un écho, vous le savez bien !

— Pas un mot de plus. J'essaie de remplir mon devoir, voilà tout.

— Ah ! grand homme modeste ! comme vous méritez bien l'affection, qu'on vous porte ! Savez-vous quelle est aujourd'hui ma mission ?... Celle d'ambassadeur...

— Ambassadeur de quelle puissance ?

— L'ambassadeur de vos ouvriers.

— Que demandent ces braves gens ?

— Lorsque vous fîtes l'inauguration du village, ce fut la fête de tous ceux dont vous êtes moins le maître que la Providence. Une pensée venue de cœurs reconnaissants leur fait souhaiter de solenniser à leur tour la fête du patron. Venez demain au village, acceptez les fleurs et les souhaits de ces braves gens, permettez-leur de vous exprimer les vœux qu'ils forment pour votre bonheur, de laisser au moins une fois parler leur affection.

— Mais j'y crois à cette reconnaissance, à cette affection, qu'ont-ils besoin de me les prouver ?

— Vous les priveriez d'une grande joie en les refusant.

— Je le regretterais, Norbert.

— Peut-être attribueraient-ils ce refus à la fierté ?

— Ce mot me décide. Qu'ils fassent tout ce qu'ils voudront. Mais pas de folies, cependant.

— Je serai là, cher maître, cher père ! car vous remplacez pour moi celui que je perdis trop vite.

— Eh bien ! c'est convenu, nous partirons ensemble demain pour le village.

— Ensemble ! y songez-vous ? Je reste avec les ouvriers, moi ! Je tiens comme eux à vous souhaiter votre fête. Je me permettrai même de lancer quelques invitations... Oh ! ne craignez rien ; je voudrais procurer une belle journée de congé à la campagne à cette jolie Marcelle que Mlle Any Darieu chérit, et qui se trouve si à plaindre chez sa parfumeuse-philanthrope ; puis avoir l'occasion de sermonner d'une façon vigoureuse mon grand fou d'ami Jules Château-Bélin, qui dépensa son dernier héritage et ses dernières illusions de la façon la plus bête du monde. Lesueur m'a supplié de lui permettre de dessiner le village de l'*Eden*. Picauville en voudra constater les progrès. Laissez chacun ramasser ce jour-là des miettes tombées de la table du bonheur.

— Je n'ai le droit de me mêler de rien, je le vois.

— Pour une journée, vous me résignerez vos pouvoirs.

— C'est fait, mon enfant ; n'es-tu pas presque mon associé ; d'ailleurs, je passerai toute la journée enfermé dans mon cabinet ; demain vers trois heures j'arriverai au village.

Le visage de Norbert rayonna, il serra les mains de Samuel et courut annoncer aux ouvriers cette bonne nouvelle.

Il y eut alors une explosion de joie dans les ateliers ; le travail fut abandonné quelques minutes avant l'heure. Ne fallait-il point avant de quitter Paris s'entendre au sujet des préparatifs de la fête ? Any, prévenue par Norbert, écrivit à Marcelle ; un billet avertit Château-Bélin ; Picauville et son ami Alfred Lesueur, le dessinateur des faits à sensation, se trouvèrent prévenus, et Norbert discuta avec les ouvriers le programme de la fête du lendemain.

Un moment après que Norbert eut quitté le cabinet du fabricant, l'abbé Xavier se fit annoncer.

Les deux mains de Dupont se tendirent vers lui.

— Réglons nos comptes, lui dit-il, je gagne beaucoup d'argent depuis deux mois... Vous avez droit pour vos œuvres au dixième des bénéfices... La part de Dieu est toujours faite la première... En l'associant à mon labeur, ne suis-je pas certain de le voir prospérer... Voici trois mille francs... Élevez des orphelins, mon saint et digne ami ! préservez la jeunesse ! Je crois que le salut d'une âme nous sera compté cher là-haut... Quelquefois mes succès me troublent et m'inquiètent. Ai-je mérité une réussite absolue dans tout ce que j'entreprends ?

— Ce que vous appelez vos succès ne profite qu'aux autres ; oui, vous avez droit à une part de repos et de joie... Qui sait, sans cela, si vous ne tomberiez pas défaillant sur le chemin. J'entre toujours chez vous les mains vides, j'en sors comblé de vos dons !

— Ah ! ne me remerciez pas ! Votre amitié seule me console ;

sans vous le courage me manquerait, j'abandonnerais ma tâche, et je céderais à quelques-uns de ces accès de désespoir qui me laissent à demi mort dans le silence et la solitude des morts. Devant vous seul, vous qui connaissez le secret de ma vie, je puis crier : « Je souffre! » et, croyez-le, je souffre beaucoup...

Pendant une heure le prêtre demeura près du fabricant, consolant, soutenant cette âme éprouvée; quand il quitta la fabrique, Samuel avait retrouvé de nouveau le calme et le courage.

Le lendemain, à l'heure indiquée, il partit pour le village.

Lorsque la voiture s'arrêta devant la grille, il aperçut tous les ouvriers de la fabrique en habits de fête, les femmes en costume du dimanche. Une d'elles, qui jusqu'alors s'était tenue en arrière, s'avança alors et présenta un magnifique bouquet au faïencier : c'était Any, fraîche comme un lis dans sa robe blanche. En offrant ces fleurs au nom de ses compagnes, elle adressa au négociant quelques paroles empreintes d'une reconnaissance qui alla jusqu'à l'âme de Samuel. S'entendre louer par elle lui causait une émotion indéfinissable, et sa main tremblait quand il prit les fleurs. Il crut dès lors avoir le droit de lui offrir son bras, et ce fut à ses côtés qu'il gagna la grande place du village. Elle présentait vraiment un ravissant aspect. Devant l'école se tenaient les groupes d'enfants, les vétérans du travail, debout sur le seuil de l'hospice, attendaient le passage de celui à qui ils devaient le pain et le repos. Des voix fraîches chantèrent un chœur dont Samuel essaya de ne point saisir les allusions. Ils apportèrent ensuite des corbeilles remplies de fleurs cueillies dans les jardinets du village. Les vieillards, appuyés sur des bâtons, se mêlèrent aux petits, et M. Dupont fut ainsi conduit dans la salle de la maison commune, décorée de feuillages et de bannières aux vives couleurs. Alors les ouvriers défilèrent devant le maître, heureux de serrer dans leurs mains calleuses la main qui se tendait vers eux avec tant de dévouement et d'amitié. Il entendit des protestations sincères, il recueillit des larmes vraies, il comprit que dans ce monde de braves gens qui lui devait l'existence il se trouvait réellement aimé.

Après la réception des ouvriers, la foule se répandit dans le parc, et Norbert, apercevant son ami Château-Bélin, courut à lui.

— Eh bien! lui dit-il, est-ce que cette fête ne t'inspire point des réflexions salutaires. Compare donc l'activité de toutes ces vies à ton incurable paresse. Si Dieu t'avait fait inintelligent, passe encore, tu aurais une excuse, sinon une raison, mais tu es pétri d'intelligence, malheureux !

— Et de bonnes intentions aussi.
— Par exemple?
— Celle de travailler quand j'aurai dépensé mon dernier louis.
— Cela doit-il tarder beaucoup?
— Une année, peut-être, je vais bon train.

Château-Bélin éclata de rire, et sans doute il allait poursuivre ces plaisanteries, quand, au détour d'une allée, il aperçut Any et son amie Marcelle. Celle-ci, vêtue de bleu, blonde, frêle, mignonne, racontait sa vie chez la parfumeuse, et Mlle Darieu l'écoutait en levant parfois sur elle des yeux humides de larmes.

— Norbert, demanda Château-Bélin, comment s'appelle cette jeune fille qui porte une robe bleue?
— Marcelle Aubry...
— Qui est-elle? que fait-elle?
— Marcelle est orpheline et si pauvre qu'elle remplit l'emploi de demoiselle de compagnie de cette dame empanachée qui cause avec Picauville.
— Eh bien! mon ami, je te donne ma parole que si cette ravissante créature voulait se charger de ma conversion, ce serait chose faite maintenant; il me reste environ soixante mille francs, de quoi vivre une année; je règlerais mes fournisseurs et je demanderais à M. Dupont une place dans ses bureaux. Si belle, et si pauvre!
— Tu pourrais ajouter : et si malheureuse!
— Voudrais-tu te charger de la négociation?
— Comme cela, tout de suite?
— Pourquoi pas! Sa beauté peut éblouir tout le monde; elle est sage et pieuse, puisqu'elle se résigne à une situation servile à côté d'une créature qui doit lui faire payer cher de maigres appointements... Je glisse sur les dernières pentes d'une mauvaise voie, et je crois qu'il est grandement temps de m'arrêter, si je veux le faire dans des conditions honorables. Parle-lui de moi, fais-lui comprendre que si j'ai vécu comme un fou, je puis finir en homme raisonnable, et, grâce à elle, retrouver au fond de mon âme tout ce

que ma mère y avait semé de bon, de tendre, de religieux...

— En ce moment, ton enthousiasme ressemble assez à un reste de folie ; je te le pardonne en faveur du motif ; je me récuse pour entamer des négociations si délicates ; Any Darieu s'en tirera mille fois mieux que nous ; de femme à femme, toutes les confidences sont faciles .. Mais je puis immédiatement te rendre le service de te présenter à Mlle Aubry.

— Voilà qui est d'un bon camarade ! s'écria Château-Bélin.

Appuyées l'une sur l'autre, les deux jeunes filles s'avançaient du côté des causeurs sans se douter de l'émotion avec laquelle leur présence était désirée. Il fallut que Norbert adressât la parole à Any pour que celle-ci levât la tête. Elle sourit en reconnaissant Norbert.

— Mademoiselle, dit celui-ci, M. Château-Bélin, mon ami, sollicite l'honneur de vous être présenté ainsi qu'à Mlle Aubry.

— Si votre ami vous ressemble, répondit Marcelle, il doit être laborieux et bon.

— Oh ! n'exagérez rien ! je vous en supplie, mademoiselle, répliqua Jules Château-Bélin avec une grande expression de franchise. Je ne crois pas être mauvais ; cependant jusqu'à ce jour mes qualités natives ont produit d'assez tristes fruits. Je viens ici prendre des leçons de courage, et je me jure d'en profiter. J'espère être guidé dans ma nouvelle voie par Norbert, il vous apprendra si je marche droit vers un nouveau but.

En ce moment un hourra formidable se fit entendre, et Norbert aperçut Dupont entouré des ouvriers de la fabrique. On avait préparé une estrade de verdure sur laquelle se trouvait un fauteuil destiné au fabricant, et tout doucement la foule venait de l'y conduire

Les deux jeunes filles gagnèrent le premier rang des travailleurs tandis que Norbert et, près de lui, Château-Bélin se plaçaient à droite du faïencier.

Un vieillard qui, depuis vingt ans, exerçait les fonctions de contremaître, sortit des rangs dès que la musique de l'Orphéon eut cessé de se faire entendre, et, s'avançant vers Samuel Dupont, il dit avec une simplicité qui ne pouvait manquer d'aller au cœur du maître :

— Monsieur et cher patron, nous vous avons demandé toute une journée, afin d'avoir le loisir de vous exprimer combien notre cœur est pénétré de reconnaissance. Nous vous devons tout : l'aisance et la paix de l'âme. Vous pratiquez, vous enseignez la charité. De votre fortune vous avez fait la nôtre. Nous sentons que vous nous aimez et nous vous aimons... Aussi, nous avons eu une idée, une bonne idée, j'ose le dire, car les cinq cents que nous sommes ont réussi à l'imposer à tout un quartier de travailleurs. Parlez bien haut comme vous nous parlez dans des conférences intimes; défendez les intérêts véritables du peuple, de toute votre intelligence et de tout votre cœur... Notre circonscription n'a plus de député, acceptez le mandat dont les ouvriers veulent vous charger. Nous sommes certains d'une majorité écrasante. Tous les camarades du quartier nous soutiendront; ce nous sera un bonheur et une joie de vous voir entrer à la Chambre pour y prendre en mains les intérêts du peuple qu'on opprime en prétendant l'affranchir, et à qui l'on enlève avec le crucifix le courage de supporter la vie.

— Vive M. Dupont!
— Acceptez! Acceptez!

Le faïencier se leva. Une angoisse terrible passa sur son front.

— Oh! mes amis, mes chers amis! dit-il les larmes aux yeux, quelle récompense vous me réserviez pour le peu de bien que j'ai accompli. Je ne mérite point un tel témoignage de confiance, je refuse ce mandat d'honneur, mais je vous garderai une reconnaissance éternelle de la démarche que vous faites aujourd'hui.

— Nous vous obligerons à accepter! crièrent cinq cents voix.

L'émotion de Samuel Dupont fut telle qu'on le vit chanceler.

L'abbé Xavier courut à lui :

— Emmenez-moi! Emmenez-moi! lui dit le fabricant.

Le prêtre l'entraîna vers la maison commune.

— Dites, oh! dites-moi, mon père, fit Samuel Dupont en joignant les mains, n'est-ce point un vol que je commets en acceptant tant de louanges et de reconnaissance?

— Non! Non! Tout ce que ces hommes viennent de vous dire est vrai. Vous les aimez, ils vous aiment. Avoir à la Chambre une centaine de députés doués de votre courage et de votre désintéressement ferait plus pour le pays que toutes les tentatives de creuses légiférations auxquelles se livrent les prétendus mandataires du peuple. Oh! si vous pouviez enfin reposer votre âme ; si le bonheur que vous donnez à tous fleurissait enfin pour vous...

— Dieu ne le permettra jamais.

— Eh bien! je crois le contraire; vous avez trop souffert pour ne point être récompensé. Malheureux ami! pourquoi empoisonner volontairement les joies qui s'offrent à vous... Savourez-les, au contraire, comme le voyageur fatigué fait de la source pure qui l'abreuve au désert... O mon ami! mon frère! prenez garde maintenant d'outrer un sentiment d'humilité qui finirait par vous rendre l'existence impossible. Croyez en moi qui vous aime, en Dieu qui vous bénit, en ces hommes qui vous chérissent! Votre absence ne saurait manquer de les attrister. Revenez au milieu d'eux...

— Que leur répondre? demanda le faïencier, je ne puis accepter, cependant...

— Ne pas refuser suffira aujourd'hui pour les satisfaire.

— Je m'abandonne à vous... Tout à l'heure j'ai failli étouffer; je vous écoute et la paix me revient...

Le père Xavier l'entraîna. A côté de la maison commune se trouvaient, quand ils en sortirent, M. Darieu et sa fille, Norbert, Jules Château-Bélin et Marcelle. Le prêtre prit le bras de l'aveugle. Alors le fabricant présenta le sien à Any, et Jules s'empara de celui de Marcelle Aubry.

La nuit venait; dans les rues du village et sur la grande place s'allumaient des lanternes vénitiennes. Les enfants poussaient de longs cris de joie; des jeunes gens préparaient le feu d'artifice. Any marchait silencieuse. Elle éprouvait un violent désir d'exprimer à Samuel une sympathie profonde. Un secret instinct lui disait qu'en ce moment même il se sentait malheureux. Au moment où il quitta la maison commune, la pâleur de son visage l'avait frappée. Elle hésitait; cependant, affermissant, sa voix, elle lui demanda :

— Accepterez-vous, monsieur, l'offre de ces braves gens ?

— La charge serait lourde, mademoiselle.

— Ne songez qu'au bien que vous réaliseriez, monsieur. N'êtes-vous point accoutumé à sacrifier pour les autres votre fortune et votre vie... Ce n'est point par ostentation humanitaire que vous défendrez les intérêts des travailleurs, mais par conviction, une conviction ardente, une charité sans rivale. Oh! oui, acceptez pour monter au rang dont vous êtes digne et représenter non seulement un groupe d'hommes, mais les intérêts de tous les travailleurs. C'est beau de porter la parole du haut de la tribune, d'imposer ses convictions, de rallier une majorité à son opinion, de faire retentir sa parole d'un bout de la France à l'autre...

— Etes-vous ambitieuse, mademoiselle ?

— Pour ceux que j'aime, oui.

— Vous me portez donc un peu d'affection, à moi ?

— Un peu d'affection ! Mais après mon père, qui donc aimerais-je ? N'est-ce pas vous qui me l'avez rendu ? Rappelez-vous, rappelez-vous la nuit terrible de l'incendie, et depuis, oh ! depuis n'ai-je pas entendu autour de vous un concert de louanges. Je suis heureuse, la misère est loin ! Mon père vous doit le repos de ses derniers jours, moi la satisfaction de le voir revivre... Vous êtes bon ! vous êtes la bonté ! Ici tout le monde vous chérit et vous acclame... Acceptez ! acceptez !

— Si quelque chose pouvait m'y décider, croyez bien que ce serait votre prière... De cette journée, le souvenir le plus cher et le plus vibrant sera celui des paroles que vous venez de me dire...

Samuel considéra Any à la clarté brillante d'une pluie d'étoiles ; elle lui sembla belle comme une apparition céleste, et il pensa :

— Celle-là seule possèderait le pouvoir de me consoler.

Il la ramena lentement vers M. Darieu ; puis de nouveau il se mêla aux groupes des ouvriers, adressant à chacun un mot amical, annonçant les augmentations de salaires, faisant monter en grade certains travailleurs, prodiguant les preuves d'une bonté inaltérable à ceux qui s'efforçaient de lui prouver leur gratitude.

Quand il remonta en voiture avec M. Darieu, sa fille et Norbert, il répéta d'une voix profonde :

— La bonne journée ! la belle nuit ! et combien je me souviendrai de tout ce qui m'a été dit de tendre, de fortifiant et de bon. J'aurais souhaité que chacun eût une grâce à me demander, afin de l'accorder tout de suite.

LE CONTUMAX

CHAPITRE X

RÊVES HEUREUX

C'est la dernière fois que l'on te fait grâce. (Voir page 117.)

Chapitre X

RÊVES HEUREUX

A partir de ce jour un changement complet s'opéra dans l'esprit du fabricant. Il devint rêveur, préoccupé. Un autre souci que celui de ses affaires domina sa pensée; au lieu de rechercher comme autrefois la société de Norbert, il parut fuir le jeune homme, s'enferma dans son cabinet, et y passa de longues heures le front caché dans ses mains, perdu dans une méditation dont il sortait le front pâle, les yeux rougis par les larmes versées. Durant toute une semaine il s'abstint de monter chez l'aveugle. Celui-ci s'en affligea et dit à sa fille :

— M. Dupont serait-il malade, nous ne le voyons plus... je sais que ses affaires prennent chaque jour un accroissement qui lui enlève des loisirs, mais je m'étais fait une douce habitude de le voir, et je l'aime profondément... Any, tu ne réponds rien... Ne partages-tu pour lui ni mon affection ni ma reconnaissance?

— Pouvez-vous le croire! s'écria la jeune fille en jetant ses deux bras autour du cou de l'aveugle. Il est pour moi la personnification du dévouement et de la bonté. Mais est-il possible qu'il nous rende les sentiments exclusifs que nous lui portons? Nous n'avons plus que lui à chérir. Mais le maître, comme ils le disent tous ici, doit surveiller, diriger cinq cents hommes et vivre de leur vie.

— Il nous consacrait un peu de son temps autrefois.

Any baissa la tête, deux larmes roulèrent sur ses joues. Au même instant on sonna, et la jeune fille courut ouvrir.

Des traces de pleurs mal essuyées se voyaient sur son visage, et le fabricant arrêta un regard troublé sur Any.

— Venez, monsieur, venez! dit l'aveugle, ma fille et moi nous parlions de vous.

Le cœur de Samuel Dupont se dilata. Any parlait de lui. Mais alors, pourquoi pleurait-elle?

— Nous tremblons souvent que l'excès de travail vous épuise. Ménagez-vous pour tous ceux qui vous aiment, pour les malheureux dont vous êtes la Providence, pour les ouvriers à qui vous faites comprendre un bonheur facile et réaliser une fortune honnête. Ne pourriez-vous davantage vous faire aider par M. Norbert? Il me semble qu'après tant de travaux vous devez parfois éprouver un besoin absolu de calme et de repos.

Samuel répondit sans lever la tête:

— Vous avez raison, Darieu, j'aurais besoin de tranquillité; quant au bonheur, j'ai celui des autres.

— Ce qui est singulier, dit l'aveugle, c'est que, doué d'un cœur si affectueux, vous n'ayez jamais songé à vous marier.

— Me marier! le puis-je? qui voudrait de moi? je me fais vieux, et je suis plus vieux encore d'esprit que de corps. Mes cheveux grisonnent, ma taille se voûte. Ressemblai-je aux hommes dont les jeunes filles rêvent pour mari? J'ai peu vécu; des labeurs sans fin ont écrasé ma vie, des chagrins secrets ont rongé mon cœur. Jolie dot à présenter à une femme! Non, non, Darieu, je me sens condamné à vivre et à mourir seul.

Any répliqua d'une voix douce :

— Ne jugez pas si sévèrement les femmes, monsieur; toutes ne sont point avides de plaisirs bruyants. Les cœurs comme le vôtre ne vieillissent jamais; et les affections seules font la joie de l'existence.

— Quand elles n'en deviennent pas le martyre, mademoiselle. Ne parlons plus de moi, mais de vous. On m'a montré votre dernière œuvre. Ces oiseaux des îles sont admirablemnt réussis. Les deux vases ont été tout de suite enlevés. Voulez-vous non pas les recommencer, car vous devez aimer à suivre votre inspiration, mais en peindre deux autres du même genre?

— Volontiers, monsieur.

— Je voulais aussi depuis longtemps vous conseiller de moins travailler pour la fabrique et davantage pour votre avenir. Entendons-nous, je ne songe point à me priver de votre collaboration; mais votre talent se trouve actuellement au-dessus de votre tâche.

— Je me tiens pour satisfaite, monsieur.

— Laissez-moi vous donner un conseil : Tout en travaillant pour moi, songez à vous. Peignez quelque chose pour l'Exposition prochaine, je me chargerai de le faire bien placer. Pour avoir acquis au soleil une place de véritable artiste, vous n'en continuerez pas moins à créer des décors pour mes vases, mais vous jouirez de la légitime satisfaction du succès. Vous possédez du talent ; conquérez une place au soleil, et prenez votre part des bienfaits de la fortune.

— Je ne suis point ambitieuse, monsieur, et la vie que vous nous avez faite me suffit.

— Dans le présent, peut-être, et encore! J'admire avec quelle abnégation vous vous sacrifiez. Certes, douée comme vous l'êtes, vous avez dû ressentir des aspirations ardentes vers l'art qui souvent conduit à la gloire. Écoutez-moi, je vous parle comme l'ami le plus dévoué, en présence d'un père que vous adorez et que je vénère; si vous sentez un désir violent de chercher ailleurs votre voie, abandonnez des travaux mercantiles indignes de vous; remplissez votre mission, je resterai pour vous le protecteur qui rend le succès moins ardu. Plus tard vos œuvres appréciées, disputées au poids de l'or, me paieront de mes avances. Oh! je vous en conjure, avec moi ni faux orgueil, ni vanité stérile; quand je m'efforce de multiplier les heureux, suis-je condamné à vous voir souffrir?

— Souffrir! moi? qui vous le fait croire?

— Vous qui ne savez pas mentir, nierez-vous que vous avez pleuré?

L'aveugle étendit les mains vers Any.

— Pleuré, toi! quand cela? Tout à l'heure nous n'avons abordé aucun sujet douloureux, ce me semble ; nous disions seulement que depuis une semaine on ne vous voyait plus.

— Père! s'écria Any, devenue d'une pâleur de marbre.

— Oh! monsieur, reprit Pierre Darieu avec une expression de douleur que rien ne saurait rendre, est-il une angoisse comparable à la mienne. Ma fille pleure et c'est vous qui me l'apprenez! Mais aussi, quelle vie pour une enfant de son âge! Mon infirmité la retient prisonnière. A peine a-t-elle fini de peindre qu'elle doit gouverner le ménage. Durant une partie des nuits elle veille, et j'entends à travers la cloison le bruit de ses ciseaux sur la table ou son pas léger errant dans la chambre. Ni délassement ni repos! Les autres jeunes filles gardent au moins le dimanche de belles heures de gaieté ; Any me conduit à l'église, me promène, attentive à chacun de mes pas. Quand nous rentrons, elle me distrait par une lecture. Puis-je être surpris qu'elle souffre et verse des larmes?

Any s'agenouilla devant son père.

— Ne parlez pas de la sorte, je vous en supplie ; ce que vous appelez des devoirs est mon unique joie. Quand le soleil vous réchauffe, que le parfum des fleurs vous réjouit, que votre esprit se ranime en écoutant de belles pages, ne suis-je donc pas heureuse! Le bonheur, c'est l'approbation de la conscience, la main paternelle qui nous bénit. Croyez-le, monsieur, ma part me suffit. Vous êtes bon et je vous remercie du fond de l'âme. Comme tous ceux qui tiennent un pinceau j'ai pu commencer mon rêve de gloire ; mais bien vite je me suis empressée de lui briser les ailes ; j'aurais craint qu'elles me conduisissent trop loin. Je ne serai point artiste. Qui m'affirme que j'ai du talent, d'ailleurs? Combien de déceptions cruelles me seront épargnées si je demeure dans ma sphère modeste. Je gagne de quinze à vingt francs par jour, et vous ne me comptez pas ce logis qui me semble un paradis. Vraiment, pour me plaindre, il faudrait être ingrate envers Dieu comme envers vous. Pour souffrir du présent, il faudrait oublier que le soir de l'incendie où nous faillîmes périr, j'avais tendu la main à l'aumône.

— Alors, reprit le négociant d'une voix qui s'attendrissait malgré lui, pourquoi avez-vous pleuré?

— Ceci est mon secret, fit-elle, mais je souris maintenant, et ne songe plus à la folle pensée qui m'a traversé l'esprit.

Any prit une tapisserie et se mit à travailler fiévreusement.

Le porcelainier la regardait.

Son émotion croissait en raison de la nature de ses pensées. Le vieillard ne venait-il point de trahir une partie du secret de l'enfant? Mais alors il serait trop heureux. Quoi? Any s'affligeait de son absence, Any! dont le nom remplissait sa mémoire et son cœur. Quoi qu'il tentât pour la décider à quitter la fabrique, elle entendait y rester; elle paraissait sincère en affirmant que sa situation lui était suffisante. Le négociant ne s'apercevait point que son silence pouvait au moins paraître bizarre. Le courage lui manquait pour partir. D'un autre côté, il ne se sentait point assez sûr de lui-même pour ne pas se trahir. Il se leva donc avec effort, serra les mains de l'aveugle, salua gravement Any et quitta le petit logis où venaient de s'écouler deux heures rapides.

Après une visite aux ateliers, quand l'heure de dîner fut venue, Norbert le rejoignit. Le repas fut presque gai, et le fabricant dit au jeune homme, tandis que celui-ci allumait un cigare:

— N'as-tu jamais songé à ton avenir, Norbert?

— Mais il me semble que vous l'avez fait assez brillant.

— Je ne le crois point décidé d'une façon certaine. Puisqu'un jour tu dois être mon associé, je tâcherai de hâter ce jour-là. Alors tu seras riche, et tu pourras te créer une famille. Ne me dis point que ma tendresse te suffit; il te faut une femme, des enfants; je crois l'heure venue de te préoccuper du choix d'une compagne. Vois Château-Bélin lui-même songe à en prendre une. Sa conversion te fait honneur. N'est-il pas venu me demander une place dans mes bureaux?

— Et vous la lui avez accordée?

— Avec enthousiasme. Il gagne trois mille francs pour commencer. Il est vrai qu'à cette somme se joint le reliquat d'un dernier héritage. Oh! il s'est confessé sans fausse honte. Autant il aimait le plaisir, autant l'existence inutile lui fait horreur. Arrivé le premier au bureau, il en sort le dernier. Je l'augmenterai certainement à la fin de l'année.

— Je ne suis pour rien dans ce changement, répondit Norbert avec un sourire, Château-Bélin est amoureux.

— De qui?

— De Marcelle Aubry.

— Voilà qui est d'un bon et intelligent garçon. Marcelle est charmante, elle lui devra tout, et la reconnaissance doublera sa tendresse. Lui a-t-il fait part de son secret?

— Il s'en garde bien! Sa conversion est si récente qu'il tremble qu'on n'y croit pas encore. Je connais quelle raison l'a poussé à garder ses derniers cent mille francs et à vous demander une place. Je l'ai pressenti le jour de votre fête. Un honnête regard de jeune fille a suffi pour le sauver.

— Rends-moi tout à fait heureux, Norbert, marie-toi. Je ne me croirai point le droit d'arranger ma vie avant de savoir que rien ne manque à ton bonheur. Nous vivons bien seuls, vois-tu. Parfois nous sommes tristes ! Pauvre fou que je suis ! il est des heures où même à mon âge je rêve aussi.

— A vous marier? demanda Norbert.

— A me marier, répondit le négociant.

— Voilà une merveilleuse idée. Que me parliez-vous de folie? Il s'agit d'une bonne pensée, dont, je l'espère, vous ne tarderez pas à faire une réalité. Vous croyez-vous donc vieux à quarante-cinq ans? Mais Château-Bélin semble moins jeune que vous. Qui mérite mieux que vous la tendresse, le respect d'une femme? Qui doit être un compagnon meilleur, un guide plus sûr? Ne me révélez point encore son nom, il existe pour les mystères du cœur une chaste dignité dans le silence. Mais aimez bien, comme vous devez savoir aimer, et demeurez convaincu qu'on vous paiera de retour.

— Affirme-moi que tu penses tout ce que tu viens de dire!

— Sur ma conscience, je le crois.

— Je respire, je prends confiance. Sans doute, je ne veux point parler tout de suite, mais je l'oserai si le père Xavier partage ton avis. Donc me voici heureux. C'est le moment de demander. Que puis-je pour toi? Te faut-il une dot? Car, je l'ai compris, pour toi l'heure est venue.

— Sais-je si la jeune fille à qui je songe éprouve pour moi de la sympathie? Je veux l'apprendre d'elle-même, lentement, progressivement.

Ils se quittèrent ayant chacun le cœur allégé, et tous deux se sentant presque également jeunes.

Deux jours se passèrent sans amener de changement dans la vie occupée de Samuel; au bout de ce temps, une après-midi, le père Xavier entra dans son cabinet. Le digne prêtre paraissait vivement préoccupé.

— Qu'avez-vous? lui demanda le négociant.

— Un souci, mon ami ; dans le quartier Saint-Germain, il y a trois jours, une explosion de gaz faisait sauter une distillerie ; je courus sur le théâtre du désastre afin d'offrir mes secours, et savez-vous qui je trouvai entre les mains des sergents de ville? Poulot, ce jeune Poulot, ce petit misérable précoce qui se crée des ressources en feignant d'être victime de tous les désastres parisiens. Je tentai d'obtenir qu'on le relâchât, impossible ; la veille il avait joué la comédie d'avoir eu la jambe cassée lors de la chute d'un omnibus. Poulot a été emmené au poste et cette fois il passera en police correctionnelle pour escroquerie : car, grâce à ses subterfuges, il ramasse des sommes d'argent assez importantes qu'il dépense dans des cabarets de la banlieue avec des sujets de son espèce. Sa mère est inutilement allée le réclamer ; c'est au moins la centième fois que ce garnement use d'un pareil moyen pour se procurer des rentes.

— Et vous souhaitez que, pour éviter à Poulot d'être enfermé dans une maison de correction, j'aille moi-même le chercher en répondant de lui à l'avenir. J'y vais, mon ami ; et ne me remerciez point. N'est-ce pas mon devoir de préserver la jeunesse, d'arrêter l'enfance sur des pentes dangereuses. Si vous saviez quelle consolation j'éprouve à sauver une âme !

Le prêtre serra les mains de Samuel Dupont.

— Dieu vous bénit ! lui dit-il, Dieu vous aime !

— Je vais donner ordre d'atteler ; nous irons ensemble redemander Poulot : les magistrats sont toujours heureux de sauvegarder l'avenir d'un enfant. Vous venez de me dire une grave parole, si Dieu m'aime ! si Dieu me bénit ! je le saurai tout à l'heure, car je vais solliciter un conseil dont dépendra le bonheur de ma vie.

— Comptez sur moi.

Un quart d'heure plus tard le prêtre et le négociant se dirigeaient vers la préfecture de police.

Pendant le trajet Samuel Dupont parla longuement, s'arrêtant de temps à autre, comme s'il avait besoin de reprendre courage. Il gardait la tête baissée, et paraissait redouter de lever les yeux sur son ami. Quand il se tut, l'abbé Xavier serra les mains de l'homme dont la voix venait de se briser dans un sanglot.

— Puisse Any Darieu vous rendre la tendresse qu'elle vous inspire, répondit-il ; ce me serait une grande joie de bénir votre mariage. C'est une sage et charmante fille, ouvrez-lui votre cœur dans une mesure prudente, je veux croire qu'elle acceptera.

Ils arrivaient à la préfecture. Le nom du négociant était assez connu de tout Paris pour qu'on lui fît bon accueil. Sa recommandation et sa promesse suffirent pour obtenir l'élargissement de

Poulot; mais en le remettant entre les mains du fabricant, le magistrat dit à l'enfant :

— C'est la dernière fois que l'on te fait grâce. Si tu t'écartes une seule fois du droit chemin, tu es perdu.

Poulot salua, remercia, et suivit son protecteur qui le ramena à sa mère à demi folle de désespoir.

— Désormais il travaillera à la fabrique, dit Samuel; s'il se conduit bien, je me charge de son avenir; mais plus de flâneries, de camaraderies dangereuses; les instincts sont mauvais, travaillons de concert à les réformer. J'ai besoin d'une lingère, vous vous occuperez chez moi, afin de ne jamais être séparée de votre enfant.

— Soyez béni!-monsieur, béni de Dieu et des hommes!

Pour la seconde fois, cette promesse de bénédiction et d'amour retentit aux oreilles du fabricant; il la considéra comme un bon présage, et, avant de regagner son appartement, il monta au logis de l'aveugle.

Any le reçut avec son tranquille sourire.

Lorsque Samuel pénétra dans la pièce servant d'atelier à la jeune fille, il parut surpris de n'y point apercevoir M. Darieu.

— Mon père repose, dit la jeune fille ; sans être malade il éprouve souvent des faiblesses subites qu'un long sommeil guérit. Il a tant souffert que sa constitution, si robuste jadis, s'est un peu épuisée. Mais je connais ces crises, et seule j'en sais triompher. Vous ne me trouvez donc point alarmée. Je constate une grande amélioration dans sa santé depuis que vous avez fait des heureux en ce monde. Ne secouez pas la tête, monsieur, je dis la vérité, elle m'est douce à répéter à chacun, surtout à vous. N'ai-je pas, grâce au prix dont vous payez mon travail, le moyen d'avoir une petite servante? Depuis longtemps j'avais dû apprendre à m'en passer.

— Vous avez été riche, n'est-ce pas? demanda le négociant.

— Très riche. Toute petite, j'ai vu dans notre hôtel des serviteurs nombreux; j'avais des voitures alors, de brillantes toilettes. Une mère belle, oh! belle comme les anges! et si bonne, si douce, si parfaite! Le chagrin l'a tuée.

Any passa ses deux mains sur ses yeux, essuya ses pleurs brûlants, puis regarda le négociant à travers un brouillard de larmes.

— Regrettez-vous cette fortune, mademoiselle?

— Pour mon père, non pour moi.

— Voulez-vous me permettre de rêver un peu tout haut, suivant la fantaisie de mon cœur? Supposez qu'un Génie, comme il en apparaît dans les contes, vous vienne subitement offrir des millions, non pas de l'argent sonnant d'une façon brutale, mais conquis par la force de l'intelligence et du travail, puisé à la grande source de l'industrie, destiné à être partagé d'une façon équitable, opportune et prévoyante, entre les mains de ceux qui manquent de pain et dont il s'agit de racheter le passé ou bien de fonder l'avenir. Si ce Génie vous venait dire : Puise à pleines mains dans les coffres, taris les pleurs, console les pauvres, élève des orphelins, rends plus doux les derniers jours de ceux que Dieu va rappeler ; je te donne cet or pour le prodiguer dans l'amour de Dieu et des hommes; dites, mademoiselle, que répondriez-vous?

La jeune fille était devenue pâle; renversée sur le dossier de sa chaise, les mains jointes sur ses genoux, ses beaux yeux fixés sur Samuel, elle lui dit :

— D'habitude les Génies des contes de fée ne sont point aussi généreux. Ils concluent des pactes en prodiguant leurs trésors; ils demandent quelque chose en échange.

— Celui dont je parle ajouterait: « Consens à vivre près de moi, je te chérirai profondément; je t'obéirai comme à une souveraine; tu commanderas à un petit peuple qui ne demande qu'à t'aimer, ton bonheur fera le bonheur d'autrui, te sens-tu la force de te dévouer? »

Any secoua la tête.

— Il y a longtemps que je ne lis plus de contes, dit-elle; mais il est souvent facile de désirer les apologues. Le vôtre est bien inutile, allez! Pourquoi ne me dites-vous point ce qui vous occupe ou vous tourmente? Je vous connais assez pour savoir que je puis vous entendre. Mon père sommeille, mais Dieu est là.

— Vous avez raison, mademoiselle, il faut parler loyalement et franchement, c'est pour cela que je suis venu; et depuis tant de mois que mon silence me pèse, ce m'est un grand soulagement de le rompre aujourd'hui. J'aurais pu m'adresser à votre père, je ne l'ai pas voulu. J'aurais trop redouté qu'une influence pesât sur vous. Je viens de vous offrir une fortune, j'ai eu tort. Les filles comme vous ne se marient ni pour des chevaux ni pour des diamants. Mais j'ai des timidités d'enfant. Mon cœur se brise, et vrai, je suis bien malheureux!

— Vous, malheureux! Ne dites pas ce mot pour l'amour du ciel! Et qui donc mériterait d'avoir une part de félicité terrestre, mieux que vous. Heureuse, mille fois heureuse, sera celle qui contribuera à vous donner le bonheur!

— Je ne suis plus jeune!

— Votre cœur a vingt ans!

— J'ai mes jours de tristesse et de deuil.

— Une femme aimante dissipera cette mélancolie.

— Mais si, au lieu de prendre sa source dans une disposition du caractère, elle provenait d'un souvenir douloureux, d'une crise pénible dans la vie.

— Votre compagne vous dirait d'oublier le passé et de regarder l'avenir.

— Any! s'écria le négociant, Any, seriez-vous donc capable d'être un ange de consolation?

— Oui, répondit-elle en se levant, car je vous aime de toute mon âme.

— Ne dites pas ce mot encore, Any, je tremble, j'ai peur. Vous ne l'avez pas prononcé, je ne l'ai pas entendu. Ecoutez: il s'agit de nos vies, de notre éternité peut-être. Je viens à genoux vous demander une dernière parole. Si vous me repoussez, je ne me plaindrai pas; si vous me relevez, je vous appartiens sans réserve.

— Avez-vous confié à l'abbé Xavier ce que vous voulez encore m'apprendre.

— Oui, répondit Samuel.

— Que vous a-t-il dit?

— Allez! Dieu vous bénit et vous aime!

— Et moi aussi, Samuel, je vous aime! et quoi que vous ayez souffert, si un homme comme vous peut avoir connu la défaillance, je ne le veux pas savoir. Scellez à jamais vos lèvres, Samuel! Je n'aurai pour vous que des paroles de paix et de tendresse. Je ne connais que le maître admirable répandant autour de lui la bienfaisance, je ne vois que mon ami, l'ami de mon père. Oh! tenez, vous ne savez pas, vous ne pouvez savoir avec quelle joie il vous nommera son fils.

Depuis une minute la porte de la chambre de l'aveugle venait de s'ouvrir sans bruit. Debout sur le seuil, Pierre Darieu tournait ses yeux éteints vers Any et Samuel ; les bras tendus il s'avança vers eux.

— Je puis mourir désormais, je suis certain de laisser ma fille heureuse.

Les heures qui suivirent ne sauraient se raconter. Samuel passa le reste de la journée entre Any et son père. Au moment où il allait se retirer, l'aveugle dit à sa fille :

— Remets à ton fiancé la cassette renfermant nos papiers.

La jeune fille alla chercher un coffret et le plaça à côté de Samuel Dupont.

— Mon ami, mon fils, dit le vieillard, vous parliez d'un secret, d'un mystère. Quelle vie n'en renferme pas? Vous trouverez inscrit dans ces papiers et ces actes notre nom véritable, la pauvreté dans laquelle nous étions tombés, d'horribles malheurs subis quoique immérités qui nous avaient obligés à le cacher. Après avoir pris connaissance de ces papiers, si vous éprouviez un moment de regret, si vous hésitiez à donner votre nom à ma fille, vous seriez libre, libre! entendez-vous !

— O mon père! O ma chère Any! s'écria Samuel, si j'emporte cette cassette, c'est que j'ai besoin de vos actes d'état civil pour faire afficher nos publications de mariage.

Samuel quitta le logis de l'aveugle, rentra chez lui, trouva Norbert au salon et, lui jetant les deux bras autour du cou, s'écria :

— O mon ami! Combien je suis heureux! Any consent à devenir ma femme.

Le fabricant ne vit point Norbert pâlir d'une façon soudaine et s'appuyer à la cheminée pour ne pas tomber.

LE CONTUMAX

CHAPITRE XI

ACTES CIVILS

La haute taille de l'aveugle se dressa dans la baie. (Voir page 130.)

Chapitre XI

ACTES CIVILS

Quand Samuel se trouva seul, son premier mouvement le jeta à genoux. Il ressentait pour la divine bonté qui, subitement, comblait ses vœux une reconnaissance passionnée. Quoi! cette jeune fille si belle, si pure, si pleine de tendresse, serait sa femme! Il aurait désormais près de lui une créature véritablement sienne qui partagerait ses joies et ses épreuves, qui le consolerait durant ses heures de tristesse... Mais en connaîtrait-il encore? Non, Any apportait avec elle la bénédiction d'en haut, le sourire de Dieu. Elle réalisait l'expression vivante de l'indulgence céleste. Il fallait avoir vécu comme cet homme, dévoré durant le jour par une activité sans nom, obsédé pendant ses heures de solitude par un souvenir terrible, devenu vivace, tangible, et dont il lui semblait que les griffes s'enfonçaient dans sa chair, pour comprendre l'alleluia d'amour et de délivrance qui s'échappa de ses lèvres. Combien la vie lui parut belle! Avec quelle joie il calcula qu'il était assez riche pour satisfaire les plus luxueuses fantaisies d'Any, si elle était capable d'avoir des fantaisies. Non! elle dédaignerait des plaisirs futiles pour s'absorber dans l'œuvre de son mari. Elle aimerait comme lui les travailleurs qui ne connaissent ni grèves ni révoltes; elle chérirait leurs enfants; elle s'occuperait de créer, pour les femmes, des industries et des moyens de gagner honorablement leur vie. Ils n'auraient à eux deux qu'un cœur et qu'une âme. Avec quelle bonté elle l'avait relevé quand il s'était agenouillé devant elle, un aveu sur les lèvres! Sainte indulgence! Bonté mille fois bénie! Mais il n'était plus isolé, malheureux et maudit. D'une main prodigue, Dieu lui ouvrait tout à coup ses trésors, et son âme se dilatait de joie, et des larmes consolantes roulaient sur ses joues. Oh! pleurer, pleurer ainsi! n'est-ce pas une sorte de volupté et de repos, de consolation infinie, de joie céleste? Pleurer sans trouble, sans crainte, simplement parce que le cœur déborde! Qu'il y avait loin de ces pleurs à ceux que jadis il versa...! Ceux-là brûlaient à la fois ses yeux et son cœur. Il lui semblait que jamais ils ne cesseraient de couler dans le mystère des nuits, alors qu'aucun regard ne l'épiait et qu'il redevenait lui-même.

Samuel éprouvait en ce moment la vérité de cette parole que Norbert lui avait dite en apprenant ses projets de mariage : il se sentait jeune et fort; le bonheur lui paraissait facile, comme la vie lui semblait légère. Il savoura une de ces heures uniques dans la vie, où nous sentons des ailes nous soulever de terre, et nous emporter hors d'un monde de souffrances et d'épreuves. Non seulement il chérissait Any, mais il se sentait aimé. La fille de Pierre Darieu oubliait la différence de leurs âges pour ne se souvenir que des vertus dont il donnait l'exemple. Elle savait qu'auprès de lui elle jouirait de la paix de l'âme; qu'elle aurait la faculté de donner, que jamais il ne la trouverait trop prodigue envers les pauvres. Elle l'aimait pour le concert de bénédictions qui s'élevait sur ses pas, pour cette intelligence forte, pratique, allant droit au but, gagnant, enlevant le succès. Cette forme de la tendresse n'est-elle pas mille fois plus durable que l'attraction irréfléchie de deux êtres qui cèdent à une séduction d'entraînement. Il songea que, Norbert devenu son associé, il se délivrerait d'une partie du fardeau pesant sur ses épaules. La construction du village ne lui coûtait guère plus de trois millions, il en conserverait deux formant pour lui une fortune suffisante. Les bénéfices annuels de la fabrique, même en les partageant, augmenteraient encore cette réserve. Any ne connaissait point la prodigalité. Dans quelques années, Norbert resterait seul propriétaire de la fabrique et Samuel jouirait véritablement de la vie. Il voyagerait alors. Après avoir travaillé, souffert à Paris, il prendrait possession du monde. Any, si intelligemment artiste, sentirait se développer son talent. Elle visiterait avec lui les merveilles de la peinture, de l'architecture et de la statuaire. Avec quel enivrement il vivrait dans un autre milieu! L'excès de sa joie se trahissait par une reconnaissance infinie. La prière se confondait sur ses lèvres avec le nom d'Any, cette Any bien-aimée qui, pour lui, représentait le bonheur sans ombre, l'amour pur, la joie sans fin.

Le temps passait, il ne s'en apercevait pas. Ce fut seulement en entendant sonner minuit qu'il s'étonna de la rapidité avec laquelle les moments venaient de s'enfuir.

Le coffret que venait de remettre l'aveugle se trouvait sur la table, il l'ouvrit en répétant la dernière parole du vieillard :

— Qui n'a pas un secret dans sa vie !

Il allait apprendre celui de Pierre Darieu.

Fouillant au fond du coffret, il en retira tous les papiers, et les éparpilla sur la table. Sur plusieurs se voyaient les timbres trahissant des actes d'état civil ; un cahier volumineux, hérissé de chiffres, des feuilles volantes, des lettres jaunies. Au hasard il prit un de ses papiers et le lut.

C'était l'acte mortuaire de Marie-Aimée Montral, en son vivant épouse de Jean-Antoine-Samuel-Henri Dupont, décédée à l'âge de quarante ans, au Havre... Le négociant s'arrêta, recommença la lecture de cette page et ne parut pas davantage la comprendre. Il la rejeta avec un empressement mêlé de crainte, et saisit le cahier. A mesure qu'il avançait dans la lecture, son front se couvrait d'une moite sueur, et ses regards se voilaient de telle sorte que les caractères semblaient s'agiter et se confondre.

Dans cette pièce paraissait le nom de Jean-Antoine-Samuel-Henri Dupont. Cependant le faïencier, à mesure qu'il débrouillait ce chaos, comprenait qu'un armateur du Havre, du nom de Dupont, avait fait faillite à la suite de malheurs immérités, mais que les créanciers, touchés par la façon désintéressée avec laquelle il s'était dépouillé afin de les satisfaire, lui avaient accordé un concordat laissant son honneur intact...

Toute vie renferme un mystère ! avait dit l'aveugle. Son secret à lui, c'était cette ruine inattendue qui le laissa subitement pauvre et désespéré.

Le fabricant se rappela alors les confidences d'Any, lui racontant qu'elle se souvenait d'avoir joui d'une grande fortune ; il comprit qu'à la suite de cette catastrophe financière, l'ancien armateur, n'ayant point gardé le courage d'habiter une ville où il avait vécu opulent et honoré, frappé tour à tour dans sa tendresse par la mort de sa femme, dans sa fortune par la faillite, était venu à Paris cacher sa vie avec sa fille. Sa connaissance de la comptabilité lui procura une occupation, et durant trois années l'existence restreinte qu'il dut mener resta cependant supportable. Mais bientôt sa vue baissa, il lui devint pénible, puis difficile de passer de longues heures penché sur des chiffres; le brouillard s'épaissit devant les prunelles fatiguées, la paralysie s'abattit sur le nerf optique, et l'ancien armateur devint aveugle! Oui, Samuel coordonnait ces misères successives; il comprenait la lutte d'Any pour le pain de la journée, le travail cherché, refusé souvent, les économies fondant peu à peu; l'argent manquant, les courses au Mont-de-Piété; puis, lorsque celui-ci refusa de prêter sur de trop misérables gages, la palette engagée à la Banque des Gueux, cette palette qui ne parvenait point à les nourrir; la mendicité honteuse, défaillante, le retour au logis, puis le grand embrasement.

Le fabricant ressentit alors un mouvement de joie. Tout ce qu'Any avait perdu, il allait le lui rendre; ce serait une double allégresse pour lui de renouveler autour d'elle un luxe dont elle savait se passer, mais au milieu duquel cependant elle avait grandi.

Après avoir mis de côté les papiers concernant la faillite de l'ancien armateur, le fabricant prit un autre acte d'état civil.

Celui-là constatait la naissance d'Any Dupont, fille de JEAN-ANTOINE-SAMUEL DUPONT et de dame MARIE-AIMÉE MONTRAL.

Pour la seconde fois, le faïencier tressaillit comme si la coïncidence de ces noms le frappait d'une façon douloureuse... Mais il oublia vite cette impression. C'était l'acte de naissance d'Any, son Any bien-aimée, celle qui dans un mois serait sa femme. Il approcha de ses lèvres le papier jauni, puis il le mit à part.

Dans le fond de la cassette se trouvaient d'anciens actes d'association, de traités, la liste des navires sortis du chantier de l'armateur quand il occupait au Havre une haute situation commerciale. Grands et douloureux rêves d'une phase de la vie lointaine, noyée dans de cuisants souvenirs.

Tout au fond, un petit paquet entouré d'un ruban noir attira les regards du faïencier, quelques lettres coupées aux angles, enfin une dernière pièce officielle, un dernier acte sur papier timbré.

Le fabricant le déplia avec plus de lenteur, et voici ce qu'il lut, tandis que ses mains tremblaient, que son cœur battait à l'étouffer, et que ses yeux se voilaient de larmes.

C'était l'acte constatant la naissance de Samuel-Henri Dupont, fils de *Jean-Antoine Dupont* et de dame *Marie-Aimée Montral.*

— Samuel-Henri! s'écria enfin le négociant d'une voix altérée, Samuel-Henri Dupont... Est-ce vrai? Est-ce possible? Quoi! cet ami incomparable, ce sauveur à qui je dus jadis plus que la vie, celui qui comprit ma détresse d'âme, et me fournit le moyen de revenir en France... l'être cher dont le souvenir ne m'a pas quitté un seul jour, était le frère d'Any... Henri, on ne l'appelait qu'Henri alors, est le fils de l'aveugle... Mais alors, tout est brisé! ma vie est à jamais perdue! Une infranchissable barrière me sépare désormais d'Any. Jamais elle ne sera ma femme! O mon Dieu! voilà le vrai, l'unique châtiment. Je me croyais absous! Je regardais l'avenir avec confiance, tout changeait de face à mes yeux, le passé s'effaçait loin de mes souvenirs. Je n'y voulais plus croire, tant ma félicité me semblait grande... Any Dupont, la sœur d'Henri! Oh! c'est une fatalité sans nom, une douleur inguérissable. Perdue! elle est sans retour perdue pour moi...

Il demeura les deux bras croisés sur la table, s'abîmant dans sa douleur.

— Que lui dire? Que faire? Encore si je devais être seul à souffrir? Mais elle m'aime! Une âme comme la sienne ne saurait oublier. Elle se souviendra donc, et en même temps elle en viendra peut-être à me maudire... Quand je rendrai cette cassette, quelle contenance garder? Jamais! Any! Chère, chère Any!

Pendant plus de deux heures le malheureux n'eut que ce nom sur les lèvres. Il tomba à cette même place dans un lourd sommeil, dont l'entrée de Norbert dans son cabinet le tira vers huit heures du matin.

Le jeune homme, épouvanté des traces que le désespoir laissait sur le visage de son ami, lui prit les deux mains :

— Qu'avez-vous? qu'avez-vous? demanda-t-il avec angoisse.

Samuel leva sur Norbert des yeux égarés :

— Ce que j'ai? Mais tu ne le comprends donc pas, c'est la fin de tout! L'espérance perdue, le cœur broyé... Oh! Any! Any!

Brusquement il se leva, jeta pêle-mêle dans la cassette les papiers épars sur la table, referma le coffret, l'enveloppa, cacheta brutalement cette enveloppe, puis tendant le coffret et la clef à Norbert : Cours, dit-il, va remettre ceci à M. Darieu; ajoute que je le prie de m'excuser si je ne vais pas moi-même... fais vite! fais vite! La vue de tout cela me torture, va! va! mon Dieu! mon Dieu! c'est trop! oui, c'est trop!

Norbert hésitait à laisser dans un tel état de désespoir celui qui lui avait donné tant de marques de tendresse; mais à un dernier mot de Samuel, il comprit que ce lui serait un soulagement de ne plus voir la cassette et les papiers qu'elle renfermait. Emportant alors ce dépôt, il monta les cinq étages conduisant au logis de M. Darieu. En apercevant Norbert, Any devint pâle.

Mademoiselle, dit le jeune homme d'une voix tremblante, voici ce que mon ami m'a chargé de vous rendre.

La jeune fille brisa les cachets, ouvrit la cassette, et la trouva remplie de tous les papiers qu'elle contenait la veille. Le négociant n'en avait gardé aucun... Et non seulement il ne les gardait pas, mais il les renvoyait, comme si les rapporter eût été au-dessus de son courage...

— Que vous a dit M. Dupont? demanda faiblement Any.

Norbert n'osa parler de l'état violent dans lequel il avait surpris le malheureux. Un secret instinct l'avertissait qu'il se trouvait en présence d'un cruel mystère. Évidemment, Any se jugeait offensée; elle se sentait frappée surtout; et devant la douleur de celle qu'il aimait aussi, le jeune homme se trouva sans force.

— Ne puis-je rien pour vous? demanda-t-il, parlez, oh! parlez, mademoiselle. Si vous saviez combien mon dévouement est grand, vous n'hésiteriez pas à me dire ce qui en ce moment vous arrache des larmes.

— Vous voulez l'apprendre? dit-elle avec une sorte de violence, le voici... Hier, M. Dupont m'a demandée en mariage... Mon père a donné son consentement, j'ai dit oui, je l'aimais! Si vous saviez combien il me semblait bon, généreux et tendre! Cette cassette renfermant tous nos papiers de famille lui fut confiée; il y devait trouver la preuve de nos malheurs, le secret de notre vie.. Il y devait apprendre que mon père, frappé autrefois dans sa fortune, fut mis en état de faillite et qu'il ne put solder ses créanciers... Comprenez-vous maintenant... le fabricant honoré ne peut plus épouser la fille d'un failli... ce n'est pas le fiancé d'hier qui me rapporte ces actes et ces papiers accusateurs ; il me les renvoie par un autre, sans un mot ! Allez, c'est fini ! c'est bien fini !

Ces mêmes mots Norbert venait de les entendre sortir de la bouche de Samuel.

Any voyait donc juste. Le fabricant millionnaire repoussait la fille de l'armateur malheureux... L'indignation gonfla le cœur généreux de Norbert, il aurait voulu pouvoir se jeter aux pieds de la jeune fille, lui sacrifier sa vie, lui fiancer à jamais son âme, unir sa vaillante jeunesse à la sienne, lui proposer de traverser la vie, appuyée sur son bras. Mais il n'osa rien dire ; le souvenir de Samuel lui fermait les lèvres, plus encore, la tendresse que la jeune fille avait portée au fabricant et que peut-être, en dépit de l'affront qu'elle venait de subir, elle conservait encore.

Il n'osa demeurer davantage, et, respectant cette grande douleur, il prit congé d'Any en répétant :

— Souvenez-vous que je reste le plus dévoué de vos amis.

Quand Norbert se fut éloigné, Any tomba à demi évanouie dans le fauteuil de son père. Celui-ci n'avait pas saisi toute la gravité de la scène qui venait de se passer ; néanmoins, il lui sembla, à travers la cloison, distinguer un bruit de sanglots étouffés, auquel succéda un morne silence. Quittant alors sa chambre, il entra dans l'atelier, appelant Any d'une voix inquiète. Elle ne lui répondit point, et cependant elle était là, il en était certain. S'avançant les bras en avant, il parvint près de la table, l'effleura, trouva la cassette et s'étonna que si vite on l'eût rapportée ; enfin, se rapprochant du fauteuil, il étendit les mains, et ses doigts effleurèrent le front de sa fille. Elle ne bougea pas, cette caresse la laissa insensible et comme morte... Alors le vieillard, pris d'une terreur sans nom, saisit dans ses bras le corps immobile, appuya le front glacé contre son épaule, et couvrit de baisers ce cher visage.

— Mon Dieu ! dit-il, vous ne me l'avez pas prise, c'est impossible ! Morte, Any ! Mais que me resterait-il au monde si vous l'appeliez à vous...

Ses larmes mouillaient le front et les cheveux d'Any, cette pluie

brûlante la ranima ; ses lèvres décolorées s'ouvrirent, elle murmura :
— O père ! père !

Alors il l'assit sur ses genoux comme une toute petite enfant, il la berça, lui répétant des mots remplis d'une tendresse ardente. Elle écoutait, les bras croisés autour du cou de l'aveugle, ne répondant rien, gardant sa blessure, n'osant encore en découvrir toute la profondeur.

Enfin le vieillard lui demanda :
— Qu'as-tu, ma chérie ? D'où vient ce désespoir subit ? Parle, confie tout à ton père... Nous ne sommes que deux pour nous aimer... Déjà nous avons bien souffert, notre amour était notre force... Va ! tu peux tout me dire ! J'ai dû, depuis la mort de ta mère, remplacer pour toi cette tendresse absente et doubler, s'il se peut, mon cœur... Si tu l'avais encore, c'est à elle que tu montrerais la plaie de ton âme... Mais je t'aime tant ! si profondément et si tendrement !

— Père, dit Any d'une voix qu'elle s'efforça d'affermir, les papiers confiés hier par vous à M. Dupont viennent d'être rapportés par son fils adoptif, sans une lettre ! sans un mot... Comprenez-vous ?

— Oui, je comprends ; notre malheur lui semble un obstacle infranchissable au mariage que lui-même souhaitait hier. Il n'épousera pas la fille du failli...

Un moment de silence s'écoula, puis le vieillard, tenant sa fille dans ses bras, lui dit avec des larmes :
— Pardonne-moi, ma fille, pardonne-moi ! C'est ma faute si ton bonheur s'écroule ! Dieu sait que j'ai voulu l'acheter au prix de ma vie !

Elle l'embrassa en pleurant, sans avoir la force de répondre, secouée par ses sanglots, épuisant son désespoir comme on vide une coupe d'amertume.

Docile aux conseils de son père, elle consentit enfin à se jeter sur son lit et à chercher un peu de repos. Lorsque le vieillard comprit qu'elle dormait, il quitta son logis à tâtons, et descendit les escaliers. Dans la cour, entendant les coups de marteau des emballeurs, il se dirigea de leur côté, et pria qu'on voulût bien le conduire au bureau du fabricant. Poulot, qui rodait par là, présentant à l'un des clous, à l'autre du papier de soie rubanné, s'élança vers

M. Darieu, et lui dit avec son petit accent parisien un peu traînant :

— Appuyez-vous sur moi, je suis solide, quoique petit.

Un moment après le faïencier se redressait en entendant frapper à la porte de son bureau. L'entrée en avait été interdite à tout le monde pour le reste de la journée, même à Norbert. Le malheureux éprouvait un impérieux besoin de solitude. Comme il ne répondait point, la porte s'ouvrit sous une main impatiente, et la haute taille de l'aveugle se dressa dans la baie. Poulot descendait déjà les escaliers avec l'agilité d'un écureuil.

M. Darieu demeurait immobile, dans l'attitude craintive de ceux pour qui tout est danger. Samuel, domptant son trouble, s'élança au-devant de lui et passant la main de Darieu sous son bras :

— Venez, dit-il, venez.

Il se dirigea vers un divan, mais sur sa route l'aveugle ayant rencontré une table s'y appuya et refusa d'aller plus loin.

— Monsieur, lui dit-il, je ne pourrai lire sur votre visage quelles pensées vous agitent à cette heure... Je tremble de les deviner... Non pas pour moi... Trop de déceptions se sont succédées, trop de chagrins m'ont courbé pour qu'un dernier coup m'accable... Je vous prierai seulement de me répondre avec franchise, quelque dure que puisse m'être cette franchise... Je ne songe point à moi... L'humiliation à laquelle je me soumets est le dernier sacrifice que je puisse faire à ma fille... Si j'avais encore mon fils, certain qu'il serait un défenseur pour Any, je reculerais devant une suprême démarche; mais Henri est mort, ma fille ne tardera pas à se trouver seule, et pour elle, oui, pour elle, je m'humilie jusqu'à cette démarche... Ne craignez rien, monsieur! Je ne viens point vous adresser de reproches et vous demander de quel droit vous avez jeté le désespoir dans un intérieur déjà si malheureux... Je vous dois la vie, la vie d'Any; quoi qu'il advienne, je demeurerai donc votre obligé... Dans un moment d'entraînement, hier, vous me l'avez demandée pour femme... J'ai dû vous livrer tous mes secrets... secrets cruels que vous aviez le droit d'approfondir, puisque vous entriez dans la famille... Vous savez tout maintenant... La perte successive de plusieurs navires entraîna ma faillite et ma ruine... l'une était l'excuse de l'autre... Le renvoi brutal de ces papiers en dit plus que bien des phrases... Hier, vous souhaitiez d'épouser Any?

— C'était le vœu le plus ardent de mon âme.
— Et maintenant?
— Aujourd'hui ce mariage est impossible...
— Pauvre enfant! Impossible. Et la raison de votre refus?
— Permettez-moi de la taire.
— Je la devine : vous ne voulez pas devenir le gendre d'un failli...
— Moi! s'écria Samuel avec un accent auquel il était impossible de se tromper, moi! Ignorai-je donc que nul n'a le droit de vous accuser, que votre honneur demeure intact? La faillite! Oh! tenez, s'il ne fallait que payer les créanciers du Havre...

Il n'acheva pas, et prenant dans ses mains tremblantes les mains de l'aveugle :

— Je ne puis rien dire, rien! N'ajoutez pas vos reproches à ce que je souffre déjà.

— Écoutez, reprit l'aveugle, si vous le voulez, je disparaîtrai... Je renoncerai à la joie de vivre près de ma fille mes derniers jours... Je saurai qu'elle est heureuse, et je me contenterai de cette certitude... Soyez juste! Ne lui imposez point le fardeau de malheurs qui n'ont que trop déjà pesé sur elle... Le nom sous lequel je vis dissimule ma personnalité... J'irai achever de mourir en province... Vous m'écrirez souvent... La similitude de nos noms de famille pourra faire croire que nous sommes parents. Qui connaît, à Paris, Jean-Antoine Dupont, l'armateur malheureux? Ma fille vous aime! Ne brisez pas ce cœur d'ange! Si vous saviez quelle adorable créature est cette enfant! Si les regrets, si la douleur de se voir dédaignée allaient la tuer, quels seraient vos remords!..

— N'aggravez pas ceux qui me déchirent, fit le négociant... La nuit que je viens de passer a été une nuit d'agonie... Mon âme ne cessera jamais d'appartenir à Any, je subis la loi d'une obligation fatale, vous devez me plaindre et me pardonner...

— Et, demanda l'aveugle, les obstacles qui vous séparent de ma fille ne pourront jamais être levés?

— Jamais! répondit Samuel avec une explosion de désespoir.

Il se jeta aux genoux de l'aveugle, il le supplia de le prendre en pitié, de ne point l'abandonner, de ne pas fuir sa maison comme une demeure maudite. Sous l'empire d'une émotion poignante, il se montra si éloquent, si sincère, que l'aveugle interdit ne garda plus la force de l'accuser.

— J'espère obtenir le pardon d'Any, ajouta enfin Samuel Dupont. Les anges pardonnent toujours... J'éviterai de la rencontrer pendant un certain temps, plus tard nous pourrons nous retrouver; qu'elle sache bien en dépit de tout que mon cœur est à elle d'une façon exclusive, et que je sollicite l'amitié dévouée qu'elle portait à cet Henri que vous pleurez.

Quand l'aveugle regagna le logis, sa fille l'attendait avec inquiétude.

— Père, dit-elle, vous êtes allé chez lui...

— J'ai tenté d'approfondir le secret qu'il nous cache, et je n'ai pu y réussir; prie pour lui, ma fille; il semble encore plus malheureux que nous...

LE CONTUMAX

CHAPITRE XII

DANS LE PARC

Jean Mioche l'invita, un jour, à jouer une consommation. (Voir page 135.)

Chapitre XII

DANS LE PARC

Si surveillé que fut Poulot, il trouvait encore, dans l'immense fabrique où cinq cents ouvriers s'occupaient dans des ateliers divers, le moyen de se livrer à sa passion favorite : la flânerie. La terreur qu'il ressentit lorsqu'il crut qu'on allait l'enfermer dans une maison de correction jusqu'à sa vingtième année, s'évapora vite, dès qu'il se vit protégé par Samuel Dupont. Avec sa finesse mutine de gamin, connaissant mieux le pavé de Paris que l'école, il comprit que ce cœur indulgent serait facile à tromper. L'obligation de rester à l'atelier durant des heures régulières ne tarda pas à lui paraître insupportable. Il réussit à passer de l'atelier de moulage dans les magasins des emballeurs. Là au moins il avait la vue de la grande cour inondée de soleil, il voyait transporter les caisses de voliges sentant encore la résine et les grands bois souches; les coups sombres des marteaux lui semblaient l'accompagnement naturel de la chanson qu'il lançait haute et claire d'un coup de gosier rapide.

Peu à peu il accoutuma ses camarades à le prendre pour commissionnaire. On l'envoyait chercher les clous, le papier, la ficelle; il partait comme un coup de vent, revenait de même, sollicitant comme une faveur ce service actif en rapport avec ses goûts. D'abord il rapporta exactement ce qu'on lui demandait, courant avec une prestesse d'écureuil, le nez en l'air, la bouche gouailleuse. Peu à peu il s'attarda dans les rues, s'enquérant de la cause du désespoir d'un patronnet dont la manne venait d'être renversée dans le ruisseau; il courut au secours des chiens dont la patte venait d'être écrasée, se mêla aux rassemblements provoqués par les marchands de poudre à détacher, de démêloirs à trois sous et de blanc d'Espagne à l'usage des ménagères. Pourvu que trois accidents de nature diverses se succédassent pendant ses courses, Poulot revenait à la nuit. On le grondait ; la tête basse il écoutait la réprimande, promettant de ne plus recommencer ; puis, lorsque le mécontentement du contremaître était passé, il racontait d'une façon si comique les divers incidents de la journée, répétait avec un entrain si endiablé les couplets recueillis au cours de ses promenades, que la colère se changeait en rires. Sans le vouloir, sans s'en rendre compte, les ouvriers de la fabrique devinrent les complices du vagabondage de Poulot.

Quand il avait réussi à extorquer quelques sous à la bonté d'un passant, il achetait un gâteau, ou bien s'enhardissant il entrait dans un assommoir et y demandait une prune : c'était là sa grande gourmandise. Il la mangeait lentement, buvait à petits coups le jus brûlant resté au fond du verre épais, puis, les mains dans les poches, il s'en allait en sifflant.

Il finit par devenir une pratique assidue de l'assommoir des *Quatre-Voleurs*. Quand le gamin entrait, le marchand de vin en tricot de laine, la face épanouie, descendait le bocal et servait Poulot. Les habitués le connaissaient. L'un d'eux, Jean Mioche, l'invita un jour à jouer une consommation ; Poulot gagna ; dans une seule séance il avala quatre prunes à l'eau-de-vie, et promit de donner le lendemain sa revanche à son partenaire. C'était un homme de cinquante ans environ ; peut-être plus jeune, mais le vice vieillit plus vite que le travail, et le nouveau camarade de Poulot roulait depuis longtemps à Paris Au bout d'une semaine, Poulot venait le rejoindre régulièrement. Tantôt ils restaient dans le cabaret jouant aux cartes, vidant des petits verres, tantôt ils partaient ensemble pour des destinations inconnues. Un soir que Jean Mioche avait chargé Poulot de monter la garde devant la façade d'un magasin, l'enfant rentra si tard que le concierge le menaça de révéler sa conduite au patron. Poulot trouva sa mère en larmes, croyant qu'un malheur était arrivé et qu'elle ne le reverrait jamais. Il accumula mensonge sur mensonge, jura que jamais il ne recommencerait, inventa une histoire de théâtre, joua la comédie du repentir et laissa la mère apaisée. Le lendemain, ce fut elle qui alla trouver le concierge et dut inventer une histoire. Elle l'avait envoyé à Noisy-le-Sec savoir des nouvelles d'une vieille tante.

Dans la fabrique on ne voyait presque plus le maître. Depuis la terrible soirée où il parcourut les papiers que lui remit l'aveugle, un chagrin approchant du désespoir s'était emparé de lui. Il vivait au village, surveillant l'aménagement de son habitation particulière, et s'efforçait de se séparer de tout ce qui lui rappelait Paris. On ne le revoyait plus dans le logis de Darieu. Any, avec une admirable force de volonté, s'était remise au travail. C'était Norbert qui faisait désormais les commandes et choisissait les modèles. Any le recevait avec une fraternelle douceur. Rarement elle prononçait le nom du fabricant et, lorsqu'il venait sur les lèvres de Norbert, il affirmait avec un profond déchirement de cœur que le négociant, dévoré par une douleur secrète, s'enfonçait de plus en plus dans une mélancolie approchant du désespoir. Le père Xavier seul gardait le pouvoir de soulager un peu cette détresse d'âme. Il l'apaisait, il ne la supprimait pas. Any, en apprenant de la bouche de Norbert ces nouvelles désolantes, sentait s'agrandir sa secrète blessure. D'abord elle s'était crue humiliée par le refus de Samuel Dupont; mais elle ne tarda pas à comprendre que l'obstacle qui les séparait ne venait point d'un motif lâche, prenant sa source dans un sentiment d'égoïsme ou de faux orgueil. Comme l'aveugle, elle s'imagina d'abord que l'ancienne faillite de l'armateur épouvantait l'honorabilité incontestée de Samuel Dupont; mais en réfléchissant mieux, en se rappelant les détails de la visite faite par lui à son père, elle comprit qu'un obstacle d'un tout autre genre se dressait entre eux. Les mystérieuses paroles de Samuel lui revinrent à la mémoire; elle se rappela ses demi-confidences, la confession qu'elle arrêta sur ses lèvres. Si Samuel ne revenait point, ce n'était pas parce qu'il renonçait à elle, mais parce qu'une raison plus forte que sa volonté se plaçait entre eux. Une sorte de calme se fit en elle quand Any cessa d'accuser celui qu'elle aimait toujours. D'abord il lui parut impossible de prononcer son nom; peu à peu il revint sur ses lèvres; enfin elle ne vit plus Norbert sans lui demander avec une sollicitude inquiète et tendre ce que devenait le négociant.

Le jour où Samuel rompit tout projet de mariage avec la fille de l'aveugle, si dévoué que fût le jeune homme à son protecteur, il ne put se défendre d'en ressentir une joie secrète. Le sentiment qu'il éprouvait pour Any n'était point de ceux que le temps affaiblit. Il réussit à cacher à la jeune fille l'amour ressenti pour elle, et s'en serait fait un crime tant que se dressa devant lui la rivalité dangereuse de Samuel; mais le jour où la place fut libre, le jour où, placé en face d'une révélation écrasante, le négociant se vit forcé de renoncer à ce qui avait été l'espoir de son âme, Norbert crut pouvoir s'abandonner sans faiblesse à une passion loyale, combattue avec tant de peine, et si mal refoulée dans un cœur plein d'angoisse. Il se rendit plus souvent chez Any, cherchant le prétexte de travaux à exécuter, les surveillant comme un professeur, les louant comme un ami. La jeune fille qui d'abord, s'était tenue à son égard dans les bornes d'une réserve un peu froide, ne tarda point à s'abandonner au charme d'une amitié consolante. Sans faire allusion à d'anciens projets, Norbert prenait à tâche d'adoucir les regrets d'Any. Un autre eût peut-être tenté de montrer Samuel sous des couleurs défavorables, d'irriter contre lui des rancunes légitimes; mais Norbert estimait trop Mlle Darieu, il conservait à l'égard de Samuel une reconnaissance trop profonde, enfin son âme renfermait trop de délicatesse pour qu'il voulût employer de semblables moyens. Si le cœur blessé d'Any se tournait vers lui, il voulait que ce fut volontairement, doucement, par la force même des choses qui devaient faire que l'affection compatissante et tendre de Norbert adoucit au moins les souffrances de la jeune fille.

Pendant que les ouvriers du négociant habitaient encore Paris, Any s'était prise d'une grande pitié pour la fille d'une brunisseuse, pauvre créature disgraciée à qui Samuel confiait à peindre des armoiries et des décors. A demi paralysée des jambes, l'infirme passait ses jours à côté d'une fenêtre laissant à peine tomber un peu de jour sur sa palette. Combien de fois n'exprima-t-elle point à Any le regret de ne pas habiter la campagne. Lorsqu'elle se trouvait embarrassée, la fille de l'aveugle venait à son aide pour des travaux difficiles. L'infirme s'était prise pour Any d'une tendresse d'autant plus profonde que pour la première fois une amitié protectrice venait au-devant de son cœur attristé. Durant les premières semaines de son séjour au village d'Eden, Marthe, réjouie par la vue des fleurs, du ciel et des ombrages, se trouva distraite du souvenir d'Any, mais elle s'accoutuma à sa vie nouvelle, et quand elle eut bien arrangé sa table de peintre dans une croisée d'où elle voyait la longue file des jardins et des arbres du parc, elle en vint à trouver bien longues les journées et à regretter vivement la présence de Mlle Darieu. Elle finit par lui écrire pour la supplier de venir la voir, et de profiter d'une belle journée pour faire une excursion dans ce village où elle n'était venue qu'une fois.

Any hésitait ; la pensée de laisser son père seul durant une journée l'effrayait ; mais l'aveugle, heureux de penser que sa fille échapperait à la tristesse pesant sur elle, l'encouragea vivement à se rendre à la prière de son humble amie. Un matin Norbert, voyant sortir Mlle Darieu, monta chez l'aveugle. En apprenant le projet de la jeune fille il ressentit une commotion au cœur. Un secret instinct l'avertissait que le peu de chemin qu'il avait pu faire dans son amitié se trouverait brusquement arrêté. Dans ce village où tout lui rappellerait la bonté, les vertus, la générosité de Samuel, ne retrouverait-elle point plus vivace que jamais l'affection qu'elle essayait peut-être d'éteindre. Tandis que le jeune homme troublé par cette pensée se sentait incapable d'un travail suivi, exigeant une grande tension d'esprit, Any arrivait au village.

Elle s'avança dans les allées ; derrière les vitres d'une maison elle aperçut Marthe travaillant avec activité. Ouvrant rapidement la porte, Mlle Darieu entra dans la salle, courut vers l'infirme et la serra tendrement dans ses bras.

Puis elle se fit raconter l'existence monotone de la pauvre enfant, elle s'intéressa à ses travaux, lui donna des conseils, corrigea une esquisse défectueuse. Quand vint l'heure de déjeuner, elle étala sur la table, que vint dresser une voisine complaisante, des choses délicates apportées de Paris. Le couvert se trouva rapproché de la croisée, et toutes deux déjeunèrent, s'entretenant de la fabrique, des travaux entrepris, du bonheur dont chacun était redevable à Samuel Dupont, de la reconnaissance de tous et des dévouements qu'il s'était acquis non seulement parmi les ouvriers de sa fabrique, mais encore au milieu des quartiers populeux et travailleurs de Paris.

Vers le milieu de la journée, Marthe dit à Any :

— Vous devez être curieuse de revoir l'école, l'hospice des vieillards et la maison commune. La chapelle s est enrichie de dons faits par les artistes. Visitez tout cela, afin d'en emporter un bon souvenir.

Mlle Darieu quitta la maisonnette et suivit d'abord la longue rue garnie de jardins et de cottages. Lorsqu'elle arriva sur la place, les enfants sortaient de l'école, leurs cahiers dans les cartables, les livres liés d'une courroie, gais et rieurs, frais et roses. Combien il y avait loin de ces êtres vifs et charmants aux petits étiolés qui végètent à Paris dans des logis misérables. Plusieurs d'entre eux coururent du côté de l'hospice; les vieillards assis sur les bancs extérieurs les attendaient, gardant pour eux, avec mille caresses, les friandises réservées sur leur dessert. Any s'intéressa à cette joie expressive, puis elle pénétra dans la chapelle. Les vitraux y projetaient des lueurs adoucies : l'aube se noyait dans des pénombres mystérieuses, les grandes statues semblaient se réfugier dans les profondeurs du sanctuaire.

Après avoir prié, Any fut prise d'un grand désir de monter à l'orgue et d'épancher le trop plein de son âme. Aucun office ne pouvait être célébré ce jour-là; personne ne viendrait la surprendre. Elle s'approcha du côté du chœur où se trouvaient les orgues, s'assit et commença une improvisation dans laquelle éclatèrent les angoisses de son âme. Ensuite elle commença un psaume ancien, d'un sentiment admirable. Sa voix était plus sympathique que puissante; l'émotion à laquelle la jeune fille s'abandonnait lui communiquait en ce moment un charme poignant. Elle jetait à Dieu le cri de son délaissement avec un tel élan de douleur, que le sentiment de la réalité lui étreignit le cœur au point qu'elle acheva l'air dans un songe.

Alors il lui semblait que des pleurs répondaient aux siens. Elle tourna la tête, mais dans l'église elle n'aperçut personne.

Lorsqu'elle en sortit, redoutant de laisser voir à Marthe les traces de son émotion elle se dirigea du côté du parc.

Le grand air rafraîchit un peu ses paupières brûlées; après avoir suivi la grande allée, elle s'enfonça dans des sentiers plus couverts. La tête baissée, elle marchait effleurant à peine le sable, regardant les dernières fleurettes étoiler le gazon, songeant à l'automne qui arrivait pour la terre, à sa vie qui s'effacerait comme les splendeurs des bois et les clartés du ciel; et insouciante, avec le sentiment d'un cœur qui se voit arracher ses trésors, elle murmura ce chant qui semble entrecoupé de larmes :

> Adieu, tout ce que j'aime,
> Adieu, mon bien suprême!

Jamais *Violetta* ne jetta ce cri avec plus de douleur que ne le fit Any dans ce bois où elle se croyait si bien seule. Mais brusquement, comme elle achevait ce couplet désolé, deux mains saisirent les siennes, et une voix trop connue répéta :

—Any! Any!

Samuel Dupont se trouvait devant elle.

— Ne vous éloignez pas, dit-il d'une voix brisée; dans la chapelle je n'ai pas osé interrompre votre mélodie ; ici, du moins, vous pouvez m'entendre.

— Qu'avez-vous à me dire? demanda Mlle Darieu avec une expression mêlée d'effroi et de douleur. Tout n'est-il point fini, bien fini entre nous?

— Regardez-moi, dit Samuel, et voyez si j'ai souffert.

Any fut effrayée des ravages que le chagrin avait opérés sur cet homme robuste qui gardait, quelques semaines auparavant, une virile jeunesse. Les yeux s'étaient cavés, la bouche prenait des courbures amères, les cheveux blanchissaient.

— Est-ce qu'on peut vivre après vous avoir perdue? s'écria Samuel.

— N'avez-vous point volontairement renoncé à moi...

— Volontairement! dit Samuel. L'avez-vous pu croire? Ah! quand je demandai votre main, j'étais fou d'espérer que je pouvais, comme les autres hommes, atteindre à la réalisation de mes vœux.. La réalité m'a brutalement réveillé de ce songe. Si vous saviez combien mon cœur vous appartient. Si vous pouviez comprendre que je vis seulement par vous et pour vous, qu'après vous avoir fuie (car j'ai quitté Paris d'une façon presque absolue, afin de ne plus vous voir) je vous ai retrouvée ici, que vous ne me quittez pas en dépit de la distance et que votre nom revient sans fin sur mes lèvres!

— Alors, fit Any remuée par la profondeur de l'accent de Samuel, pourquoi nous avoir renvoyé les papiers de famille sans un mot, d'explication ou d'excuse?.. La faillite de mon père...

— Any, demanda le négociant, en prenant les mains de la jeune fille, voulez-vous que je désintéresse les créanciers de votre père?..

Parlez, je suis prêt à faire le sacrifice! c'est si peu de chose que l'argent!

Mlle Darien lui répondit d'une voix calme :

— On ne reçoit de semblables services que d'un fiancé... Si je vous permettais de me causer cette suprême joie, m'épouseriez-vous ensuite!

— Non, répondit Samuel, je ne le puis pas...

— Alors, adieu! adieu, pour la vie!

— Non, pas adieu, au revoir, quand même... Ne serez-vous point assez généreuse pour me pardonner mon silence? Savez-vous ce qu'il me coûte? Ne voyez-vous pas que mon cœur saigne? Any, ne vous montrez pas impitoyable; dites-moi que vous me croyez, que vous me savez malheureux!

— Oui, répondit-elle, d'une voix profonde, vous souffrez, mais vous gardez le secret de cette souffrance sans vous demander si d'autres ne doivent pas mourir... Que voulez-vous que je croie, entre mon esprit qui vous accuse, et mon cœur qui vous défend? L'offense que vous m'avez faite et le chagrin que je ressens d'avoir été déçue dans ma confiance se confondent pour me bouleverser. Si vous m'aimez toujours, comme vous tentez de me le persuader, expliquez-moi votre conduite; je suis prête à vous croire, prête à vous pardonner.

— Any, répondit Samuel, Any, vous devez vous montrer encore plus héroïque, il faut assez m'aimer pour demeurer convaincue que mon cœur est plus brisé que le vôtre... Rien dans ma vie ne prendra la place de cette tendresse exclusive... Un insurmontable obstacle s'élève entre nous... Je ne puis vous nommer ma femme, permettez-moi toujours de vous chérir comme une sœur...

— Lorsque vous demandâtes ma main, vous ignoriez donc l'impossibilité de cette union?

— Je l'ignorais.

— C'est seulement en parcourant les papiers renfermés dans la cassette, que vous avez acquis la certitude que notre union était impossible.

Il baissa la tête sans répondre.

Mais Any lut un tel désespoir sur le visage de Samuel qu'elle renonça à l'interroger davantage.

Le faïencier lui dit alors en la regardant à travers un brouillard de pleurs :

— Any ! ne vous montrez pas sans pitié.

La jeune fille lui tendit la main.

— Courage, lui dit-elle, la vie est un rude combat ; ceux qui souffrent beaucoup obtiendront la plus belle récompense. La douleur aigrit les âmes vulgaires ; elle purifiera les nôtres... Oui, vous serez mon frère, un frère en qui je garderai confiance quand même.

— Vous me sauvez du désespoir ! répondit Samuel.

— Il n'est jamais permis de désespérer, car Dieu nous reste... Vous trouverez dans le bien accompli la plus légitime des consolations ; si les sentiments les plus tendres qui puissent remplir le cœur de l'homme vous sont interdits, la charité vous reste. Tout le jour j'ai vu, admiré le résultat de vos bienfaits, de votre génie ; vous avez bien fait de me demander ici même de vous rendre ma confiance ; un homme comme vous ne peut être que malheureux... Adieu ! j'emporterai un souvenir consolant de cette rencontre...

— Pourrai-je encore aller vous voir, Any?

— Un frère a le droit de visiter sa sœur, répondit-elle.

— Tous deux se serrèrent les mains ; puis, après avoir traversé le parc, au moment de rentrer dans le village, ils se séparèrent.

Samuel Dupont regardait encore la robe d'Any ondulant au loin, quand brusquement Poulot traversa la rue des Cottages.

Le négociant l'appela :

— Que fais-tu ici? demanda-t-il.

L'enfant se troubla et baissa la tête ; cependant il se remit vite, et levant sur Samuel le regard effronté des gamins de Paris :

— Patron, je prends l'air ; c'est dur tout de même le travail ; et puis voyez-vous on ne me paie que les journées faites, et alors...

— Voilà un dangereux raisonnement et des dispositions mauvaises. Les ouvriers, qui se livrent à la débauche au moins une fois par semaine, disent la même chose. Tu te trompes, mon enfant. Celui qui ne travaille que deux jours par semaine fait de mauvaise besogne, et gagne mal l'argent qu'il reçoit. Ta mère doit ignorer cette sortie, je lui parlerai ce soir. Rentre à Paris, et ne recommence pas.

— Oui, patron, répondit Poulot.

Il parut en effet se diriger du côté de la grille d'entrée, mais à peine eut-il vu le négociant entrer dans la maison commune qu'il s'élança du côté de l'habitation particulière de Samuel.

Any venait de rentrer chez Marthe ; son visage gardait les traces de la profonde émotion qu'elle venait de ressentir ; cependant elle paraissait plus calme ; son cœur ne souffrait plus de la terrible oppression qui le martyrisait. Elle avait de nouveau confiance en Samuel, et, sans chercher à approfondir le secret qu'il lui dérobait, elle croyait à l'obstacle que ce secret plaçait entre eux.

A la nuit tombante seulement, elle quitta Marthe pour regagner Paris. Près de l'entrée du village, elle aperçut Poulot courant avec un homme de mauvaise mine.

Le petit remit un paquet de mince volume à l'homme en blouse, et lui dit :

— J'ai eu fièrement peur, tout de même, et ce n'est pas trop de trois jaunets.

— Soit ! les voilà.

— Après tout, reprit le gavroche, vous ne m'avez pas appris pourquoi vous aviez besoin des empreintes...

— Histoire de famille ! répondit Jean Mioche. Tire de ton côté et moi du mien.

L'homme en blouse s'enfonça dans la partie la plus épaisse du bois, tandis que Poulot courait vers la station des tramways.

Samuel, réconforté par l'entretien qu'il venait d'avoir avec Any, rentra à Paris le cœur plus léger. Il éprouvait le besoin de se rapprocher d'elle, de revoir Norbert qu'il paraissait oublier et sur qui reposait presque désormais le soin de la fabrique. Lorsque Norbert vit son ami, celui qu'il regardait comme son père, reposé, joyeux, il éprouva une joie véritable qui se traduisit par un confiant abandon.

Le dîner, si morne depuis quelques semaines, fut presque gai. Le jeune homme en conclut que la blessure du cœur de Samuel commençait à se fermer. Tous deux s'entretinrent longuement de la fabrique, des bénéfices croissants qu'elle rapportait, de l'excellent esprit animant les ouvriers.

— Tu vois, Norbert, dit le fabricant, il suffit de les aimer et de le leur prouver, pour qu'ils s'attachent à vous et prennent à la maison un véritable intérêt. Ici point de dissentiment, de querelles, de jalousie. La prospérité de l'œuvre commune contribue au bien-être de tous. Ces braves gens savent que je garde peu souci de l'accroissement personnel de ma fortune, et demeurent convaincus que la plupart de mes bénéfices accroîtront la leur... Dis-moi, Norbert, j'ai été très surpris de rencontrer Poulot au village, prends des renseignements sur sa conduite.

— S'il est retombé dans la vie de paresse, quelqu'intérêt que m'inspire sa mère, nous ne pourrons le garder, il gâterait les autres apprentis. Bonsoir, Norbert !

Le lendemain le faïencier, rencontrant Florence Gervais dans un atelier, la questionna avec une bonté qui n'enleva rien à la précision de ses questions. La malheureuse femme fondit en larmes :

— Je n'y puis rien, monsieur, dit-elle, rien ! Conseils, menaces, tout échoue près de lui. Si vous nous renvoyez, vous nous rejetez à la rue, vous nous vouez à la misère ; jamais je ne trouverai emploi plus facile et meilleur salaire. Ayez pitié de la mère, monsieur, si l'enfant s'est montré peu digne de vos bontés !

— Oui, j'ai pitié de la mère, répondit M. Dupont ; mais cette pitié même me porte à lui conseiller l'énergie. Nous avons tour à tour réalisé ce qui était possible pour le ramener au bien. Usez de sévérité ou vous regretterez plus tard une indulgence dégénérant en faiblesse... Poulot est perdu si vous ne dressez contre lui les barrières d'une loi, d'un règlement. Vous auriez dû me prévenir, j'aurais avisé. Pauvre ! pauvre femme ! Avant trois jours vous devrez avoir pris une décision. S'il ne faut que dépenser un peu d'argent pour votre fils, je paierai sa pension quelque part, mais il faut qu'il soit tenu sévèrement, vous m'entendez ?

— Vous êtes la bonté même, monsieur, que Dieu vous rende heureux !

Samuel poussa un profond soupir, quitta la veuve et entra dans la fabrique.

La malheureuse femme passa le reste de la soirée dans les larmes. Elle attendait l'enfant qui ne rentrait pas. Bien des fois elle descendit dans la rue, allant au hasard, comme s'il lui était possible de hâter le retour de Poulot. A onze heures seulement il arriva.

LE CONTUMAX

CHAPITRE XIII

ON SE RECONNAIT

Le négociant était devant lui, son pistolet à la main. (Voir page 152.)

Chapitre XIII

ON SE RECONNAIT

L'habitation de Samuel cachée au milieu du parc d'Eden était charmante. De jeunes vignes vierges montaient déjà le long des murs et se coloraient de teintes chaudes. Les chrysanthèmes donnaient avec profusion leurs fleurs superbes, les dernières roses s'épanouissaient, et leur parfum léger entrait par les fenêtres du premier étage où se trouvait l'appartement privé du négociant. En bas : les salons, la salle à manger, le hall; au-dessus : un vaste cabinet de travail, une chambre à coucher, le cabinet de toilette, la salle de bain et l'appartement de Norbert. Le troisième étage comprenait seulement un atelier dans lequel des artistes amis du fabricant venaient de temps à autre travailler et se recueillir.

Il faut bien le dire, la surveillance n'était pas très grande au village. Le fabricant s'y croyait gardé par le dévouement de tous ceux dont il réalisait le bonheur et la fortune. Chacun des membres de cette communauté, mêlant à la fois ses intérêts et ses affections, eût été prêt à risquer sa vie pour défendre celle d'un homme dont l'unique préoccupation était la félicité d'autrui.

On pouvait se croire mieux protégé au village d'Eden que dans une forteresse. Sans doute on fermait les grandes grilles du parc; mais la clôture circulaire présentait toutes sortes de facilités à quiconque eût entrepris une escalade. Néanmoins, en dépit des bandes de voleurs infestant la banlieue de Paris, dévalisant les maisons de campagne et répandant partout la terreur, les habitants du village vivaient dans une sécurité complète. Du reste, sauf le propriétaire, qui donc était riche ? Les travailleurs plaçaient intelligemment leurs économies, s'appliquant à se créer des ressources pour l'avenir, dotant leurs enfants au moyen d'assurances peu coûteuses, prévoyant les risques des maladies et ceux du chômage, économisant sur le présent afin d'assurer les années de la vieillesse. Le prêtre desservant la chapelle demeurait dans une maison qui n'était guère plus vaste que celle des ouvriers. Le luxe de l'église en ornements et en orfèvrerie restait modeste. On ne semblait guère devoir craindre les déprédations.

Au moment où Samuel Dupont prit la route de Paris, Poulot et Jean Mioche le guettaient dans les broussailles bordant le parc. Ni l'un ni l'autre ne croyait que le faïencier songeât à revenir. Ils s'en allèrent donc tranquillement les mains dans les poches : Jean Mioche sifflotant un air de chasse, Poulot maniant au fond de sa poche les deux louis dont son complice venait de payer sa complaisance, et calculant combien de jours de flânerie lui procureraient cette somme considérable pour lui.

Jean Mioche entra dans un cabaret, tandis que Poulot, pris d'une crainte vague sur les événements prochains, montait en tramway et revenait à Paris où Florence lui tendit les bras en pleurant.

Pas un reproche ne s'échappa de ses lèvres ; la malheureuse femme le serra sur son cœur, et, si prématurément endurci que fût Poulot il ne put s'empêcher d'éprouver un remords.

Poulot s'agitait sur son lit sans pouvoir fermer les yeux. Il essayait de suivre Jean Mioche par la pensée. Quoique celui-ci n'eût point entièrement dévoilé ses projets, l'enfant n'était pas assez novice pour les ignorer complètement. Lorsqu'une semaine auparavant le misérable lui promit deux pièces d'or s'il lui apportait les empreintes des serrures de l'appartement de Samuel Dupont, le petit malheureux comprit quel usage criminel Jean Mioche en voulait faire. Mais la tentation fut si forte qu'à peine essaya-t-il d'y résister. Il ne croyait pas, il est vrai, devenir complice du crime à commettre. Ce n'était point lui qui commanderait les fausses clés, ce ne serait pas lui qui volerait. S'il refusait, Jean Mioche se servirait évidemment d'un instrument plus docile, ou ferait lui-même sa besogne. Autant valait profiter de l'aubaine. Mais sa curiosité suivait Jean Mioche dans le parc d'abord, ensuite dans la maison. L'audacieux voleur ne croyait pas au retour subit de Samuel au village et pouvait avoir le temps d'agir. La première chose à faire était de pénétrer dans la maison et d'éviter les moyens violents, les escalades, les portes forcées. Jean Mioche avait, comme il disait, l'habitude de travailler en douceur. Très ferré sur le code, il s'exposait le moins possible à en encourir les sévérités. Voler, soit, mais avec prudence. Il consentait à risquer le bagne, il ne voulait pas jouer avec l'échafaud. Les serviteurs de Samuel Dupont étaient peu nombreux : un vieux valet de chambre tenant dans un ordre parfait un appartement plus austère que luxueux, une cuisinière qui ne quittait point l'office et la cuisine. Les jardiniers habitaient un appartement séparé. Il s'agissait de s'introduire dans la maison pendant le jour, de s'y cacher, et de la dévaliser durant la nuit.

Le plan de Jean Mioche fut vite dressé. Seul il s'emparerait des valeurs du négociant. Quant à l'argenterie, s'il lui restait le temps, il y songerait. Qui ne livre point son secret ne partage pas avec un complice les bénéfices d'une affaire, et ne court point le risque d'être vendu après boire. Jean Mioche rôda donc dans le bois, épiant la sortie des domestiques. Enfin quand il vit François s'éloigner de l'habitation, il tourna autour, avisa une fenêtre ouverte, plongea les regards dans une sorte de pièce servant à enfermer les provisions et, s'abandonnant à sa fortune, il appuya ses deux mains sur le bord, sauta dans l'intérieur avec l'agilité d'un chat et se trouva dans la place. Il s'agissait de savoir sur quel couloir donnait cette chambre. Jean Mioche en ouvrit la porte sans bruit, prêta l'oreille et comprit que cette chambre avoisinait la cuisine Martine y faisait à grand bruit un sérieux récurage. Jean Mioche, tournant le dos à la cuisine, s'avança prudemment et ne tarda point à gagner le vestibule. La porte de la salle à manger se trouvait ouverte, il la parcourut du regard, s'arrêta émerveillé devant un grand buffet rempli d'argenterie, résista à la tentation de la dévaliser, comprit que cette salle à manger communiquait avec le hall, et monta l'escalier non sans quelque tremblement. A tout hasard la nature de son costume pouvait le servir. C'était celui d'un ouvrier parisien un peu fantaisiste. De la poche de son veston de velours sortait un double mètre en bois garni de cuivre. Au premier étage, les portes étaient fermées; Jean Mioche usa d'audace. Il entra et reconnut que l'appartement était vide. Il lui devint aisé de voir que la chambre de Samuel ouvrait sur un petit bureau, et que dans celui-ci se trouvaient les valeurs du négociant : une caisse élégante, mais solide, était scellée à la muraille.

— Allons, pensa Jean Mioche, l'affaire sera rude. Peut-être vaudrait-il mieux amener un compagnon... Après tout j'en ai vu bien d'autres... Quand on ne peut ouvrir une porte, il reste la ressource de la forcer.

Désormais il connaissait la topographie de l'appartement. Il redescendit et regagna sa cachette. Le temps allait lui paraître long, et sans doute il devait se priver de dormir, mais il se contenterait de tablettes de chocolat, en attendant un souper qui ne pouvait pas manquer d'être plantureux. Comme le jour baissait, il essaya de dormir, caché qu'il était derrière un amoncellement de sacs, renfermant des légumes secs. Même s'il prenait fantaisie à Martine d'entrer dans ce cabinet, il n'était guère probable qu'elle l'aperçût. Deux heures après environ, un pas d'homme retentit dans le corridor, et la voix de la cuisinière arriva jusqu'à l'oreille inquiète de Jean Mioche.

François, le valet de chambre, venait de rentrer.

Le misérable retomba dans un sommeil qu'expliquaient ses veilles prolongées, et quand il s'éveilla, il lui fut impossible de se rendre compte de l'heure. Il y avait longtemps déjà que le faïencier était rentré à l'habitation, non pas seul, mais en compagnie de Jules Château-Bélin.

Depuis que celui-ci, lassé de sa vie facile, et aspirant à se relever de ses folies sinon de ses fautes, avait pris la résolution de travailler afin de se rendre digne de Marcelle, le négociant, qui, plus que personne, appréciait les efforts ayant pour but le rachat de folies juvéniles, s'était pris d'une grande sympathie pour l'ancien viveur dont jadis il redoutait l'amitié pour le sage Norbert. En lui ouvrant ses bureaux, il lui donna une part d'amitié qui ne pouvait manquer de porter ses fruits. De coulisses, de parties de jeu dans les cercles, de paris de courses, il n'en était plus question. Jules se demandait comment il avait pu faire de semblables choses, futiles, quand elles n'étaient pas dangereuses, les préoccupations de ses jours et l'emploi de ses nuits. Combien, à cette existence agitée, surmenée, il préférait une occupation régulière, chassant l'ennui, appelant le repos ! Il ne travaillait point pour lui seul. Presque ruiné, il voulait reconstituer une situation suffisante afin de l'offrir à Marcelle qui souffrait grandement chez la parfumeuse.

Ce roman naïf charmait le faïencier. Il initiait Château-Bélin le plus rapidement possible à une partie importante du travail, et se disait que le jour où il céderait sa fabrique à Norbert, Château-Bélin prendrait la place de celui-ci.

Le chagrin violent auquel Samuel Dupont était en proie le porta à rapprocher de lui l'ancien viveur. Il éprouvait une véritable joie à vivifier, à assainir cette âme. De temps à autre il l'amenait avec lui au village, visitant les ménages d'ouvriers, l'école, l'hospice, s'entretenant avec l'abbé qui desservait la chapelle ou le père Xavier qui, le cœur ému du désespoir du fabricant, le rejoignait souvent à la campagne, s'efforçant de le réconforter, lui parlant de la Providence et de ses miracles.

— Je suis perdu, mon père! répétait le fabricant, perdu! car j'étais fou de croire que le bonheur pour moi fût encore réalisable. Que d'efforts multipliés pour y atteindre! Combien de tentatives misérablement avortées. J'ai tout tenté, tout! Vous le savez, vous, le témoin de cette lutte, le confident de mes douleurs. Je me disais que je ne pouvais pas être condamné sans retour, que Dieu me prendrait en pitié. Je multipliais les services rendus, les œuvres charitables, j'attirais à moi toutes les douleurs, afin de trouver dans l'apaisement d'autrui la paix et le repos.

Je me jetais dans le dévouement corps et âme, et je me disais que mon jour viendrait, jour de rachat divin, qui me renouvellerait à jamais. Enfin mon cœur s'ouvrit à la tendresse, une tendresse ardente et sainte. J'aimai de toutes les forces d'une âme affamée, et je me sentis aimé! Vous êtes un apôtre dont les pensées tournées vers le ciel ne se sont jamais éprises d'une image, et vous ne comprenez peut-être point ce que signifie le mot d'amour en dehors de Dieu! Mais moi, homme blasé de la vie, avide de goûter les fruits d'un tardif bonheur, je me perdis dans ce rêve, et ma joie fut sans borne le jour où Any me dit: « Je serai votre femme! » Comprenez-vous cela, une compagne, une amie, un ange à mes côtés, à toutes les heures! Une créature innocente et sainte devenue la moitié de moi-même. Quel songe! Et de ce songe je retombai dans le désespoir et la nuit. Depuis, j'ai cessé d'espérer et d'attendre. Any ne sera jamais ma compagne, jamais! Moi-même autrefois je creusai à deux mains l'abîme qui nous sépare.

Le père Xavier prenait alors dans les siennes les mains de Samuel, il s'efforçait de le consoler, de le calmer, mais en vain. La douleur du fabricant était de celles que rien n'apaise. Le regret d'avoir perdu Any devenait chaque jour plus âpre. La solitude se peuplait de ce cher fantôme. Il s'épouvantait de retrouver sans cesse vivante et présente celle qui ne pouvait plus lui appartenir. Il eût voulu se fuir lui-même. Lorsque Norbert, qui, lui aussi, cachait son secret, ne pouvait accompagner Samuel, celui-ci emmenait Jules Château-Bélin au village; il amenait l'entretien sur Marcelle, le jeune homme laissait parler Samuel, et le fabricant ressentait une joie amère à entendre les confidences de ce cœur vibrant.

— Pourquoi ces impatiences et ces troubles, lui disait ce soir-là Samuel, tandis que tous deux flânaient dans la salle, vous avez la certitude du bonheur à venir.

— Mais Marcelle souffre!

— Que ne quitte-t-elle Mme Marchenoir?

— Je le lui ai proposé. Il m'eût été facile de la mettre à l'abri du besoin jusqu'au jour où notre mariage fût possible. Elle m'a refusé. « Il faut en prendre votre parti, m'a-t-elle répondu avec un sourire résigné, vous épouserez une demoiselle de compagnie! Par exemple, nous ne serons pas obligés d'inviter la parfumeuse à notre mariage!»

Les débris de ma fortune sont minces.

— Combien sauvez-vous du naufrage?

— Cinquante mille francs.

— Vous en gagnez trois mille six cents. Ayez encore un peu de patience, mon ami, dans quelques mois il est probable que je me retirerai des affaires, et vous jouirez alors d'une situation suffisante.

Ils demeurèrent jusqu'à dix heures dans la salle, effleurant mille sujets et toujours retombant sur eux-mêmes. L'un parlant de son amour heureux, l'autre laissant déborder sa tristesse.

Enfin ils se séparèrent, et chacun d'eux gagna son appartement.

Les domestiques étaient déjà couchés. M. Dupont ne réclamait jamais aucun service le soir.

Jules Château-Bélin poursuivit éveillé un rêve qui se fondit dans un sommeil paisible; Samuel se coucha et perdit le sentiment de ce qui se passait autour de lui. Il ne goûtait point un repos complet: des images confuses tourbillonnaient devant lui ; des visions lointaines l'entraînaient vers d'autres pays. Il souffrait sous l'empire de ces songes comme sous l'étreinte de la réalité.

Tout à coup il s'éveilla et se dressa sur son lit.

Un bruit régulier se faisait entendre dans la pièce voisine.

D'abord il crut s'être trompé ; l'oreille tendue il appliqua son esprit à se rendre un compte exact de ce qui se passait.

— On tente de forcer ma caisse, murmura-t-il.

Sans bruit il se leva, passa ses vêtements, prit un revolver accroché à la cheminée, alluma une lanterne d'appartement, puis, avec des précautions inouïes, il ouvrit la porte de sa chambre communiquant avec le cabinet de travail. Il ne se trompait point: Jean Mioche, accroupi devant le coffre-fort, s'efforçait d'en briser la solide serrure. L'attention qu'il prenait à son travail, le grincement des outils l'avaient empêché d'entendre venir le négociant. Celui-ci posa sa lanterne sur une table ; la nappe de lumière qui s'en échappa jaillissant sur la caisse, Jean Mioche tourna la tête.

Le négociant était debout, devant lui, son pistolet à la main.

Une exclamation de terreur échappa au misérable :

— Pincé! fit-il.

— Sais-tu que j'ai le droit de te tuer? lui demanda Samuel.

— Le droit, oui, mais vous ne le ferez pas.

— Qui te donne cette confiance?

— Je connais trop votre caractère.

— Et tu spécules sur ma bonté !

— Entendons-nous. Je suis entré pour vous voler, c'est vrai ; si vous lâchiez la détente de ce revolver, les traces d'effraction, mon cadavre auprès du meuble brisé, vous absoudraient devant la loi.

— Tu vois bien.

— Resterait votre conscience. Celle-là vous reprocherait sans fin d'avoir répandu le sang. Tout votre or vaut-il une vie, une âme? Que votre honorabilité se montre sans pitié pour mes turpitudes, je le conçois. Mais le chrétien protesterait contre la vengeance de l'honnête homme, de l'homme infaillible, du petit Manteau-Bleu des ouvriers.

Jean Mioche, tout en adressant ces paroles au négociant d'une voix demi gouailleuse, l'observait avec une attention persistante. On eût dit qu'il tentait de se rappeler au milieu de quelles circonstances lui était jadis apparu ce beau visage qui reflétait une sérénité douloureuse. Jean Mioche était certain que cet homme ne lui était pas étranger. Son instinct pervers lui révélait qu'il gardait un intérêt puissant à se souvenir, et il cherchait, tandis que de son côté le fabricant se demandait s'il devait livrer cet homme à la justice. Doué d'une force herculéenne, Samuel eût pu facilement maîtriser Jean Mioche. Un coup de sonnette appellerait le valet de chambre, un cri ferait demander Château-Bélin.

Depuis une seconde, Jean Mioche se préoccupait moins de sa situation qu'il n'éprouvait le désir de retrouver le souvenir qui paraissait fuir. Gagner du temps lui parut l'unique chose importante. Du reste, sa seule ressource étant la pitié du négociant, il résolut de tenter de l'apitoyer et de l'entraîner à l'indulgence. Jean Mioche, doué d'une faconde bizarre, espéra jeter dans l'esprit de M. Dupont le sentiment de la miséricorde ; debout devant Samuel, il lui dit d'une voix lente et basse :

— Je suis un misérable, je le sais ; je ne nie rien. Que voulez-vous, on roule jusqu'au fond de l'abîme, une fois qu'on se trouve sur la pente. J'ai glissé de chute en chute ; de la police correctionnelle qui m'a deux fois jeté en prison, me voilà en face de la cour d'assises, et vous êtes libre de m'y envoyer. Si vous vous montriez indulgent, qui sait ce qui pourrait surnager de bon en moi. Mes parents étaient d'honnêtes gens habitant un faubourg du Havre. Mes camarades m'appelaient Jean Mioche, un nom de geôle, mais en réalité je suis Denis Verjus.

— Denis Verjus ! répéta sourdement le faïencier.

Alors lui aussi regarda fixement, profondément, le misérable. Les lèvres tremblantes, les mains nerveuses, les prunelles dilatées, il rappelait ses souvenirs... des souvenirs terribles sans doute, car une sueur froide venait à ses tempes...

— Mon père et ma mère m'adoraient, ils furent trop bons à mon égard ; je négligeai de m'instruire, l'école buissonnière fut la seule que je fréquentai. Tous les garnements du pays devinrent mes amis. Je commençai par le braconnage pour finir par le vol. De ce jour-là je fus perdu. La prison me rejeta plus misérable qu'elle ne m'avait pris. Le récidiviste subit une longue peine; la surveillance de la police m'enleva la facilité de me placer dans un atelier, et je repris mon existence misérable. Tantôt isolé, tantôt à la tête d'une bande, j'ai volé, toujours volé. Mais je n'ai pas tué, l'échafaud me fait peur.

— Qui vous a désigné ma maison et facilité le crime de ce soir?
— Poulot; il a pris les empreintes des serrures.
— Un enfant perverti par vous, sans doute!
— Qu'allez-vous faire de moi? demanda Jean Mioche en relevant la tête avec plus d'assurance.
— Je devrais vous livrer à la justice, désormais vous ne commettrez que le mal.
— Qui sait! Il ne me manque peut-être que de l'argent pour me refaire une peau d'honnête homme.
— Travaillez!
— Oh! voilà un mot facile à dire! Vous-même, qui me conseillez de travailler, vous ne me prendriez point dans vos ateliers pour faciliter ma conversion; je suis un gangrené, un homme atteint d'une peste particulière qui se communique aisément. Si vous attachez, comme on le dit, tant de prix à ramener les égarés dans la bonne voix, ouvrez ce coffre-fort, et remettez-moi de bonne volonté une partie de ce que je voulais prendre.
— Si vous vous repentez, dit Samuel, il suffira qu'on vous donne du pain en attendant que vous trouviez une situation.
— Ainsi, c'est assez pour moi des croûtes jetées à terre comme celles qu'on donne aux chiens! Vous vous imaginez que je me contenterai de vagues promesses, et que demain je demanderai l'absolution du père Xavier! Je consens à redevenir honnête, mais à la condition que rien ne me manquera.
— Ah! fit le négociant, vous prétendez imposer vos vouloirs, et me dicter la conduite que je dois tenir à votre égard. Vous exigez presque le moyen de vivre dans la paresse, et qui dit paresse, pour vous, dit aussi débauche, tandis qu'autour de moi chacun se livre à un labeur, et que le mien est le plus dur de tous.

Jean Mioche leva un regard cynique sur le fabricant.

— Bah! fit-il, vos affaires ne sont pas les miennes, mais rien ne me prouve que le travail dont vous vous vantez si bien ait été la véritable base de votre fortune.

Un frisson agita les membres du fabricant. Il demeura une minute silencieux, puis, brusquement, et sans relever la tête, il demanda :

— Jean Mioche, combien voulez-vous ?

— Je redeviens Denis Verjus pour le quart d'heure, répliqua le misérable, dont l'audace croissait en même temps qu'il suivait sur le visage du négociant les ravages d'une angoisse plus profonde ; eh bien ! Denis Verjus a besoin ce soir, sur l'heure, de cent mille francs.

— Cent mille francs ! s'écria le négociant.

— Et ce ne sera pas cher, vous le savez bien. Entre nous tout doit se passer en douceur, n'est-ce pas ? Vous ne pouvez souhaiter ni ma perte ni mon malheur. Me dénoncer ? Vous n'aurez garde ! Traitons gentiment, en vieux camarades. Au Havre, jadis, nous avons partagé nos billes et nos toupies, après trente ans de distance, faites-moi part de vos millions. Vous le voyez, je suis bon enfant : cent mille francs ! Une misère pour vous. Samuel Dupont le philanthrope aura fait une bonne action, et Cyprien Rémois obligera un ancien camarade.

Le négociant bondit en entendant ce nom comme si un fer rouge l'eût marqué au front ; il saisit le revolver d'une main, et de l'autre prit Jean Mioche à la gorge.

— Assassine-moi donc ! dit le misérable dans un râle.

Le négociant n'y voyait plus, une sorte de folie hantait son cerveau, le mot de Jean Mioche le rappela à la réalité.

Cela était vrai, il avait failli tuer. Eh bien ! quoi ? Il en avait le droit. Ce voleur, ce récidiviste, cette écume des prisons venait chez lui, la nuit, forcer sa caisse... Ce n'était rien que ce crime... Ne voulait-il pas lui ravir plus encore ? Une pression du doigt sur l'arme qu'il tenait à la main, et tout était fini. Jean Mioche le savait. Il fixait ses yeux hagards sur le négociant et suivait le combat qui se livrait dans l'âme de celui-ci. Sa conscience serait-elle victorieuse ? Jamais le hardi voleur ne joua plus terrible partie.

Il sentit l'extrémité des doigts du fabricant se dénouer, et il comprit que la victoire lui restait.

Au moment où la main du fabricant le lâcha, il trébucha et faillit tomber à la renverse. Il s'accrocha à un fauteuil et resta debout, pendant que le porcelainier ouvrait avec peine la serrure à demi forcée de sa caisse.

Il y saisit une liasse de billets de banque, les tendit à Jean Mioche qui les compta, puis désignant la porte:

— Sortez! dit-il, et ne revenez jamais!

— Entre gens comme nous on n'a qu'une parole, répliqua Jean. Mais il est facile de dire « Sortez! » Je ne prétends plus aventurer des escalades maintenant. L'argent me fait tenir à la vie. Montrez-moi le chemin, afin qu'il soit bien prouvé, si nous rencontrons quelqu'un, que je suis un ami que vous accompagnez.

— Venez! fit le faïencier.

Tous deux descendirent, traversèrent le parc dont le négociant ouvrit la grille; puis lorsque Jean Mioche se fut perdu dans l'obscurité de la nuit, le négociant qui, d'une main convulsive se cramponnait à la grille, fit quelques pas dans la direction de son habitation; mais, subitement terrassé par les terribles émotions qu'il venait de ressentir, il tomba de toute sa hauteur en poussant un gémissement.

LE CONTUMAX

CHAPITRE XIV

LA FAUTE DU PASSÉ

Le petit Cyprien en s'agenouillant pressa dans ses bras un cadavre. (Voir page 159.)

Chapitre XIV

LA FAUTE DU PASSÉ

Vingt-cinq ans auparavant les faits que nous venons de raconter, vivaient, à l'extrémité d'un des faubourgs du Havre, une femme plus vieillie qu'âgée, et un jeune garçon de quinze ans; le chef de la famille avait en mourant emporté l'aisance et le bonheur du foyer. Jacques Rémois, habile dans un métier touchant de près à l'art, gagnait de forts salaires rapportés intégralement à la maison. Il sculptait des proues de navires, et sa réputation de talent le faisait rechercher des armateurs. L'un d'eux surtout, M. Émile Tuffaut, l'avait pris en grande amitié, et l'occupait une grande partie de l'année. Malheureusement l'architecture navale est bien déchue de ses grandeurs d'autrefois. Le règne des belles proues sculptées avec hardiesse et montrant de gigantesques figures est passé. Le fer a vaincu le bois. Les steamers blindés ne se soucient plus de cet art décoratif entre tous, ajoutant à la poésie du navire et paraissant le doter d'une âme. Certaines des œuvres de Jacques Rémois lui valurent de sincères éloges. Lancé dans la voie de l'art, ce jeune homme s'y serait sérieusement distingué, et il se serait ménagé une place au milieu de ceux dont le génie rayonne; sa pauvreté le fixa au Havre. Peut-être son amour pour la mer contribua-t-il à l'y garder. Plus tard, Jacques s'y maria, devint père d'un petit garçon qui fut toute sa joie, et les derniers regrets de l'ambition déçue s'éteignirent dans les bonheurs de sa modeste maison. Sa femme, créature simple et douce, l'entoura de soins et d'amour, et jusqu'à l'heure où une catastrophe le ravit à la tendresse des siens, Jacques Rémois connut véritablement le bonheur. Un jour, tandis qu'il s'agissait de mettre en place une grande statue du *Commerce*, le sculpteur de proues fit un mouvement maladroit, et, tombant sur le sol, s'y fendit le crâne. La mort fut instantanée. Le petit Cyprien, en s'agenouillant, pressa dans ses bras un cadavre. On rapporta le corps inanimé de Jacques dans la demeure de la veuve ; le soir même l'armateur alla la trouver, lui assura une pension, et déclara que Cyprien, qui déjà travaillait sous les ordres de son père, recevrait la même paye et ne quitterait jamais sa maison. Ces témoignages de bonté adoucirent, sans l'éteindre, la douleur de la veuve. Jusqu'à ce jour elle conservait un reste de jeunesse, il disparut dans la tourmente de son cœur, et ceux qui la virent suivre le convoi de son mari, s'aperçurent avec stupeur que ses cheveux étaient devenus blancs.

Son fils devint dès lors l'objet d'une tendresse sans borne, dont il paraissait entièrement digne. Fort adroit, promettant déjà de surpasser son père, Cyprien aimait l'étude, et le labeur ne l'effrayait pas. Rentré au logis de sa mère, après avoir tout le jour travaillé au chantier, il s'instruisait, lisait les grands poètes, étudiait la géographie et l'histoire, ou bien, s'il se rendait sur le port afin de respirer à pleins poumons l'air de la mer, il choisissait pour compagnon de ses promenades un ami sachant l'anglais ou l'allemand. Il apprenait les langues étrangères en les parlant, et M. Tuffaut, qui connaissait la sérieuse façon de vivre du jeune garçon, comptait lui donner un avancement rapide

Malheureusement la santé de sa mère déclinait. D'abord il ne s'en aperçut pas ; quand il le comprit, le mal avait fait de trop rapides progrès pour qu'il fût possible de les enrayer. Un médecin consulté borna ses conseils à des phrases banales. La veuve n'avait pu se remettre du coup reçu le jour où on lui rapporta le cadavre sanglant de son mari. Sa tendresse pour son fils demeura impuissante à la guérir ; elle se mourait lentement, mais sûrement de l'incurable blessure reçue au cœur. Cyprien se montra près d'elle attentif, bon et dévoué ; elle s'éteignit en le bénissant, en lui recommandant de porter dignement le nom de son père. Une sympathie générale entoura l'orphelin. M. Tuffaut lui réitéra les assurances de sa protection, et Cyprien, plus pâle, plus triste, reprit au bout d'une semaine son travail dans les ateliers de sculpture. On venait d'y installer un jeune homme fraîchement arrivé de Paris, doué d'esprit naturel, de facultés innées, d'une grande habileté de mains. Ornemaniste distingué, il serait sans nul doute parvenu à se ménager une belle place dans l'art industriel, si un besoin perpétuel de changement, un amour déréglé du plaisir, ne l'eussent sans fin rejeté d'un luxe relatif à une horrible misère. Aurèle Léger ayant entendu parler des travaux exécutés au Havre chez divers armateurs, persuadé qu'une saison d'été passée au bord de la mer lui serait agréable, prit un matin le chemin de fer, et vint offrir ses services à M. Tuffaut. Celui-ci lui mit en main un ciseau et un bloc de chêne. Sous la main habile du Parisien, les copeaux volèrent rapidement, et une tête de femme apparut se dégageant lentement de la souche informe.

— Cette épreuve suffit, dit l'armateur, vous pouvez rester.

Le malheur voulut qu'Aurèle se trouvât rapproché de Cyprien.

Celui-ci, doué d'une imagination vive, aiguillonnée par des histoires de naufrages et de voyages, ouverte à toutes les curiosités, aspirant à l'inconnu, devint bien vite le compagnon d'Aurèle. Le nouveau venu s'amusait des vives reparties du jeune garçon; il se plaisait à exciter son besoin d'apprendre et de s'initier à une autre vie que celle qu'il menait depuis son enfance. Aurèle lui faisait des descriptions hardies de ce Paris enfiévré que le jeune homme avait vu dans ses rêves, au travers des péripéties inventées par les romanciers. Il cessa d'étudier le soir pour se jeter dans des lectures dangereuses faites pour troubler à la fois son imagination et son cœur. Dès lors il trouva l'existence qu'il menait singulièrement monotone. Ses dix-sept ans battirent des ailes. Il lui parut qu'il étouffait dans les vastes ateliers où il travaillait, près de la mer dont les grands souffles le caressaient et le fortifiaient. Il rêva les bouges enfumés de Paris, les cafés-concerts, les salles de spectacles, cette vie à outrance qui prend l'adolescent, ignorant et pur, pour en faire un jeune homme perverti hâtivement, avide de distractions dont aucune n'est sans danger, résolu à jouir de tous les plaisirs, dédaigneux des leçons reçues durant son enfance, alliant les débauches faciles à des aspirations politiques plus effrayantes encore que ses débordements. Il écouta Aurèle lui exposer ses idées sociales et les réformes dont la société avait besoin. D'abord effrayé, surpris de ces tendances, Cyprien s'accoutuma bientôt à les entendre; il les discuta et finit par les adopter. Dès lors, le travail lui devint fastidieux; il manqua de régularité, disparut durant des jours entiers de l'atelier, y rentra blême, lassé, écouta avec une expression de fatigue et d'ennui les observations du contremaître, se mit à la besogne sans plaisir, et durant ces quelques heures où il travaillait, il se souvenait des causeries, des courses, des plaisirs de la veille.

Le contremaître, dans la crainte d'attrister M. Tuffaut, lui cacha longtemps le changement qui s'opérait dans la conduite de l'adolescent. Il crut cependant de son devoir de l'avertir un jour.

M. Tuffaut secoua tristement la tête.

— C'est un enfant, dit-il, restez indulgent. N'oubliez pas, Girard, que son père est mort à mon service.

— Sans cela, monsieur, je l'eusse déjà chassé du chantier.

— Parlez-lui doucement, il est seul, sans guide, désormais.

— Il en a pris un.

— Qui donc?

— Aurèle, le sculpteur parisien.

— Changez Aurèle d'atelier et tenez-moi au courant.

Le contremaître s'éloigna. Il obéit aux prescriptions de l'armateur, sépara le dangereux Parisien de l'adolescent qu'il pouvait perdre, et crut pendant deux jours que ce moyen suffirait.

Mais au sortir de l'atelier Aurèle guetta le jeune homme, le rejoignit, et tous deux passèrent ensemble la soirée.

M. Tuffaut manda, la semaine suivante, Cyprien dans son cabinet. Son visage était grave, presque sévère. Il fit cependant signe à Cyprien de s'asseoir, et lui dit :

— J'ai reporté sur vous l'attachement que j'éprouvais pour votre père qui, après m'avoir servi avec autant de zèle que de fidélité, est mort à mon service. Mon devoir est de m'occuper de vous plus que de tout autre ouvrier. Vous m'intéressez, je veux vous garder une protection efficace. Ne me rendez point impossible le rôle que je me suis imposé dans votre vie. Jusqu'au jour où Aurèle rentra dans ma maison, vous avez été le modèle des jeunes ouvriers. Ce Parisien a semé au milieu de vous des ferments de discorde. Vous vous trouvez moins heureux. L'incrédulité gagne les consciences; vous rêvez je ne sais quelle fortune échafaudée sur la ruine d'autrui. Le danger que vous courez est plus grand que vous ne pouvez le prévoir. Après vous être jugé moins heureux, si vous alliez vous trouver moins honnête...

— Monsieur! s'écria Cyprien.

— Ne vous défendez pas encore. Ceux qui affirment que « la propriété, c'est le vol, » sont capables de donner les plus dangereux conseils. Votre mère était une sainte, votre père le meilleur des hommes. Il vous ont laissé ma protection, mon amitié pour héritage, montrez-vous-en digne. Aurèle sera chassé de cette maison s'il continue à répandre l'esprit de révolte parmi mes ouvriers. Voyons, Cyprien, un bon mouvement : promettez-moi que vous renoncerez à des relations dangereuses.

— Pourquoi le seraient-elles, monsieur? Aurèle, plus âgé que moi, connaît mieux la vie, voilà tout. Je m'instruis, en l'écoutant, de mille choses que j'ignore et que les livres ne m'enseignent pas. Si j'ai négligé ma besogne, je le regrette, vous avez droit à mon travail, puisque vous me payez un salaire. A l'avenir le contremaître n'aura plus de reproches à m'adresser.

— Ce ne sont point ces sèches paroles que j'attendais de vous, fit M. Tuffaut, votre cœur se ferme, et je le regrette. Néanmoins je reçois votre promesse.

Cyprien prit congé de l'armateur et rentra dans son atelier le visage plus sombre et l'esprit irrité.

Aurèle quitta la maison la semaine suivante et passa dans le chantier d'un autre constructeur. Mais le Parisien n'abandonna pas sa proie. Il vint régulièrement chercher Cyprien, et tous deux passèrent une partie de leur soirée dans les cabarets du Havre.

Les mauvais conseils portaient leurs fruits. Cyprien en arrivait à l'haine des patrons et des riches : il se demandait pourquoi, sur cet or, qui remplissait les caisses de M. Tuffaut, une large part ne lui était pas faite. Au lieu de continuer à voir les anciens camarades de son père il s'en éloigna dans la crainte qu'eux aussi lui donnassent de salutaires conseils.

Dans chaque atelier il existe ainsi des esprits dangereux, des inspirateurs du mal, des hommes se réjouissant du désordre, et y trouvant une sorte de joie. Parmi les ouvriers de l'armateur, apprentis de la veille, se trouvait un jeune garçon nommé Verjus, d'un caractère sournois, curieux et mauvais, âpre au gain, peu délicat sur les moyens d'augmenter ses profits, dépensier, chipeur, se faisant au besoin l'espion de l'atelier. Agile comme un singe, menteur, doué de jambes de cerf et de doigts habiles, il inspirait plus de crainte que d'amitié. Sous son apparence maigriotte et faible, il possédait une énergie redoutable. Ses camarades le craignaient, il semblait peu s'en soucier, et vivait à l'écart, ruminant des pensées sombres, envieux, défiant, fait pour les fraudes, les duperies et les choses ténébreuses. Un instant il s'était senti attiré vers Cyprien mais le Parisien défendit à celui qu'il appelait en riant, « son élève » de frayer avec Verjus et celui-ci obéit. L'affront parut dur à ce garçon taciturne; la faible sympathie qui l'avait poussé vers le jeune sculpteur se changea en rancune. Désormais Cyprien compta un ennemi dans la fabrique.

Verjus ne croyait guère, et peut-être par expérience, à l'honnêteté de ceux qui prêchent de subversives doctrines. Aurèle lui parut une proie devant tôt ou tard tomber dans des filets dangereux, et il s'attacha à la surveillance du Parisien, jusqu'à ce que son renvoi ne laissât plus à sa merci que Cyprien.

Celui-ci se gangrenait de jour en jour ; le mal faisait dans cette jeune âme d'épouvantables et rapides ravages ; Verjus suivait avec une attention cruelle le résultat des leçons du Parisien. Six mois lui avaient suffi pour faire du fils d'un honnête homme un révolté contre la société, un incrédule devant la foi. Encore un peu de temps, et Aurèle, qui ne trouvait pas la vie du Havre aussi gaie qu'il l'attendait, retournerait à Paris en emmenant Cyprien.

Un matin, le contremaître chargea le jeune sculpteur d'aller remettre un compte important à M. Tuffaut. Celui-ci ne se trouvant point à son bureau, Cyprien y entra et posa la lettre sur le buvard du patron. Il allait s'éloigner quand son regard tomba sur une liasse de billets de banque. Il demeura comme fasciné. Sa main s'étendit vers les papiers soyeux, il lui semblait qu'il éprouverait à les palper une jouissance infinie. Ses doigts se crispèrent en les maniant. Quoi! ce tas de chiffons valait tant d'or! Si c'était vrai, cependant, ce que lui répétait Aurèle, que la propriété est un vol, et que les richesses sont communes.. Un flot de pensées tourbillonna dans son cerveau, ses doigts serrèrent avec plus de force le paquet, puis tout à coup il arracha de la liasse quelques billets et les garda dans sa main

Voler! allait-il donc voler? Le souvenir de son père traversa sa mémoire, un cri s'échappa de ses lèvres; en même temps une tête curieuse se colla au vitrage du cabinet de M. Tuffaut, Verjus regardait, les prunelles allumées par la convoitise.

Cyprien restait debout à la même place, hésitant. Allait-il s'enfuir et consommer le crime? Non! non! cela ne se pouvait pas. Sa mère lui avait appris la foi, son père l'honneur. Il remettrait les billets, et nul ne connaîtrait jamais à quelle tentation il avait été en proie.

Mais au moment où il se rapprochait du bureau pour opérer sa restitution, la porte s'ouvrit, et le secrétaire de l'armateur entra.

— Que faites-vous là? demanda-t-il au jeune homme.

Celui-ci leva des yeux égarés sur Antoine Leflot; tout son sang afflua au cœur. D'une voix étranglée, il répondit :

— J'apportais une lettre pour le patron... Une lettre du contre-maître.

— Donnez-la-moi.

— Je l'ai mise sur le bureau.

— Ah! eh bien! je n'ai plus besoin de vous, Cyprien, rentrez à l'atelier.

Rentrer à l'atelier. Et les billets que sa main crispée serrait au fond de sa poche, ne pourrait-il donc les remettre? Mais quoi! avouer son crime, confesser qu'il venait de voler, car le crime était commis. Oui, mais ce crime pouvait se réparer encore. M. Tuffaut se montrerait indulgent. Il lui demanderait pardon au nom de son père, et l'armateur pardonnerait. Il le chasserait, mais il ne le dénoncerait pas. Oui, mieux valait attendre, tout dire, avouer que les conseils d'Aurèle l'avaient perdu, jurer de fuir ce dangereux compagnon, recommencer une vie nouvelle, et retrouver le courage de réparer sa faute.

— Monsieur, dit Cyprien à M. Leflot, c'est que je voudrais bien parler au patron.

— Ne puis-je faire votre commission?

— Non, monsieur.

— Alors, attendez; je sais que M. Tuffaut vous porte de l'intérêt, quoique depuis quelque temps...

Cyprien baissa la tête et resta debout devant la croisée.

Pour la seconde fois le visage de Verjus se colla contre le vitrage.

— Tous deux se regardèrent avec une expression sinistre. La glace des fenêtres les séparait, mais les prunelles contenaient de mortelles menaces. Les yeux de Cyprien demandaient : « Que sais-tu ? » ceux de Verjus répondaient : « Tout. » Ce fut un moment terrible. Un geste impérieux de Verjus indiqua à Cyprien qu'il voulait lui parler. Cyprien n'eut pas l'air de comprendre; il détourna la tête, espérant voir entrer l'armateur. Il supplierait M. Tuffaut de l'entendre, il se jetterait à ses pieds, il demanderait grâce.

Presque immédiatement la porte s'ouvrit et l'armateur parut.

Trois capitaines au long cours le suivaient. Il leur désigna des sièges, et adressa à son secrétaire un signe que celui-ci comprit. Cependant, prenant en pitié l'angoisse visible de Cyprien, il dit à l'armateur :

— Ce jeune homme souhaitait vous parler.

— Demain, dit l'armateur d'une voix sévère, oui, demain.

Antoine Leflot sortit, et derrière lui marcha Cyprien, le cœur dévoré par un désespoir sans nom.

Il était perdu, bien perdu. Avant une heure l'armateur s'apercevrait du vol commis; ce vol qui avait eu un témoin : Verjus. On l'arrêterait, on le jetterait en prison, il irait au bagne. Au bagne ! lui, le fils d'un homme qui eût versé son sang pour un point d'honneur.

Comme un fou, Cyprien s'élança hors de la maison, traversa la cour, puis tomba sur une borne, les jambes cassées, le front mouillé d'une sueur froide. Il tira son mouchoir de sa poche, le passa sur son visage glacé, rassembla ses forces, et, se relevant, il se mit à courir sans s'apercevoir qu'il laissait tomber son mouchoir et l'un des billets de banque enfouis dans sa poche.

A peine venait-il de quitter cette place qu'un ouvrier passant le seuil du chantier aperçut le mouchoir et le billet de banque.

— Diable ! fit-il en relevant les deux objets, il paraît que Cyprien a touché sa paye. Le fou ! De quel côté est-il allé ? Bah ! demain je lui restituerai sa petite fortune. C'est égal ! l'argent d'autrui est gênant, j'ai bien envie de confier celui-ci au contremaître. Et l'honnête homme se dirigea du côté du bureau de Girard.

— Monsieur, dit-il, Cyprien, qui fait le lundi, paraît-il, vient de laisser tomber de sa poche ce billet de banque et un mouchoir.

Veuillez les lui garder jusqu'à demain, car il n'est guère probable qu'il reprenne le marteau aujourd'hui.

— Vous devez vous tromper, Guérout, dit le contremaître, comment voulez-vous que Cyprien qui gagne à peine votre salaire possède une somme aussi élevée.

— J'en ignore, monsieur, tout ce que je sais c'est qu'il était assis sur la borne, et qu'en tirant son mouchoir pour s'essuyer le front, il a laissé tomber le papier. Après tout c'est peut-être d'héritage.

— C'est bien, merci, vous êtes un brave homme.

— Il n'y a pas de mérite à cela, monsieur.

L'ouvrier retourna à son ouvrage et raconta quelle trouvaille il avait faite.

— Ma foi, dit un charpentier, je n'aurais jamais cru que Cyprien fût si riche, il dépense maintenant tout ce qu'il gagne avec cette canaille d'Aurèle. En voilà un que le maître a bien fait de jeter à la porte; des chiens enragés dans les ateliers n'en faut pas... le virus se gagne... Témoin Cyprien! Nous l'aimions tous en souvenir de son père. M. Tuffaut le préférait aux autres apprentis : devenu ouvrier, il lui confiait les besognes avantageuses, et personne n'en était jaloux ; le père est mort à la peine, et les orphelins des camarades sont un peu nos enfants. Mais ce diable d'Aurèle nous l'a retourné, aussi, voyez-vous, Guérout, ce billet de banque me semble joliment suspect à moi...

— Paix! dit Guérout, ne suspectons personne. Cyprien est jeune, il se corrigera...

Le bruit des marteaux couvrit les conversations particulières, et ce fut seulement à la fin de la journée que les travailleurs apprirent une terrible vérité.

L'argent que M. Tuffaut avait laissé sur son bureau était destiné à payer les capitaines qu'il ramenait avec lui dans son bureau. Il avait laissé soixante mille francs : vingt mille pour chacun d'eux. Au moment de régler les comptes, il s'aperçut qu'il en manquait huit mille.

Un rapide soupçon lui traversa l'esprit. Mais comme il lui répugnait de mettre des étrangers au courant de ses affaires, il prit de l'argent dans sa caisse, discuta avec les capitaines les conditions d'un nouveau voyage aux Indes, les congédia, puis libre désormais de s'informer de ce qui s'était passé, il fit appeler son secrétaire.

— Mon ami, lui dit-il, vous me voyez en proie à un vif chagrin.

— Que vous est-il arrivé, monsieur?

— On m'a volé, aujourd'hui, huit mille francs, placés là sur ce bureau...

— Huit mille francs! à quelle heure êtes-vous sorti.

— A deux heures dix minutes.

— Je suis rentré à deux heures vingt... une personne m'y avait devancée.

— Qui?

— Cyprien Rémois.

— Cyprien! ah! le malheureux! Qu'on le cherche, qu'on l'amène.. Je me souviens, maintenant, il voulait me parler... Je lui ai assigné un rendez-vous demain... c'est tout de suite qu'il faut qu'il vienne... Allez le demander.

Le secrétaire sortit, se rendit aux ateliers de sculpture, et s'informa de l'ouvrier auprès du contremaître.

— Il est sorti, monsieur, répondit celui-ci.

— Voilà qui est étrange et malheureux pour lui... Je vous le confie, mon brave camarade, M. Tuffaut a été volé.

— On lui a pris des billets de banque!

— Comment le savez-vous?

Le contremaître raconta la trouvaille de l'ouvrier.

Au même moment Verjus passa.

— Ah bien! fit-il, c'est comme à la cour d'assises! Alors je demande à faire des révélations.

— Que savez-vous? demanda brusquement M. Leflot.

— J'ai vu Cyprien mettre les billets dans sa poche; vous aviez confiance en lui, j'ai cru qu'il en avait le droit...

M. Tuffaut devint très pâle. Une vague espérance lui restait encore que le misérable enfant, pris de repentir, viendrait restituer ce qu'il avait pris, et lui demanderait grâce. Par son ordre on se rendit à son domicile, il ne s'y trouvait pas; au cabaret où il avait l'habitude de se rencontrer avec Aurèle, on ne l'y avait pas vu. La police fut prévenue. Elle fouilla durant deux jours la ville du Havre, tout fut inutile, on ne retrouva pas Cyprien.

Quelque regret qu'eût l'armateur d'en venir à cette extrémité, il dénonça le vol, et la justice suivit son cours. En agissant de la sorte il remplissait un devoir à l'égard des autres ouvriers. Le bruit de cette aventure s'étant répandu dans toute la ville, il importait de châtier le coupable, afin d'empêcher qu'une défaveur imméritée retombât sur des innocents. Mais au fond de son cœur l'armateur se réjouit plus qu'il ne s'attrista de l'impuissance de la police à saisir Cyprien Rémois. Sa jeunesse, les services et la mort dramatique de son père plaidaient encore sa cause dans le cœur de l'indulgent vieillard. Le coupable était si jeune qu'il eût éprouvé une peine profonde à le voir courber sous la honte, devant une foule indignée et des juges peut-être implacables. Le sentiment de regret qu'il éprouva en songeant que le nom du malheureux serait flétri s'adoucit par l'espoir qu'il parviendrait à se cacher et à se refaire une situation à l'étranger sous un autre nom.

Cyprien, reconnu coupable d'un vol de confiance, fut condamné par contumace à vingt ans de travaux forcés.

Verjus témoigna dans l'affaire avec une âpreté haineuse ; Aurèle, que le président traita d'une façon sévère, quitta le Havre peu après le jugement. Pendant un mois ou deux on parla encore de l'affaire dans les chantiers de l'armateur, puis l'oubli enveloppa cette histoire d'une façon d'autant plus complète que les comparses du drame disparurent. Un matin, Verjus, lui-même, cessa de venir à l'atelier, et un apprenti raconta que, suivant des projets anciens, il était parti pour Paris.

CHAPITRE XV

EN EXIL

Une de ses jambes se trouvait prise sous un tonneau. (Voir page 171.)

Chapitre XV

EN EXIL

Lorsque Cyprien, poursuivi par la honte et le remords, s'enfuit de la maison de l'armateur, gardant au fond de sa poche les billets volés dans un moment d'égarement, son instinct le conduisit du côté du port. Voulait-il donc en finir avec la vie? Il y songea Quant à la pensée de retourner chez M. Tuffaut, de lui rendre l'argent, en avouant son crime, elle traversa sa pensée sans qu'il la discutât. Le courage lui manquait.

—Non! non! murmurait-il, je ne subirai pas cette humiliation; pour avoir cédé à je ne sais quelle folie, je ne me sens pas pour cela un homme dépourvu de tout sentiment d'honneur. J'ai pris, je rendrai. Un jour le capital et les intérêts seront restitués à M. Tuffaut. La faute est commise, je la réparerai. Rester en France est impossible. J'y serais poursuivi, arrêté; l'expiation à laquelle on me condamnerait, m'exaspérerait peut-être plus qu'elle ne m'améliorerait. Cette expiation, je la choisirai moi-même, et je la ferai assez dure et assez longue pour que, plus tard, si la vérité venait à se découvrir, la faute de ma jeunesse se trouvât amplement effacée... Seulement il faut partir, partir à tout prix... Sur quelque navire où je demanderai passage on exigera des papiers... Je n'en ai pas. Mon costume jure trop avec les billets de banque que je possède pour que le soupçon ne m'attaque point... Je dois monter subrepticement à bord d'un bâtiment en partance, y rester sous un faux nom, puis, une fois en Amérique, changer de peau et devenir un autre homme.

Cyprien se mit dès lors à examiner les navires. Il fut bientôt attiré vers un magnifique *steamer* à destination de San-Francisco. On en achevait le chargement, et une troupe de matelots, de commissionnaires et de jeunes gens allaient et venaient du port sur le navire, arrimant les colis, les descendant à fond de cale. On s'agitait, on parlait, on se heurtait. C'étaient des cris, des invectives dans toutes les langues. Sans se demander si on ne le repousserait pas, Cyprien saisit sur le quai un ballot, le chargea sur son épaule, et suivit ceux qui aidaient à remplir la cale. On ne sembla point s'occuper de lui. Un jeune garçon de plus ou de moins importait peu au milieu de cet encombrement d'hommes et de choses. Après une heure de ce travail, un matelot, que Cyprien suivait d'instinct parce que sa physionomie lui inspirait une certaine confiance, s'écria avec une conviction si grande : Nom d'un tonnerre, que j'ai soif! que Cyprien lui répondit : Si le cœur vous en dit, j'ai deux écus au fond de ma poche!

— Eh mais! pour un terrien, tu ne parles pas trop mal, répliqua Tom Court.

Tous deux se dirigeaient vers un cabaret, quand un cri retentit non loin de là; un jeune mousse venait de tomber du haut d'un amas de barriques d'une façon si malheureuse, qu'une de ses jambes se trouvait prise sous un tonneau. Le pauvre garçon hurlait de douleur; et quand Tom eut enlevé, avec une force d'hercule, le tonneau qui brisait les jambes de l'enfant, celui-ci ne pouvait plus les bouger.

On dut l'emporter sur une civière.

Tom proféra un terrible juron.

— Tonnerre de tonnerre! fit-il, le meilleur des mousses, docile et si bon enfant, sans compter qu'il était le fils d'un ami! Me voilà bien maintenant. Et où trouver un remplaçant pour Robert? Nous levons l'ancre dans une heure.

— Venez boire, Tom Court, cela vous éclaircira les idées! fit Cyprien.

Ils vidèrent deux bouteilles de vin, un flacon de cognac, et l'amitié du vieux goudronné grandissant en proportion des politesses de son nouvel ami, il s'écria :

— Quel dommage que vous ne soyez qu'un terrien!

— Mais je ne demande qu'à devenir matelot. Vous regrettez Robert, prenez-moi à sa place; je suis intelligent, et vous n'aurez jamais à vous plaindre de mon obéissance. La tâche de ce pauvre garçon était-elle bien rude à bord?

— Lui, il s'occupait de ranger l'entrepont, de nettoyer la cambuse, de donner un peu d'aide au maître-coq.

— J'en ferais bien autant, ami Tom.

— Et si je vous emmenais, vous paieriez souvent à boire?

— Tant que le règlement le permettrait. Une condition seulement, rien ne sera changé au livre d'équipage, et je répondrai au nom de Robert.

— C'est facile, puisque le pauvre petit diable changeait de navire en même temps que moi.

— Un carafon de liqueur, pour sceller cette convention.

Ils le vidèrent en quelques minutes; l'heure de reprendre le travail venait de sonner. Cyprien avait bu beaucoup pour s'étourdir, et, dans l'ivresse soudaine qui lui monta au cerveau, il oublia le crime commis et le danger couru. Quand vint le soir, le chargement se trouvait terminé; les matelots étaient au complet, les passagers occupaient leurs cabines, et le jeune sculpteur, étendu dans son hamac, y perdait le sentiment du réel et sentait son esprit se perdre dans le domaine du rêve. A la marée, le signal du départ fut donné, l'hélice battit la mer, et le navire s'enfonça dans les doubles ténèbres de l'infini.

Le lendemain, au point du jour, la lourde main de Tom s'abattit sur l'épaule de Cyprien.

— Debout, fit-il, et du cœur à la besogne.

Cyprien se leva et courut au travail. Actif, intelligent, en proie à une fièvre qui lui faisait trouver une sorte de soulagement dans une activité dévorante, il s'attira bien vite les félicitations de ses chefs, et, au bout de quinze jours, on le citait comme le premier de tous pour l'exactitude, la docilité et le courage au travail. Robert devenait une sorte de factotum : bon à tout, écrivant bien, tenant au besoin une comptabilité, adroit de ses mains, occupant ses heures de loisir à de petits travaux de sculpture. Tom Court reçut les éloges du capitaine pour la trouvaille qu'il avait faite d'un pareil sujet. On offrit à Cyprien une situation toute autre pour le premier voyage; mais il se tint sur la réserve, évitant de se prononcer, s'efforçant seulement de se créer des sympathies et y réussissant aisément.

L'arrivée à San-Franscisco le remplit d'une joie intime. Il aida au débarquement des marchandises, rendit tous les services qu'on pouvait attendre de lui; mais au moment où le capitaine lui proposa de l'arrêter d'une façon définitive, il refusa :

— Pardonnez-moi, monsieur, lui dit-il, et ne m'accusez pas d'ingratitude. L'ambition est un des défauts de la jeunesse ; il est possible, je le crois, de faire rapidement fortune dans ce pays, je le tenterai. Si j'échoue, ma vie sera perdue, et ma vie ne vaut pas grand'chose.

— Vous allez vous faire chercheur d'or?

— Oui, monsieur.

— Alors, adieu, Robert, et bonne chance !

Le capitaine tendit la main à Cyprien, et celui-ci rentra dans l'hôtel où il logeait en attendant l'heure de s'enfoncer dans l'intérieur du pays. Deux jours plus tard, nanti des outils indispensables, d'une couverture dans laquelle il se roulerait durant la nuit, Cyprien se dirigea du côté des placers. Il ne lui fut pas difficile d'obtenir une concession, et, à partir de l'heure où il enfonça la pioche dans le sol, il travailla avec un courage tenant de la frénésie. D'abord le hasard le servit bien. Les recettes furent bonnes. Chaque jour, en pesant les pépites ou la poudre d'or, il calculait ce qu'elles représentaient de jouissances pour l'avenir. Sombre et silencieux, il ne se lia avec aucun de ses compagnons de travail, et se borna à de froids échanges de politesse. A l'égard de quelques-uns sa réserve tenait de l'orgueil, à l'égard des autres, au contraire, elle avait sa source dans l'humilité. Le souvenir de sa faute, qui semblait s'être attaché à lui comme un spectre, lui faisait regarder comme coupable d'attirer à lui la sympathie et de demander une part de l'amitié des honnêtes gens. Quand il lui arrivait de se regarder dans un miroir, il examinait avec une sourde inquiétude si le signe des maudits ne marquait point son front. Mais non! cela ne se voyait pas; la souillure tachait l'âme seulement, et cette grande blessée criait et se plaignait au dedans de lui. A mesure qu'il vivait plus seul et se laissait pénétrer davantage par la nature puissante qui l'entourait, le poids dont il avait chargé sa conscience, la souillure imprimée à son nom, lui semblaient plus lourds et plus indignes. Qu'il eût perdu dans des plaisirs dangereux, dans des folies de jeune homme trouvant sinon leur pardon, du moins leur excuse dans la puissance de l'imagination, dans la grande poussée des passions, quelques mois de sa vie, négligé le travail, quitté le sentier droit dans lequel sa mère le conduisait jadis, cela eût été mal sans doute, mais tomber d'un seul coup brutalement au vol, dérober lâchement de l'argent à un homme qui le protégeait et l'aimait, mettre entre sa vie d'autrefois et l'avenir un abîme infranchissable ! Etre voleur ! Voleur ! Quand il répétait ce mot terrible, il lui semblait qu'on lui enfonçait un couteau dans le cœur, et pourtant lui-même retournait l'arme dans la plaie, s'accablant de son propre mépris, pleurant son crime avec rage, si las de porter le fardeau de ce souvenir, que la pensée de la mort lui revenait comme un remède à ses tourments.

Il continuait à ramasser de l'or, l'entassant avec un soin d'avare, n'en prenant rien pour ses plaisirs. Au bout de trois mois il se rendit à San-Francisco, remplit une enveloppe de billets de banque et les adressa à M. Tuffaut, armateur au Havre. Au moment où le paquebot qui l'emportait s'effaçait à l'horizon, Cyprien, ayant pris dans un café un journal venant de France, y lut à l'article *Gazette des tribunaux* son procès et sa condamnation. Il sentit brusquement le sang lui affluer au cerveau, et serrant le journal dans ses mains crispées, il tomba sur la banquette en poussant un râle sourd. Un médecin accourut, le saigna; Cyprien revint à lui sans se souvenir d'abord de ce qui venait de lui arriver ; lorsque la mémoire lui revint, il poussa un gémissement sourd et cachant son front dans ses mains, il pleura...

Jusqu'à ce moment il s'était fait l'illusion que sa faute était demeurée un secret, que l'armateur, dans sa bonté inépuisable, n'avait pas voulu porter plainte... Mais non, il était condamné au bagne, flétri, privé de ses droits de Français, réduit à vivre dans un long exil, sous peine de se voir saisi, jeté à bord d'un navire et débarqué à Nouméa. Sa tristesse dégénéra en désespoir. Il s'applaudit cependant d'avoir payé sa dette, et il continua le genre de vie qu'il avait adopté.

Le hasard amena un jour près de lui un homme très jeune, qui, lui aussi, paraissait profondément malheureux. Autant la joie, la rudesse des orgies faciles des autres mineurs l'éloignaient, autant l'impression douloureuse du visage de son voisin le toucha. Leurs tentes se trouvaient si rapprochées qu'une nuit, entendant pousser des gémissements, il souleva la portière de la tente, et se pencha sur la couche du jeune mineur. Une fièvre violente s'était emparée de lui ; il parlait haut, s'agitant avec une sorte de désespoir, appelant tour à tour sa sœur et son père. Cyprien resta près de la couche du jeune malade, chauffa une boisson fébrifuge, le soigna avec le dévouement d'un frère, négligeant ses intérêts pour venir en aide à ce jeune inconnu qui, comme lui, devait porter un lourd fardeau de souffrances.

Au milieu des divagations de sa pensée et du flot de paroles s'échappant des lèvres du malheureux, Cyprien entendait revenir comme un écho : « L'honneur du nom ! Sauvons l'honneur du nom ! » Aux grandes crises succédaient des affaissements subits, des atonies dont il semblait que l'infortuné ne dût jamais sortir. Au bout de quinze jours seulement il retrouva la lucidité de son esprit. Son premier regard reconnut Cyprien, qu'il connaissait comme tout le monde sous le nom de Robert.

— Je vous dois la vie, lui dit-il, et je vous remercie de me l'avoir gardée, car il me reste une grande tâche à remplir.

J'ai un père que j'adore, ajouta-t-il, une sœur qui est un ange, et tous deux souffrent en ce moment la plus terrible des épreuves. Devenez mon ami, nous nous consolerons mutuellement.

— J'accepte, répondit Cyprien.

Les deux jeunes gens ne se quittèrent plus. Cyprien avait arraché son nouvel ami à une mort certaine ; Henri, devinant qu'une grande douleur secrète flétrissait le cœur de ce jeune homme dont la tristesse ne s'égayait jamais d'un sourire, entreprit la guérison morale de celui à qui il croyait devoir une éternelle reconnaissance. Peu à peu le mutisme de Cyprien fondit sous les chaudes effluves de la sympathie d'Henri. S'il ne livra point son fatal secret, il laissa voir les plaies vives de son âme. Henri s'affligea sans se décourager. Il crut digne de lui de ramener à la foi, à l'espérance, ce malheureux poussé vers quelque abîme mystérieux par la main d'un misérable. D'abord il parut ne songer qu'à perfectionner l'instruction trop élémentaire de Cyprien. Il causa plus qu'il n'ouvrit de livres. Le malheureux jeune homme, ravi de voir s'ouvrir devant lui une voie nouvelle, se jeta dans le travail intelligent avec impétuosité. Tout le jour il piochait le sol, ramassait la terre, passait le sable ; la nuit, à la clarté de sa lampe, il travaillait. La rapidité de ses progrès surprit son maître et l'encouragea davantage. Cyprien n'aurait jamais sans doute besoin de connaître les langues mortes, mais il devait savoir parfaitement le français, l'histoire, la géographie. En une année, Cyprien se trouva transformé. Et comme si la Providence eût voulu compléter son œuvre, un homme qui avait dit adieu au monde entra un jour dans les placers et vint parler de Dieu à ceux qui cherchaient l'or dans les entrailles de la terre. L'âme de Cyprien, préparée désormais à recevoir toutes les bonnes semences, s'ouvrit à la parole du père Xavier. A celui-là il osa tout dire, il fit une confession entière du passé et fit connaître son crime, ses remords, et le désespoir qui lui rongeait le cœur. Alors se passa dans l'âme de Cyprien cet admirable phénomène que nous constatons souvent. Le calme succéda aux orages de son esprit. Il comprit qu'une tâche lui restait à remplir, et que des remords stériles devaient se changer en un repentir fécond.

— Devenez riche, mon ami, lui dit le père Xavier, puis revenez en France sous un autre nom, et employez votre fortune à quelque bonne œuvre. Dieu vous a déjà pardonné, faites en sorte que les hommes en viennent à vous bénir.

Lorsque le père Xavier quitta les placers, Cyprien se trouvait transformé. Il continua de travailler et d'apprendre, fixa à trois ou quatre cent mille francs la somme qu'il voulait emporter avec lui, et ne songea plus qu'à racheter son passé d'une manière efficace.

Dès lors il s'abandonna sans effroi à son amitié pour Henri, et tous deux devinrent inséparables.

Un matin, celui-ci, le regard brillant d'une joie jusqu'ici inconnue, dit à Cyprien :

— Je viens d'écrire à mon père pour le supplier de venir s'établir à San-Francisco avec ma sœur. La pensée qu'ils seront près de moi me donnera du courage. Les visites que je leur ferai me reposeront et me consoleront. Vous les aimerez, ils vous chériront comme je vous aime moi-même.

Cyprien sentit son cœur s'épanouir et serra à les briser les mains de son ami.

A partir du jour où fut expédiée la lettre par laquelle Henri suppliait son père de venir le rejoindre avec sa petite sœur, la conversation des deux exilés se remplit du nom de la mignonne et de celui du vieillard. Dernière fleur épanouie dans la famille, cette enfant était l'objet de l'amour de tous. De cruels chagrins conduisirent la mère au tombeau, et le père d'Henri, après le départ de son fils pour la Californie, ne garda plus à ses côtés d'autre consolatrice que ce petit ange.

Les semaines s'écoulèrent avec lenteur; il tardait à Henri d'apprendre que son père se mettait en route. Il lui avait adressé une somme assez considérable et rien ne devait désormais retarder son départ.

Les jours en s'écoulant rapprochaient Henri de l'unique joie qu'il désirât. Le soir, lorsque le père Xavier entrait sous la tente des jeunes gens, il parlait avec eux de la France, où il comptait retourner, des grands voyages qu'il avait faits, des espérances de son âme. Il les chérissait tous deux à des titres divers, admirant le courage tranquille d'Henri, s'attendrissant à la pensée du repentir de Cyprien, repentir si violent que le prêtre se voyait souvent obligé d'en calmer les élans.

— Ce que je veux de vous, lui répétait-il, ce ne sont point de stériles regrets ni des retours réitérés sur vous-même. Rejetez derrière vous le fardeau de vos fautes, il alourdirait votre marche; allez droit devant vous, après vous être tracé un but; devenez riche, vous ferez le bien après.

Les semaines se passèrent sans apporter de nouvelles du père d'Henri. D'abord le jeune homme pensa que, désireux de le surprendre, son père ne le préviendrait pas de son arrivée; dès lors il dévora les journaux partant de la ville de Dieppe pour San-Francisco; cependant son attente devint fiévreuse. Il perdit le sommeil; un matin, en s'éveillant, il se trouva sous le coup d'une telle angoisse qu'il chercha Cyprien et se jeta dans ses bras en s'écriant tout en larmes :

— Mes pressentiments me trompent rarement, je redoute un malheur.

N'y tenant plus d'inquiétude, il partit pour San-Francisco, entra dans un café, lut les journaux arrivés de la veille, et trouva dans l'un d'eux un entrefilet ainsi conçu :

« Le Havre. — Un sinistre sans précédent vient de frapper un grand nombre des habitants de notre ville. Le navire *la Salamandre*, à destination de San-Francisco, avait quitté le port depuis une heure à peine, quand éclata subitement un orage que les marins les plus expérimentés n'avaient pu prévoir. Aux détonations de la foudre, au fracas d'une tempête effroyable, succéda une obscurité ne permettant plus de voir à quelques encâblures de distance. Le capitaine donna ordre d'allumer les feux; mais, au moment même où on se disposait à lui obéir, la *Salamandre* subit un choc épouvantable, l'avant d'un bâtiment anglais la *Fly* venait de broyer le bâtiment français. La *Fly* se dégagea et poursuivit sa route sans se préoccuper des malheurs causés. A bord de la *Salamandre* le désespoir s'emparait de toutes les âmes. Des cris d'angoisse et de désespoir se mêlaient aux plaintes déchirantes des blessés. Le capitaine et quelques vieux loups de mer conservaient seuls leur sang-froid. On mit quelques embarcations à la mer, mais la nuit d'un côté, la hâte imprudente des passagers de l'autre, causèrent d'épouvantables malheurs. Le capitaine refusa de quitter l'arrière du navire sur lequel trois ou quatre personnes demeurèrent avec lui. Des barques de pêche vinrent dès le matin à son secours. Cinquante passagers se trouvaient à bord de la *Salamandre*. Parmi les personnes de notre ville qui n'ont pas reparu se trouvaient M. Maurel, sa femme et ses trois enfants, Mme Laury et ses filles, M. Jean-Antoine Dupont, accompagné de sa fille, qui se rendait en Californie afin d'y rejoindre son fils. »

Henri poussa un sanglot et laissa tomber ses deux bras sur la table. Cyprien accourut au cri d'angoisse de son ami, et quand il connut la vérité, il n'essaya pas même de consoler le malheureux dont l'explosion de douleur fut effrayante. Henri perdit brusquement la santé et le courage. A quoi bon travailler et s'enrichir s'il ne pouvait rendre le bonheur et la fortune à ceux qu'il aimait ! si sa vie, désormais sans but, devenait inutile ! Il se sentit atteint aux sources même de la vie, et jamais, depuis l'instant où son malheur lui fut révélé, il ne reprit la pioche du mineur. Une fièvre cérébrale se déclara et mit ses jours en danger. Cyprien le soigna avec la tendresse d'un frère, l'abbé Xavier lui apporta les secours de la foi; entre ces deux êtres qui pour lui auraient tout sacrifié, Henri vit sans crainte s'approcher la mort. Il comprit tout de suite qu'il était perdu, et, durant une heure de lucidité et de calme, attirant près de lui Cyprien qui pleurait :

— Console-toi, lui dit-il ; après avoir perdu ma sœur et mon père de cette façon tragique, il m'eût été impossible d'être heureux. Je meurs en paix, satisfait de croire que je les retrouverai là-haut. Ne m'oublie pas, réalise beaucoup de bien durant ta vie, et songe à celui qui voudrait te faciliter les moyens de retrouver la paix et le bonheur. Tout ce que je possède, je te le donne, deux cent mille francs à peu près. En y joignant ce que tu économises, tu seras presque riche. Quitte ce pays et retourne en France... Oui, retourne en France... Je ne te demande point un secret que je suppose douloureux... Faut-il t'avouer toute ma pensée ? La tristesse morne à laquelle tu demeures en proie, les réticences de ton langage dès qu'il est question de ta vie passée, me font redouter qu'un égarement de jeunesse pèse lourdement sur ton souvenir. Ne m'en veux point d'un soupçon qui prouve mon expérience de la vie et n'altère en rien mon amitié ! A ton âge, rien n'est perdu, et la vie se recommence. N'oublie pas que, si Dieu punit les coupables, il pardonne au repentir. Du reste, une heure de faiblesse ne saurait peser sur toute une existence... Si tu le redoutais cependant, laisse-moi faire pour toi plus que si je te donnais des millions... Prends mes papiers, refais-toi sous mon nom une vie nouvelle. Nous sommes devenus malheureux, nous avons toujours été honnêtes... Accepte ce dernier don de mon amitié, et fais-moi le serment de porter dignement le nom de ton ami...

— Si tu savais ! si tu savais ! s'écria Cyprien en proie à une profonde douleur.

— Je ne veux rien apprendre. Vis en honnête homme ; me jures-tu de consacrer toute ton énergie, tous tes instants, au service du bien ?

— Je te le jure.

— Voici tous mes actes d'état civil... Maintenant donne-moi du papier, de l'encre... Je veux qu'il reste une preuve de ma volonté à cet égard... Garde ce testament, il sera ta sauvegarde en cas de malheur. Aime les pauvres, protège les petits, songe aux malheureux, aux déshérités de ce monde, aux infortunes cachées, et n'oublie jamais ton ami... C'est Cyprien Rémois qu'on ensevelira demain dans les grands bois.

Dans la nuit suivante, Henri, entouré de son ami et du père Xavier, rendit le dernier soupir.

Une semaine plus tard son ami s'embarquait à bord d'un navire faisant voile pour la France.

LE CONTUMAX

CHAPITRE XVI

VIE A REFAIRE

Il put se cramponner à un rocher et maintenir sur l'eau sa petite fille. (Voir page 188.)

Chapitre XVI

VIE A REFAIRE

Cyprien avait un objectif : Paris. Non seulement il y pourrait accroître une fortune importante déjà, mais encore réaliser le bien auquel il comptait dévouer sa vie. En changeant de nom, il devenait un autre homme. La force, l'intelligence grandissaient à la fois dans son esprit et dans son cœur. Deux dettes lui restaient à acquitter : celle qu'il avait contractée envers la société à qui il devait de grands exemples pour prix de l'ancienne faute ; celle que lui imposait sa reconnaissance pour Henri. En lui donnant son nom, Henri l'obligeait à continuer la voie frayée par les siens. Ce qu'avait rêvé Henri Dupont, Cyprien le devait réaliser. Avant de résoudre le problème de sa nouvelle existence, il se plaça en face de lui-même, puis il évoqua religieusement le souvenir de son ami.

Celui qui dormait à l'ombre des pins de Californie allait ressusciter. Dieu daignait, dans son indulgente miséricorde, fournir à Cyprien le moyen de renouveler sa vie comme l'aigle change de plumage. Ce fut avec un sentiment de joie profonde et de virile résolution que l'exilé, de retour en France, prit possession de sa nouvelle situation.

Il passa quinze jours à Paris dans un hôtel situé au centre d'un quartier commercial, et chercha quelle industrie lui conviendrait davantage.

Il voulait travailler. On ne devient millionnaire qu'en se livrant au commerce, et Cyprien voulait devenir millionnaire. Un jour, il lut cette annonce dans un journal :

« *Un fabricant de faïences artistiques demande un associé possédant trois cent mille francs.* »

Cyprien courut chez le commerçant. Il trouva un homme doué de capacités remarquables, possesseur d'une fabrique prenant chaque jour de l'accroissement, déjà trop riche, et souhaitant confier une partie de son fardeau à un homme jeune et ambitieux. Cyprien lui plut. Celui-ci, en se présentant sous le nom de Samuel Dupont conquit en un moment la sympathie de M. Morot. Aux questions que lui adressa le fabricant, il répondit avec aisance et bonne grâce. Ses récits de voyage et d'aventures intéressèrent M. Morot. Le futur associé mettait trois cent cinquante mille francs dans les affaires, et réservait le reste pour son installation personnelle. En huit jours les arrangements furent pris, la semaine suivante on échangea les signatures. Au moment où Cyprien allait mettre son nom à la suite de celui de Gustave Morot, son émotion fut si forte que la plume s'échappa de ses doigts.

— On dirait que vous avez peur ! dit en riant le fabricant. Allons, mon jeune ami, signez sans crainte, et mettez au bas de cette acte le nom d'un honnête homme.

— Oui, d'un honnête homme ! répétait l'ancien chercheur d'or avec une étrange solennité.

L'impression de gravité triste qui s'était répandue sur son visage céda vite à l'influence de nouveaux sentiments. Devant le fait accompli le malheureux se redressa. Rejetant à la fois son passé et son nom, comme le serpent change de peau, il se trouva brusquement tout autre, et ce fut, le front haut, le geste assuré, la parole sonore qu'il entra dans les ateliers dont les chefs et les contre-maîtres lui furent tour à tour présentés ! Samuel Dupont, car désormais on ne le connut que sous ce nom, prit la direction absolue de la partie artistique. Ses connaissances en sculpture lui furent d'un grand secours. Ses voyages avaient élevé et formé son goût. Il visitait chaque jour les collections de Paris et complétait sous ce rapport son éducation. Il trouva dans un jeune modeleur l'aide dont il avait besoin. Une nouvelle impulsion fut donnée à la fabrique. Samuel avait exécuté en Californie des croquis de plantes et de fleurs pouvant fournir de superbes motifs de décorations. Son entrain redoubla le courage les ouvriers, dont il s'appliqua à conquérir l'affection. M. Morot était un maître juste, Samuel se montra bon. De même que certains généraux connaissent par leurs noms les soldats placés sous leurs ordres, Samuel s'intéressa en particulier à chaque ouvrier, les prenant à part, s'informant de leur situation, de leurs besoins, cherchant quelles améliorations il serait possible d'apporter à leur vie. En six mois, il devint populaire. Sous l'apparence de l'homme riche, instruit, énergique, on sentait un être compatissant des douleurs d'autrui, parce que lui-même avait souffert.

Gustave Morot était devenu le meilleur ami de Samuel, et trois ans plus tard, désireux de prendre un repos trop bien gagné, le négociant offrit à Samuel de lui céder la fabrique, en lui laissant toute facilité pour les paiements. Samuel se trouva donc maître d'une maison en pleine prospérité. Mais il ne pouvait être tranquille possesseur de cette fabrique qu'après avoir payé sa dette; il l'acquitta rapidement, et, ce jour-là, entrant dans une église, il remercia Dieu avec une explosion de reconnaissance.

Depuis six ans qu'il était arrivé à Paris, nanti de la fortune, et protégé par le nom de son ami, Samuel ne connut aucun repos. Il travailla le jour, la nuit, inventant, cherchant, calculant, s'essayant à tout, afin de pouvoir mieux commander, profitant de l'expérience des uns et de la bonne volonté de tous. Dans la fabrique on l'adorait. Cependant, du temps de M. Morot, les ouvriers trouvaient une source d'indulgence plus grande. Samuel Dupont exigeait une exactitude ponctuelle, renvoyait les ouvriers qui deux fois de suite s'absentaient sans raisons. Il s'informait de la vie que menait chacun d'eux en dehors de l'atelier. Des irrégularités d'existence lui ayant été signalées, il s'occupa de les changer en un bonheur paisible. Ceux qui tentèrent de se rebeller comprirent vite qu'il ne restait plus de place pour eux à l'atelier et le quittèrent. Le milieu s'épura. On chantait dans la maison, mais des refrains dont n'avaient point à rougir les jeunes brunisseuses ou les femmes chargées de la fabrication des fleurs en relief. Ce qui parut d'abord impossible se réalisa lentement. Dans le quartier Poissonnière, l'influence de Samuel Dupont grandit d'une façon croissante. Il se montra d'une grande libéralité chaque fois qu'une misère lui fut signalée.

Sa conduite à l'égard de ceux qu'il dirigeait devint un point de comparaison dangereux pour les autres fabricants. On ambitionna de faire partie de sa maison. Il paya plus cher et il obtint une double somme de travail. A chaque inventaire nouveau il constatait un accroissement de sa fortune. Cette fortune lui appartenait moins qu'aux pauvres. On le savait bien, et on le bénissait; lui, quand il recevait des remerciements pour le bien accompli sentait son cœur se gonfler de reconnaissance, et le nom d'Henri revenait sur ses lèvres.

Un jour son valet de chambre introduisit sans l'annoncer un prêtre quêtant pour des enfants orphelins. L'ecclésiastique s'avançait lentement vers le bureau du fabricant, lorsque celui-ci se leva en poussant un cri de joie, et l'étreignit sur sa poitrine.

— Ah! Père Xavier! Père Xavier! dit-il.

— Quoi! c'est vous, ce Samuel Dupont dont chacun vante la bonté le courage, l'intelligence.

— Asseyez-vous, mon Père, et daignez m'écouter... Vous puiserez ensuite à votre gré dans ma caisse... Quand vous nous quittâtes, Henri était plein de vie, il attendait son père et sa sœur ruinés par une succession de désastres... Un nouveau désastre fondit sur cette malheureuse famille; le père d'Henri et sa jeune sœur périrent en mer. La douleur ressentie par mon ami fut si grande qu'une fièvre terrible se déclara; elle devait avoir raison de tant de vie et de jeunesse... Avant de mourir, il écrivit son testament par lequel il me léguait toute sa fortune, et me suppliait de porter son nom en reconnaissance de notre amitié. J'acceptai ces deux legs. Le nom d'Henri, le nom de ce beau et hardi jeune homme, c'était pour moi le rachat du passé, la possibilité de changer de vie, de prendre une place au soleil, de réparer la faute commise à force de charité et de vertu. Avec quelle joie enthousiaste et grave tout ensemble j'ai saisi la bouée de sauvetage! Ah! je vous le jure, pas une heure, pas une minute je n'ai failli à ce que ce cher mort attendait de moi... Ce fut dans la lumière qui précède le retour de l'âme vers son Dieu qu'il devina la vérité et comprit l'excès de mon malheur. Ah! noble et cher ami! le nom que tu lègues sera béni de tous, je ferai un culte de ta mémoire, elle deviendra ma propre conscience! Je sais, oh! je sais bien que ce nom est une marque dérobant la honte ancienne... Mais vous, qui m'avez absous au nom de Dieu, me blâmez-vous pour ce que j'ai fait?

— Comme homme, comme prêtre, non! Si vous vous étiez servi de cet avatar pour vous ménager des facilités plus grandes dans une vie facile, je me montrerais sévère, et je considérerais l'emprunt d'un autre nom comme un faux et comme un vol... Mais quoi! vous l'honorez, ce nom, vous le portez si haut que chacun vient à vous les mains tendues, et se retire les mains pleines... Béni soit Henri là-haut comme vous êtes béni en ce monde !

— Et maintenant que voulez-vous de moi ?

— De l'argent.

— Si je vous demande pourquoi, croyez bien que ce n'est point par méfiance, mais plutôt pour m'édifier et m'instruire.

— Lorsque je vous quittai là-bas, rappelé par mes supérieurs qui s'effrayaient du mauvais état de ma santé, je me sentais incapable d'un travail suivi. Je rapportais des contrées lointaines parcourues, des évangélisations faites, un souvenir profond qui devait servir à me montrer plus clairement la nouvelle voie que je devais suivre. J'entrepris de convertir les Peaux-Rouges de Paris. Mais à la terreur mêlée de pitié qu'ils m'inspiraient se mêla une tendresse profonde pour les enfants de ces mêmes misérables. Après tout, l'homme peut lutter et se défendre. Mais l'enfant ! le pauvre petit être jeté sur le pavé, inconscient, ignorant du mal, mais cire molle facile à pétrir pour le vice ; oh ! celui-là me prit le cœur d'une façon absolue, despotique. Bientôt, dans ce grand Paris, je ne vis plus que lui, lui seul ! Un soir, j'en ramassai un sous une porte-cochère ; le lendemain, j'en ramenais deux. Ils couchèrent en travers de ma paillasse. A la fin de la semaine, trois autres accaparaient mon matelas et je me roulais dans un puncho afin de dormir sur le plancher. L'envahissement continua si bien que la place manqua et le pain fit défaut. Alors, mon ami, je mendiai... Oui, vraiment, je tendis la main pour ces petits, demandant les cinq pains et les poissons que multiplie la charité... Avec une sainte audace je louai une grande maison sans savoir comment je la paierais ; une bonne âme m'en fit cadeau. Restait à payer la nourriture de mes enfants. Mais Dieu les gardait et me donnait du courage ! J'en ai trois cents, et je continue mes tournées. Tantôt je lance une loterie, j'organise une vente ou je donne un concert ; on prend les billets, on achète, on m'adresse des billets de banque, et nous marchons... Mais qu'est-ce que trois cents enfants à l'abri, quand il s'agit d'en sauver des milliers?

— Oui, oui, donnez et rachetez! s'écria le négociant en ouvrant le tiroir de sa caisse.

Il y prit sans compter un paquet de billets de banque et les déposa dans les mains du prêtre.

Puis, faisant un amer retour sur le passé, il ajouta :

— Ceux-là je les ai gagnés, bien gagnés!

A partir de ce jour l'affection du père Xavier pour Samuel Dupont grandit en proportion du dévouement dont celui-ci donna des preuves incessantes. Jamais il n'essuya de refus quand il frappa à sa porte, et lorsque le missionnaire s'excusait de revenir si souvent à la charge :

— Mon Père, lui répétait le fabricant, j'ai fait deux parts de ma fortune; l'une qui m'appartient en propre a été gagnée par moi et s'arrondit tous les jours; l'autre constitue le dépôt confié par Henri. Tout ce que produisent les deux cent cinquante mille francs qu'il m'a légué est distribué à des œuvres ou s'accumule pour fonder une sorte d'Eldorado dont vous me verrez roi quelque jour. Je devrais mettre au-dessus de ma fabrique : Maison Samuel Dupont et Cⁱᵉ. Compagnie! ce sont les pauvres! Une seule crainte me mord parfois le cœur : Je n'expie plus ma faute, puisque je vis au milieu de l'estime générale, et que l'on me cite comme un des hommes charitables de Paris.

— Si, si, vous réparez noblement et dignement. Quand vous vivriez au fond de quelque bouge, objet de suspicion et de crainte, portant la tête basse, un nom flétri, rachèteriez-vous mieux le passé? Il est des fardeaux que l'épaule rejette afin que la course soit plus rapide vers le but. Continuez, mon fils, continuez. En sauvant de l'ignorance les enfants abandonnés, en montrant la droite vie aux hommes, vous accomplissez votre mission.

Samuel Dupont puisait un nouveau courage dans chacun de ses entretiens avec le Père Xavier. Celui-ci apprit le chemin des ateliers; il y entra, et chaque fois qu'il eut occasion de s'entretenir avec des ouvriers, il comprit d'avantage à quel point le « patron » était estimé et chéri.

Les années passèrent; chacune d'elles amena un accroissement de fortune; chacune rapprocha le but que s'était tracé le fabricant. Enfin au bout de quinze années d'un travail acharné et d'un succès sans égal dans le commerce parisien, il put créer cet Eldorado dont il rêvait depuis si longtemps, et ouvrit à ses ouvriers, qu'il considérait comme ses collaborateurs et ses amis, le village d'Eden.

Ce fut le sommet de sa destinée. Il lui semblait qu'il n'avait plus qu'à se laisser vivre de la joie d'autrui, à associer à sa fortune le fils de son adoption, ce jeune Norbert qui l'aimait pour tous ceux dont le souvenir amenait encore des larmes dans ses yeux ; quand une joie nouvelle lui fut envoyée : pardon d'en haut, bénédiction de sa vie, récompense à laquelle jamais il n'eût osé prétendre : il fut aimé !

Alors tout lui parut bon, rayonnant et doux. Il oublia les misères, les hontes du passé devant un présent dont les joies devaient compenser ses tortures. Il se jeta dans cette tendresse avec d'autant plus d'enthousiasme qu'il avait souffert davantage. Il dompta pour rien les années de son rachat moral, son héroïsme dans les grandes catastrophes, les merveilles humanitaires réalisées, le nom d'honnêteté pure acquis par tant d'années dépensées au service de nobles causes, devant cette récompense inattendue : l'amour d'Any.

Jamais créature n'inspira pareille tendresse ; jamais une femme ne devint comme le fut Any la vivante image de la rédemption. De l'heure où la figure de la jeune fille sauvée par lui de l'incendie lui entra dans le cœur, une rénovation s'opéra dans sa vie. Il l'aima pour les désespoirs dont elle le délivrait, pour les fêtes qu'elle donnait à sa pensée. Un instant le scrupule lui vint de lier à sa vie flétrie jadis cette créature innocente ; mais quoi ! le criminel qu'il avait été reposait dans les forêts américaines, Henri-Samuel Dupont était seul revenu en France, seul il avait lutté, triomphé et mérité le repos et le bonheur.

Il aima et fut aimé : ce fut comme un nouveau baptême.

Hélas ! l'espoir dura peu, et le réveil fut rapide après les enchantements de ce rêve.

Lorsque Samuel reçut des mains de l'aveugle la cassette renfermant ses papiers de famille, une révélation le foudroya et brisa d'un seul coup toutes ses espérances.

Le père d'Henri, JEAN-ANTOINE DUPONT, n'était pas mort.

Au moment de la catastrophe de la *Salamandre*, il put se cramponner à un rocher, et, maintenant sur l'eau sa petite fille, il attendit au milieu d'une mortelle anxiété qu'une barque vînt à son secours. On le recueillit, lui et son enfant, et le même jour il s'installa dans une maison de pêcheur où bientôt il devint, ainsi que l'enfant, la proie d'une fièvre ardente. Durant un mois il fut en danger de mort. Quand il commença à reprendre des forces sa première pensée fut pour son fils qui devait le croire mort, et qu'il s'agissait de rassurer.

Il se traîna péniblement dans la ville, avide de lire les journaux et d'apprendre ce qui s'était passé. Il écrivit à Henri et n'en reçut point de réponse. Tourmenté, le cœur rempli de l'angoisse qui est le pressentiment des malheurs, il s'adressa à un jeune homme qui avait connu son fils dans les *placeres*. Celui-ci répondit que la nouvelle du sinistre de la *Salamandre* avait plongé Henri dans un tel chagrin qu'une fièvre cérébrale s'était déclarée, et que sans doute il y avait succombé, car on n'avait plus entendu parler de lui dans les *placeres*.

Le vieillard chancela sous ce nouveau coup. En perdant Henri, il perdait non seulement le meilleur des fils, mais l'espoir de désintéresser jamais les victimes de sa faillite involontaire. Ruiné, brisé de corps et d'âme, il ne se sentit point le courage de rester dans une ville où on l'avait connu riche et considéré, et, prenant avec lui sa fille Any, il courut à Paris et s'y cacha sous le nom de Darieu.

Il travailla jusqu'au jour où l'excès du labeur, les veilles prolongées, les pleurs versés, éteignirent la lumière de ses prunelles. Il connut le froid et la faim, comme il avait connu la douleur, et dut à Samuel le renouveau qui s'annonça pour sa vie. Après avoir vu en lui un sauveur, un ami, il se réjouit de le nommer son fils. Regardant la similitude de leur nom comme d'un bon augure, il y vit une raison de plus pour croire que Dieu le destinait à sa fille. Du reste, comme d'habitude il appelait son fils Henri, et que le fabricant avait adopté le second prénom de son ami: *Samuel*, ce rapprochement patronymique le frappa moins. Le nom de Dupont est si fréquent, qu'en feuilletant l'almanach Bottin on en trouverait peut-être cinq cents. Rien ne troubla donc le cœur de l'aveugle. Mais lorsque le faïencier lut les actes d'état civil renfermés dans la cassette, quand il compara ceux que lui avait donnés son ami aux papiers qui venaient de lui être confiés, il acquit cette certitude foudroyante que son mariage avec Any était devenu impossible.

En acceptant la personnalité d'Henri Dupont, le chercheur d'or, il prenait aussi ses titres et ses charges de famille; il se trouvait sinon de fait, du moins en apparence devant la loi le frère d'Any.

Cette petite sœur dont Henri lui parlait jadis, la dernière fleur de cette famille éprouvée: c'était Any! Et il l'aimait à donner sa vie pour elle. Il l'aimait, et l'impossible se dressait devant eux. Pouvait-il avouer la vérité, dire sous quel masque il s'était abrité jusque-là, révéler son nom véritable? C'était la honte, alors, l'infamie, le bagne! Non, il fallait se taire, souffrir et pleurer; il fallait s'éloigner d'Any sans lui apprendre le secret de sa fuite, paraître la dédaigner et refuser par orgueil d'entrer dans une famille atteinte de malheurs commerciaux. Combien, en apprenant la vérité, il eût trouvé consolant de courir au vieillard, de lui prendre les mains avec une tendresse filiale, de lui crier :

— Je fus le meilleur ami de votre fils, c'est entre mes bras qu'il a rendu le dernier soupir!

Mais il devait étouffer ce sentiment comme les autres. Le secret le plus absolu lui était imposé; il fallait s'éloigner brusquement, attirer sur lui le dédain de celle qu'il avait tant aimée, s'efforcer d'oublier, subir le mépris du vieillard, celui de cette jeune fille, devenir pour eux un homme indigne de tendresse et d'estime, se fermer le refuge de ces deux cœurs dont l'attachement lui semblait si doux.

N'avait-il point été fou de croire au pardon, à l'oubli, au bonheur? Illusions que tout cela! Il reprendrait sa route âpre et difficile; il se jetterait plus que jamais dans le renoncement et le sacrifice, et Dieu seul connaîtrait le secret des larmes que désormais rien ne pouvait tarir.

Il accomplit ce sacrifice avec la fougue du désespoir, et se croyait certain de garder ce courage de martyr, lorsque le hasard le plaça en face d'Any, au village d'Eden. Sans lui avouer pour quelle cause il retirait sa parole, il s'efforça de lui persuader qu'en renonçant à l'espoir d'en faire sa femme il accomplissait un sacrifice et un devoir: elle l'aimait, elle le crut.

Dans la grandeur de son âme simple, elle accepta le serment du malheureux, elle eut confiance dans sa sincérité, et trouva une consolation dans l'assurance qu'il souffrait une douleur au moins égale à la sienne. Comme lui, elle perdit l'espérance ; mais avec la foi qui vivifiait son âme elle gardait la sérénité d'une conscience pure, ce trésor qu'il avait perdu sans retour.

Le faïencier se créa une occupation. Un devoir impérieux lui restait à remplir. Certes sa vie était à jamais brisée, il comprenait qu'il disparaîtrait bientôt de la scène du monde, mais auparavant le dernier vœu d'Henri restait a remplir.

Quelques jours après l'explication qu'il eut avec Any dans le parc du village, Samuel Dupont partit pour le Havre. Grâce à l'emprunt de l'ancien notaire de la famille de son ami, il lui fut posssible de retrouver les derniers créanciers de la faillite du négociant. On régla intégralement leurs comptes, au nom d'Henri-Samuel Dupont, capital et intérêts. Cette reddition complète absorba presque toute la somme confiée à Cyprien par son ami. Désormais l'honneur de la famille était sauf. Le faïencier pria le notaire de lui expédier un mois plus tard les titres réguliers de cette négociation, puis il revint à Paris, la conscience allégée d'un grand poids.

Il lui restait désormais à assurer l'existence du vieillard et de sa fille. Afin de connaître la somme dont il pouvait disposer, il pria Norbert de dresser un inventaire complet, son intention étant de partager tout ce qui lui resterait avec l'aveugle. Il laisserait ensuite la direction de la fabrique à Norbert, et se retirerait au village, vivant au milieu de ses ouvriers, s'efforçant de se faire mieux aimer encore, et surtout essayant d'oublier...

Norbert, propriétaire de la fabrique, épouserait Any, et plus tard, quand les battements de son cœur seraient calmés, Samuel trouverait peut-être la force de vivre près d'eux.

Tous ces sacrifices s'étaient accomplis au fond de son âme avec une admirable résignation. Le Père Xavier, mandé par un billet, était accouru pour tenter de consoler ce grand cœur ; il lui rendit le calme succédant aux grandes tempêtes de l'âme, lorsque la main de Dieu s'étend sur la mer ou s'appuie sur le cœur de l'homme.

Un calme relatif s'opérait donc dans la situation de Samuel, lorsque soudainement le passé devint visible, et un misérable lui jeta son nom à la face comme une mortelle injure :

— Cyprien Rémois !

Le masque tombait; derrière l'honnête homme, le voleur d'autrefois reparaissait. Jean Mioche, qui cachait Verjus, l'ancien ouvrier de l'armateur du Havre, comme Samuel cachait Cyprien, Jean Mioche disait : — Paie ou je parle, et dans son épouvante le fabricant prenait dans sa caisse à demi forcée une liasse de billets de banque, et criait :

— Prends! et va-t'en!

LE CONTUMAX

CHAPITRE XVII

LE PRIX DU SILENCE

Quelques tout petits enfants lui offrirent des fleurs. (Voir page 200.)

Chapitre XVII

LE PRIX DU SILENCE

Lorsque Samuel revînt à lui après la chute qu'il avait faite contre la grille du parc, le froid de la nuit le saisit, un soupir s'exhala de sa poitrine, et se soulevant sur le coude il promena autour de lui un regard troublé. La lune claire et brillante étincelait dans un azur sans nuage. Sous sa clarté crue se découpaient les profils des toits, les murets des jardins, les massifs des grands arbres. Au delà il distingua l'horloge de l'école, le clocher de l'église, le beffroi de la maison de ville, le campanile léger de l'hospice des invalides. Il revit tout cela avec une netteté qui lui parut sinistre : qu'était son œuvre maintenant? Après avoir sacrifié des millions, donné son cœur et son âme à cette création unique, un fantôme survenait qui lui mettait la main sur l'épaule, l'appelait par son nom, et lui disait :

— Tu es à moi.

L'attouchement du bourreau venant procéder à la dernière toilette du condamné ne cause pas une terreur plus grande que cette apparition. La force manqua longtemps à Samuel pour se relever et reprendre le chemin de sa demeure. Il trouvait presque une sensation de joie dans la prostration de son corps et le brisement de ses membres. Si les pulsations de son cœur pouvaient l'étouffer! Si le sang qui affluait au cerveau le frappait d'une congestion soudaine, combien il s'estimerait heureux de mourir! Sa conscience était en repos. Pour racheter le passé, il avait réalisé l'impossible, autour de lui les pierres parlaient pour l'absoudre. Le lendemain, on le trouverait sans vie, et les ouvriers le pleureraient. Il eût regretté une seule chose : que la vérité demeurât ignorée. Il lui semblait qu'elle deviendrait un haut enseignement, et qu'il serait utile de prouver qu'on remonte de l'abîme, et que toute espérance n'est pas enlevée à celui qui faiblit. Ensuite l'image en pleurs d'Any se pencha vers lui, et sur son front glacé elle appuya ses lèvres : elle croyait en lui en dépit de la rupture, en dépit du malheur, en dépit de la mort. Ces idées se succédèrent dans son cerveau comme passent devant nos regards les tableaux d'un panorama. Cependant les étoiles paraissaient s'éteindre en remontant au sein des profondeurs du ciel ; l'aube blanchissait l'horizon ; Samuel fit un effort, se leva sur les genoux ; ensuite se cramponnant à la grille, il parvint à se tenir debout, et resta accoté contre les barreaux. La cloche de la chapelle tinta, la grosse horloge sonna quatre heures. Le village allait s'éveiller. Samuel se traîna plutôt qu'il ne marcha vers sa demeure, en gravit les escaliers, et roula sur son lit où son domestique effrayé le trouva en proie à une fièvre ardente.

Un médecin fut mandé ; il accourut au village, et presque en même temps M. Darieu et sa fille.

— Mon père, dit Any, lorsque la nouvelle de la maladie subite du fabricant se répandit, il n'a pas convenu à M. Samuel de donner suite à ses projets de mariage ; je lui ai rendu sa parole. De ce côté tout est en règle ; mutuellement nous ne nous devons rien. Le rêve caressé est sans retour brisé, mais ce n'est pas une raison pour que nous lui retirions notre affection et notre reconnaissance. Il nous a sauvé la vie, il nous arracha à la misère : nous lui devons la paix dont nous jouissons, prouvons-lui que nous ne sommes point ingrats.

— Ainsi, demanda le vieillard, ton orgueil ne se révolte pas ?

— J'ai plus de cœur que d'orgueil, mon père.

— Tu crois de ton devoir de soigner le malade ?

— Oui, tant que dureront sa fièvre et son délire.

— Qu'il soit fait comme tu le souhaites, mon enfant !

Tous deux partirent pour le village.

Sur le seuil des petites maisons, les femmes d'ouvriers causaient. Le docteur Galéas paraissait préoccupé. On se demandait quelle serait l'issue de cette maladie foudroyante. Sans que le secret des événements de la nuit transpirât, les serviteurs avaient échangé différentes remarques.

Ils se souvenaient d'avoir scrupuleusement, la veille, clos et verrouillé les portes et les fenêtres; en descendant, le matin, ils trouvèrent la porte du vestibule ouverte. En proie à une agitation qui devait se terminer par une crise fatale, Samuel avait négligé de la refermer. De plus, Norbert, arrivé de Paris, traversant le cabinet de Samuel pour se rendre dans sa chambre, remarqua sur le parquet un outil bizarre; puis s'approchant du coffre-fort, il s'aperçut qu'on avait tenté de le forcer. N'était-il point impossible qu'attiré par le bruit, menacé par le malfaiteur surpris au moment où il perpétrait un vol, Samuel, saisi d'effroi, eût été frappé d'une congestion. Norbert trouva les clefs de la caisse, en retira les valeurs qui restaient, manda le fabricant qui l'avait vendu, et le fit immédiatement remplacer.

Galéas revint dans la soirée. La fièvre avait augmenté; il devint urgent de faire des applications de glace. Any s'installa courageusement auprès du malade. Rassuré par la présence de la jeune fille, Norbert put partager son temps entre la fabrique et le village. Il y revenait le soir, s'informait de l'état de son ami, s'asseyait au pied de son lit, tandis qu'Any, debout au chevet, prodiguait au malade des soins dont il ne gardait pas le sentiment. Jamais ils ne s'étaient trouvés aussi rapprochés; jamais ils ne songèrent moins à eux-mêmes. Devant le bienfaiteur à qui il devait le pain et l'intelligence, Norbert aurait cru commettre un crime s'il se fût replié sur lui-même, s'il eût profité d'un tête-à-tête semblable afin d'apprendre à Any que son nom remplissait sa pensée. Il la trouvait bonne et sainte comme une sœur de charité : et son cœur se taisait à cette heure ou plutôt ce cœur ne songeait qu'à Samuel.

Galéas se demandait vainement quelle pouvait être l'origine de cette maladie foudroyante; Norbert ne crut point devoir lui confier ses remarques à propos du coffre-fort. Mais comme, en dépit des côtés extravagants et charlatanesques de son caractère, Galéas possédait une véritable habileté, aucun prince de la science n'aurait mieux que lui soigné Samuel avec succès et dévoument.

Chaque jour Norbert, en revenant de Paris, apportait au village la correspondance à dépouiller. Il répondait durant la nuit aux lettres pressées. Un jour il trouva, au milieu d'un amas considérable de lettres commerciales, un paquet volumineux à l'adresse de

M Darieu. Il porta ce pli à Any qui le prit avec étonnement, puis devint toute pâle en lisant le nom de la ville d'où il avait été expédié.

— Dieppe! murmura-t-elle, Dieppe!

D'une main fébrile elle brisa les cachets. Un certain nombre de pièces sur papier timbré s'en échappèrent; elle lut curieusement d'abord, puis son visage s'éclaira subitement et, se levant, elle vint s'agenouiller devant le lit du malade.

— Soyez béni, lui dit-elle, oui, soyez béni, vous qui faites plus aujourd'hui que nous sauver la vie. Monsieur Norbert, savez-vous ce qu'a fait votre ami? O mon Dieu, mon père peut en mourir de joie! L'honneur, il nous a rendu l'honneur! Vous ne savez pas, vous ne savez rien. Mon père était banquier à Dieppe; la faillite de plusieurs commerçants le ruina. Mon frère nous envoya de l'argent à deux reprises, et nous versâmes des acomptes. Mais notre Henri bien-aimé mourut avant d'avoir achevé sa tâche, et nous restions insolvables. Comprenez-vous ce mot: insolvables! Vous ne savez pas ce qu'il fallut de courage à mon père pour ne pas se tuer. Il y a quelques semaines, M. Samuel apprit quelle avait été jadis la situation de mon père. Il me rendit les papiers contenant cette révélation, et Dieu me pardonne, à moi qui ne me pardonnerai jamais! je l'accusai presque. Maintenant je comprends tout. Il a voulu nous libérer de cette dette sacrée, et nous permettre de lever la tête.

Any appuya son front sur les couvertures et fondit en larmes.

Quand ce premier transport fut passé, elle étendit la main vers le malade. Ses lèvres remuèrent; elle regardait en haut, comme si elle eût voulu prendre le ciel à témoin d'un serment, mais elle ne proféra aucune parole.

Un moment après, serrant sur sa poitrine les papiers envoyés par le notaire, elle monta dans la chambre de M. Darieu.

Il lui fallut du temps pour raconter ce qui survenait, pour lire les pièces expédiées. Elle riait et pleurait à la fois et tour à tour. Redoutant de porter au vieillard un coup dangereux, elle enveloppait la vérité de circonlocutions, elle noyait ses révélations dans des phrases incidentes, s'arrêtait au milieu d'une longue période, coupait son discours par des baisers. L'aveugle ne comprenait pas encore, mais il devinait que sa fille était heureuse, et qu'on lui ménageait une surprise. Enfin la vérité se fit jour, et ce fut au milieu des caresses et des pleurs d'Any que le vieillard apprit que sa dette était payée.

— Dieu le sauvera! Dieu nous le rendra! dit-il. Il faudra bien qu'il avoue le secret de sa générosité. Oh! combien nous le bénirons et nous l'aimerons! jamais nous ne serons quittes avec lui, Any, jamais!

— Non, jamais! répéta-t-elle.

Et la nuit suivante, durant la longue veille qu'elle passa au chevet du malade, elle ne cessa de demander à Dieu du bonheur pour lui.

Samuel revint lentement à la vie; d'abord les accès de délire se calmèrent; ces accès durant lesquels il se croyait transporté tantôt au Havre, dans les chantiers de l'armateur, tantôt dans les *placeres* où il travaillait avec Henri à la conquête de l'or. Chaque fois que le nom de son ami revenait sur ses lèvres, une commotion secouait le corps de l'aveugle. Certes ce nom pouvait s'appliquer à un grand nombre d'autres jeunes gens, et pourtant il lui paraissait certain désormais qu'il avait connu son fils. Cette pensée formait entre eux un lien de plus. Tandis qu'Any donnait ses soins au malade, le vieillard, assis dans un fauteuil, restait dans la chambre près de la fenêtre, attentif au moindre bruit, recevant de temps en temps un baiser de sa fille, expliquant sa présence par son dévoument personnel. Norbert veillait toutes les nuits. Assis près d'Any, il voyait à loisir cette belle et douce fille prodiguer des trésors de patience et de bonté à ce malade que lui-même chérissait tendrement. Et Norbert se demandait pourquoi elle ne l'aimait pas quand il la chérissait avec une sincérité si intense. Penchés sur ce lit fiévreux, ils guettèrent ensemble le moment où le regard de Samuel se fixa sur les objets avec la sérénité de la raison retrouvée

Il les reconnut et leur prenant les mains :

— Comme vous m'aimez! dit-il.

En ce moment il avait oublié les obstacles se dressant entre lui et celle qu'il chérissait, sa résurrection ne lui apportait que de la joie.

Lentement son regard s'attrista, le sourire s'envola de ses lèvres. Sa raison amère, inexorable, était bien revenue, puisqu'il recommençait à souffrir.

Mais son devoir était d'accepter la vie. Des devoirs lui restaient à remplir, il guérit. L'ébranlement terrible qu'il avait reçu ne s'effaça pas cependant, une tristesse morne l'envahit, et, cette tristesse, la présence d'Any ne parvenait pas même à la conjurer.

Un soir, il garda Norbert dans sa chambre et, de cette voix lente des désespérés qui, n'attendant plus rien pour eux-mêmes, cherchent une suprême consolation dans la félicité d'autrui, il lui demanda :

— N'as-tu point fait choix d'une femme? Il est temps de fonder une famille, d'accepter les devoirs et les responsabilités de la vie. Des mois se sont écoulés depuis le jour où tu ébauchas une demi-confidence. Achève-la, Norbert; la maladie à laquelle j'ai failli succomber est un cruel avertissement. Je me retirerai de la lutte. N'aimes-tu donc personne?

— Moi? Ah! si j'osais!

— Qui t'arrête? parle.

— Voyez-vous, mon ami, mon père, tant que mon secret m'appartient, il me semble que je puis garder non point une espérance, mais une illusion. Le cœur va devant lui, tout droit, sans s'inquiéter des obstacles. Il aime pour aimer, sans se demander quel retour lui sera rendu. La première joie est celle de se donner. Quand il raisonne il est déjà trop tard. J'ai agi de la sorte, sans savoir ce qui arriverait de mon amour, je l'ai offert, et je crains bien de ne jamais pouvoir le reprendre.

— Cette jeune fille est-elle riche?

— Elle est pauvre.

— Quel obstacle vous sépare?

— Elle ne m'aime pas, voilà tout! Sans cela, elle n'aurait pas une fois, cent fois trahi le secret, sinon de sa préférence, du moins de sa sympathie. Non! pour elle je suis un camarade, un voisin. Elle m'accueille sans trouble et me quitte sans regret. Elle a pu demeurer près de moi durant les trois semaines de votre maladie sans rougir une seule fois en ma présence, sans lire dans mes regards, sans s'apercevoir de mon tremblement et de mon angoisse.

— Any! tu aimes Any! s'écria le malade en se soulevant.

— De toutes les forces de mon cœur.

— Mais elle, elle?

— Je vous l'ai dit, elle ne s'en aperçoit même pas.
— Any !

La voix de Samuel en prononçant ce nom, prit subitement une expression d'amertume mêlée de colère ; son regard irrité s'attacha sur Norbert qui, la tête penchée, ne devina rien de ce qui se passait dans l'âme de son protecteur. Du reste, à cette phrase de douleur âpre succéda vite chez le faïencier un revirement de pensées. Norbert aimait Any ! Quoi de plus simple, de plus naturel ? Quel meilleur dénouement pouvait désirer Samuel à ce drame au milieu duquel son cœur saignant se débattait. Puisque le bonheur était impossible pour lui, ne devait-il point se réjouir à l'idée qu'il réaliserait celui d'un fils d'adoption dont il avait fait un homme de cœur. Certes, le sacrifice serait grand, il lui coûterait, mais Any et Norbert seraient heureux.

— Norbert, dit-il d'une voix calme, quand il eut retrouvé assez de puissance sur lui-même pour imposer silence à son cœur et ne rien trahir de ce qui se passait au dedans de lui-même, ce soir même je parlerai à M. Darieu et, retiens cette parole, je ferai tout, tout, pour que tes vœux se réalisent.

— Ah ! vous me chérissez véritablement comme un père !

— Maintenant, quitte-moi, j'ai besoin de songer. Demain tu passeras toute la journée à Paris, afin de me laisser le temps de parler à Mlle Darieu. Bonsoir, Norbert ! Dieu te donnera le bonheur que tu mérites, mon enfant !

Ils se séparèrent sur un mot de reconnaissance et de tendresse.

Suivant la recommandation de Samuel, Norbert quitta le village le lendemain.

Le temps était froid, mais beau ; le convalescent témoigna le désir de faire une promenade dans le jardin, et Any lui offrit un appui dont il avait encore grand besoin.

Ils marchèrent à petits pas dans les allées ; du fond des maisons les femmes s'avançaient pour le voir, quelques tout petits enfants lui offrirent des fleurs. Il parut infiniment touché de toutes les preuves d'affection qu'il recueillit. Elles mettaient un baume sur les blessures de son cœur. Cependant il fit signe à Any qu'il désirait s'asseoir, et tous deux prirent place sur un banc de pierre.

Samuel chercha comment il entamerait un entretien si difficile. Il crut avoir trouvé, et dit :

— Avec quelle bonté vous m'avez soigné et défendu contre la mort. Si j'existe, Any, je vous en suis redevable, et jamais je ne vous en prouverai assez ma reconnaissance.

— Je n'ai pas même acquitté ma dette, répondit la jeune fille. Qu'est-ce donc que de rester auprès du lit d'un souffrant en comparaison de ce que vous avez accompli, lorsque, mon père et moi, vous nous arrachâtes à l'incendie !

Samuel demeura un moment pensif. Evidemment l'entretien était mal entamé ; il ne trouverait plus le moyen de parler de Norbert.

— Je donnerais ma vie pour vous savoir heureuse, reprit-il, et cette félicité que je rêve pour vous, je crois l'avoir trouvée. Il vous faut pour compagnon de votre existence un jeune homme, intelligent et bon, suffisamment riche afin que vous ne calculiez jamais le chiffre de vos aumônes. Un homme qui vous chérira, parce que vous êtes digne de tendresse et de respect, et que vous aimerez pour sa loyauté et sa franchise. Si vous avez fait d'autres rêves, Any, oubliez-les pour toujours ! pour toujours, entendez-vous, car ils sont irréalisables… Répondez moi en toute liberté d'esprit et de cœur : voulez-vous devenir la femme de Norbert ?

— Non, répondit-elle avec une sorte de violence, non ! Quoi ! voilà ce que vous avez trouvé pour moi ! La félicité rêvée, le bonheur de toute ma vie ! Est-ce que je l'aime, ce Norbert ? Vous ai-je chargé de me choisir un compagnon pour une existence qui restera solitaire. Et il me plaît de me souvenir à moi ! Je ne renie pas ma tendresse d'hier qui sera, quoi que vous fassiez, une tendresse éternelle. Nous sommes séparés, soit ! Vous me l'avez dit, je vous ai cru : dans ma confiance pour vous je ne me crois pas le droit de vous demander la raison de cette rupture. Ce qui survivra à nos liens rompus, aux fiançailles stériles, ce sera un amour au-dessus de tous les amours de ce monde.

— Taisez-vous, Any, par pitié !

— Je ne me tairai point, fit-elle, gardez la liberté de me fuir et de rester mon frère, je serai à jamais votre amie et, s'il le faut, votre servante. J'attendais l'heure de vous bénir pour un bienfait nouveau, ce que vous venez de m'apprendre me fournit l'occasion attendue. M. Norbert m'aime, toute autre que moi en serait heureuse, mais mon cœur est donné sans retour. Qu'a-t-il donc fait pour mériter mon affection? Rien! tandis que vous. Oh! vous! c'est à genoux que je devrais être pour vous remercier; vous m'avez sauvée de la misère et de la mort. Mais vous avez fait davantage, grâce à vous, l'honneur de mon père est intact.

— Any! que dites-vous?

— La vérité. Ma pensée pouvait-elle s'égarer un instant? Qui donc était assez riche et assez bon? Qui donc m'aimait avec assez de puissance pour me donner la joie de voir mon père réhabilité? Quoi que vous disiez, quoi que vous fassiez, je resterai fidèle à ma promesse d'un jour. Nous ne nous marierons pas, soit! mais nous continuerons de nous estimer et de nous chérir.

— Ah! tenez! s'écria Samuel, vous me condamnez à un supplice cruel. Je vous supplie de m'oublier, et vous renouvelez vos promesses. Je cherche le moyen d'échafauder votre bonheur, et vous vous obstinez dans votre dévouement stérile. Faut-il donc arracher le bandeau qui nous couvre les yeux? Me réduirez-vous à cette extrémité de vous avouer ce que je n'ai dit qu'au prêtre?

— Samuel, dit Any avec une solennité triste, quoi que vous puissiez dire, je ne saurais changer. Vous êtes capable de tous les héroïsmes, même de vous calomnier, et vous croyez qu'en m'obligeant à vous fuir vous réaliserez mon bonheur. Lisez dans mon cœur saignant de votre refus, mais immuable dans sa tendresse. Quand vous auriez connu tous les égarements de la jeunesse, quand vous auriez commis un crime, vous n'en resteriez pas moins le maître de ma vie! Et maintenant, consolez Norbert sans lui avouer mon secret; mon père, vous et moi, nous devons être seuls à le connaître.

— Ah! vous êtes un ange et je suis indigne de vous!

Ils rentrèrent seulement à la nuit. Le négociant marchait plus aisément, un sourire errait sur les lèvres d'Any.

Au moment où Samuel s'étendait sur le divan de sa chambre, le valet de chambre lui apporta sur un plateau une carte de visite.

Samuel devint d'une livide pâleur; il avait lu sur la carte :

Denis Verjus.

Le misérable se cramponnait à lui. En vidant sa caisse entre ses mains il avait cru acheter son silence, mais cette proie n'avait fait qu'accroître les appétits de Jean Mioche, et le chantage continuerait, de jour en jour plus hardi, plus menaçant, plus terrible. Un accès de désespoir s'empara du fabricant, il regretta amèrement de n'avoir pas succombé pendant la terrible maladie qu'il venait de subir. Que devenir et que résoudre? Si, en quelques semaines, Jean Mioche avait gaspillé cent mille francs, s'il revenait, en dépit de l'engagement pris de ne jamais reparaître, Samuel était perdu sans retour. Un instant il songea à tout abandonner et à s'enfuir ; une réflexion l'arrêta : Mieux valait une fois encore recevoir le misérable, s'expliquer avec lui d'une façon catégorique, et, s'il paraissait de nouveau dangereux pour l'avenir, le fabricant quitterait Paris et retournerait en Amérique. Les jours qui s'écoulèrent après la remise de la carte du misérable lui parurent d'une longueur démesurée. S'il avait su où le rencontrer, il l'aurait mandé tout de suite pour en finir. Mais Jean Mioche ne reparut pas le premier. Il envoya Poulot en éclaireur; instrument docile entre ses mains, Poulot venait de s'affilier à une bande de dévaliseurs de maisons de campagne. Florence Gervais ignorait ce qu'il était devenu, et racontait à ses amis qu'elle l'avait envoyé dans sa famille. Mais ses yeux rougis, la faiblesse croissante de sa santé, l'horrible tristesse qu'on pouvait lire sur son visage, auraient suffi pour révéler qu'un douloureux mystère dévorait sa vie.

Samuel se levait, mais, en dépit des conseils du docteur Galéas, il hésitait à quitter la chambre et à se promener dans les allées du parc. Il lui semblait qu'à chaque détour il apercevrait la hideuse figure de Jean Mioche. Quand il céda aux prescriptions de Galéas, Norbert et Auy l'accompagnaient. Un bruit de branches froissées dans un fourré lui fit bien tourner la tête, mais il crut au passage d'un chevreuil et n'aperçut point Poulot se glissant parmi les bouquets d'arbres. Ce fut seulement huit jours plus tard, au moment où il allait s'enfermer dans son cabinet de travail que la même carte lui fut remise : *Denis Verjus*. Après un frisson de terreur, qu'il ne fut pas maître de réprimer, il donna ordre de l'introduire.

Le voleur s'était en partie métamorphosé. Un costume de gentleman assez convenable remplaçait sa blouse crasseuse et ses haillons. Une chaîne d'or se balançait à son gilet; le coiffeur l'avait frisé au fer.

Il s'avança vers le négociant avec un dandinement léger.

Celui-ci le regarda froidement.

— Vous aviez pris l'engagement de ne plus revenir, dit-il à Jean Mioche.

— C'est vrai, et dans ce moment-là j'étais sincère... Mais j'ai joué et j'ai perdu.

— Écoutez, dit le négociant du même ton incisif et froid, je vais cette fois encore, et la dernière, vous acheter un silence que vous avez intérêt à garder ; je vous donnerai du pain, je refuse de vous enrichir. Comme il pourrait vous prendre fantaisie de revenir sans fin sur vos engagements, au lieu de vous payer un capital, je vous servirai une rente. Vous toucherez chaque mois mille francs chez mon notaire, le chèque sera au nom de Denis Verjus.

— Ça ne me convient pas, répliqua le misérable. Que voulez-vous que je fasse de mille francs ? Je veux m'établir, m'installer, avoir un appartement et recevoir mes amis. Capitalisez ou rien de fait.

— Qui me répond que vous ne reviendrez plus ?

— Votre accueil n'est guère engageant.

— Vous avez raison de ne point vous fier à mon calme apparent. Si vous êtes réapparu au milieu d'une vie que j'ai faite heureuse et florissante, c'est que la Providence, en dépit de mon repentir, voulait châtier la faute du passé. Je me soumettrai humblement à son arrêt, le jour où je comprendrai que tous mes efforts sont vains pour arrêter les efforts de la justice.

— Eh bien! fit Jean Mioche, quarante mille francs et la rente.

— Est-ce juré? Me laisserez-vous désormais en repos ?

— Je vivrai en bourgeois honnête, comme vous.

— C'est bien ; voici quarante mille francs, ne reparaissez jamais.

Jean Mioche quitta le cabinet du négociant qui, lorsque la porte se fut refermée, s'écria dans un accès de désespoir :

— Il reviendra ! Je suis perdu, perdu sans retour !

Un mois plus tard, en effet, Jean Mioche frappait de nouveau à sa porte, pour réclamer dix mille francs. Samuel paya ; et plus sa caisse se vidait dans les mains du misérable, plus il comprenait que ce chantage menaçant ne s'arrêterait que le jour où il ne lui resterait rien !

LE CONTUMAX

CHAPITRE XVIII

UN GUET-APENS

Fouinette se roulait à terre, essayant d'échapper à l'étreinte de l'agent qui venait de le terrasser. (Voir page 214.)

CHAPITRE XVIII

UN GUET-APENS

Il n'était bruit à Paris depuis quelques semaines que des exploits d'une bande de sinistres gredins, ayant pris pour spécialité la dévastation des propriétés voisines de la capitale. Leur audace s'augmentant du manque de répression, ils en étaient venus à piller les maisons d'Auteuil, de Passy et de Neuilly, agissant avec une audace inouïe, déjouant les précautions de la police comme la surveillance des propriétaires. A Neuilly surtout, la terreur causée par cette association de filous avait pris des proportions telles que les habitants, tremblant de se voir assaillis par les malfaiteurs, osaient à peine sortir après la chute du jour, et que, le soir, des coups de revolvers s'échangeaient entre des gens inoffensifs qui, mutuellement, se prenaient pour de dangereux bandits. Les journaux ne racontaient pas d'autres drames. Le parquet invitait le service de la sûreté à un redoublement de surveillance. On augmentait le nombre des agents en uniforme comme en bourgeois, et néanmoins chaque matin une plainte nouvelle accroissait les inquiétudes des citadins et l'irritation des magistrats.

De combien d'hommes se composait cette bande? A quels signes en reconnaissait-on les membres? Quels étaient ses lieux de réunions? On supposait qu'elle devait au moins comprendre une dizaine d'individus, car, dans la même nuit, on dénonçait souvent plusieurs vols. Parfois, les visites des voleurs de Neuilly gardaient un côté comique, en dépit de tout. Ils semblaient prendre plaisir à renouveler certaines excentricités effrontées des « artistes » du temps jadis. Ainsi, après avoir dévalisé une maison habitée, il leur arrivait souvent d'allumer les bougies de la salle à manger et d'improviser un souper au rez-de-chaussée, tandis que les propriétaires continuaient de dormir au premier étage. Les exploits de cette bande devenaient légendaires. Certains vols, suivis ou précédés d'assassinats commis dans de révoltantes circonstances, pouvaient-ils être ajoutés au compte déjà si terrible de la *Bande de Neuilly?* On ne savait. Les dossiers s'ajoutaient aux dossiers, puis restaient inutilement dans les casiers, tandis que les attentats contre les propriétés et contre les individus se répétaient sans interruption. On remarquait dans la façon de procéder une habitude, un système. Évidemment un mot d'ordre, très strictement suivi, était donné aux audacieux filous. La lutte s'engageait à outrance entre les malfaiteurs et la police. La panique régnant à Neuilly ne pouvait désormais se calmer que par l'arrestation des coupables. Les propriétaires, devant l'impuissance des magistrats et de la police, menaçaient de se faire justice, et Dieu sait jusqu'à quel point fût allée la répression si l'administration n'avait enfin compris qu'à tout prix elle devait agir.

Une râfle devenait inévitable dans toutes ces petites villes qui sont les extrêmes faubourgs de Paris.

Du côté du village d'Eden l'agitation était grande. Sans que M. Dupont eût porté plainte, le bruit courait sourdement dans le village qu'on avait tenté de dévaliser le « patron ». Les portes trouvées ouvertes par les domestiques, le bris de la serrure du coffre-fort, qu'il avait fallu remplacer le lendemain, la maladie subite du faïencier, qui pouvait être mise sur le compte de l'émotion, tout contribuait à augmenter les soupçons des braves gens, qui se seraient fait tuer sans regret pour protéger celui à qui ils étaient redevables de leur bonheur. Mais fallait-il attribuer les déprédations commises dans les villas et les maisons peu éloignées du village d'Eden à la bande de Neuilly ? Ou bien avait-on affaire à un autre groupe de malfaiteurs?

Le commissaire de police de l'arrondissement dont faisait partie le village d'Eden avait pris l'engagement de s'emparer des misérables, et les journaux, en vantant l'énergie dont plus d'une fois il avait donné des preuves, ne manquèrent pas d'enregistrer cette promesse. Dans tous les cafés, chez tous les mannezingues, au fond des bouges les plus infimes, on lut un article écrit avec verve et talent, et dans lequel on citait les paroles hardies du magistrat.

Admirées de tous les gens de cœur, elles ne pouvaient manquer d'être pour lui l'équivalent d'une condamnation à mort. Si les bandits laissaient vivre un pareil homme, c'en serait fait d'eux avant quelques jours.

Le commissaire de police, M. Boitel, ne dormait plus. Une pensée unique l'occupait et le troublait : mettre la main sur les auteurs des vols et des assassinats qui, depuis un mois, semaient la terreur dans les environs de Paris.

Un soir, vers onze heures, un enfant à mine éveillée, mais pâle, de cette morbide pâleur propre à certains gamins de Paris, se présenta au commissariat de police, et demanda à parler à M. Boitel.

Son secrétaire le pria en vain de lui expliquer ce qu'il souhaitait communiquer au magistrat, le petit garçon répliqua avec un sang-froid imperturbable :

— J'ai des révélations à faire.

En présence de son obstination, on l'introduisit.

Le regard sagace du magistrat enveloppa vite cet enfant mince, pâle, déjà marqué d'un stygmate de vice et d'effronterie. L'enfant ne se troubla pas sous le regard du commissaire de police, il parut au contraire en pleine possession de lui-même, et répondit sans baisser les yeux.

— Qui es-tu? demanda le magistrat.

— Mon commissaire, répliqua l'enfant, je viens pour vous faire des révélations, en voulez-vous, n'en voulez-vous pas? Voilà la chose! Si vous m'interrogez, ce n'est plus ça. Je ne suis pas sur la sellette. J'arrive volontairement vous rendre un service; s'il vous convient de le refuser, je vous tire ma révérence.

— Oh! oh! fit le magistrat, tu le prends de haut, mon jeune coq, et tu parais ignorer que la justice agit comme il lui convient, dès qu'elle a devant elle un individu qu'elle s'est fait amener, ou qui vient volontairement. Si les révélations que tu m'annonces nous sont utiles, je saurai te témoigner ma satisfaction ; mais, souviens-toi que la justice exige une franchise complète, et que le moindre mensonge te compromettrait. De plus, réponds à mes questions sans t'inquiéter de l'usage que je pourrai faire de tes paroles. Tu t'appelles?

— Poulot, répondit l'enfant.

— Ton domicile?

— Rue Paradis-Poissonnière, 17.

— Tu travailles à la fabrique de M. Samuel Dupont?

— Un fameux patron! répliqua Poulot, en évitant de répondre d'une façon plus directe.

— Maintenant, raconte ce que tu sais.

— Dimanche, comme qui dirait avant-hier, je suis allé à la campagne pour me reposer du travail de la semaine. Dame! les heures ont passé vite, et voilà qu'après une course à travers les champs, je me suis trouvé si las que je me suis endormi sur le revers d'un fossé. Quand j'ouvris les yeux il faisait nuit tout à fait; je repris ma course, mais la promenade m'avait éreinté, et de temps en temps j'étais obligé de m'asseoir. Pendant un de ces moments de repos, j'entendis parler à quelque distance. La curiosité me poussant, j'abandonnai ma place, et je me coulai du côté où trois hommes s'entretenaient à mi-voix. « C'est bon, disait l'un, l'affaire est dans le sac; tu toucheras la moitié de la prise pour nous avoir servi d'éclaireur, Mort-aux-Rats. — Et quand agirez-vous? demanda celui-ci. — Demain, faut pas laisser moisir les bonnes choses. On ne sait point d'ailleurs si notre affaire ne se gâtera pas. Nous nous maintenons à force d'audace, et nous devons l'impunité dont nous jouissons à la terreur à laquelle les badauds de propriétaires sont en proie. Mais ce diable de Boitel nous jouera un mauvais tour. Il est très fort celui-là! Et dame! il a derrière lui toute une escouade de gens qui savent jouer du coup de poing et vous ligottent proprement un homme. De la méfiance, je ne connais que ça! Enfin le bijoutier est riche, et nous ne perdrons pas notre temps. Il y a un chien dans la propriété, Mort-aux-Rats? — Je lui préparerai un gâteau. — Fouinette, ajouta le plus âgé des trois, tâchons d'agir en douceur, tu sais, l'affaire de l'Isle était mauvaise; les assassinats ne valent rien! Le sang, les outils, tout cela compromet; de plus on reconnaît souvent notre façon de travailler, on a ses traditions, pas vrai? » Les deux autres éclatèrent de rire. Je frissonnais de peur, mon commissaire, mais je songeais qu'en apprenant tout, il me serait possible de rendre service à la justice, et j'attendis immobile et retenant mon souffle. Enfin les trois hommes se levèrent. Je quittai mon abri, et je marchai derrière eux, pas assez près pour être remarqué, mais suffisamment pour ne point les perdre de vue.

— C'est bien! très bien! fit le commissaire. Après?
— Ils s'arrêtèrent devant un hôtel borgne de la rue de Longchamps...
— Quel numéro? demanda M. Boitel.
— Je l'ai oublié, répliqua paternellement Poulot.
— Mais tu le reconnaîtrais?
— Parfaitement, mon commissaire.
— Tu nous serviras de guide. Après?...
— Après, c'est tout... Vous savez où logent les voleurs, c'est à vous de les prendre. Ils ne doivent voler le bijoutier que demain; cette nuit ils dorment tranquilles comme de petits saints, vous pouvez faire une rafle.

M. Boitel écrivit rapidement quelques mots, sonna son secrétaire, lui remit la note qu'il venait d'écrire, puis il dit à l'enfant :

— Reste ici, tu nous accompagneras.
— Mais, mon commissaire, répondit Poulot! j'aimerais mieux rentrer pour rassurer ma mère; je reviendrai ensuite...
— Non, fit M. Boitel, un agent ira la prévenir de ne pas t'attendre et d'être sans inquiétude.
— Et puis, ajouta Poulot, j'ai faim...
— On va te servir du jambon et un verre de vin.

Ces dispositions gênaient évidemment l'enfant. Il avait compté qu'une fois sa déposition faite on lui permettrait de s'éloigner, en se contentant de lui donner rendez-vous pour une heure déterminée, rue de Longchamps, suivant les indications qu'il venait de donner.

L'hésitation de Poulot, devinée par le commissaire, fut mise sur le compte de la crainte qu'il éprouvait de causer une inquiétude à sa mère. Il rassura l'enfant, mais il persista dans son intention de le garder au bureau.

Poulot parut se résigner; il devint même assez communicatif après que, par les soins de M. Boitel, un repas substantiel lui eut été servi. Il y fit largement honneur, et sabla une bouteille de vin avec aplomb.

C'était toujours un joli garçonnet à l'œil éveillé, à la mine futée, vrai gavroche, en qui se retrouvait l'esprit natif du petit Parisien : mélange bizarre de qualités innées, de vices précoces, et que poussaient vers la route de la perdition les curiosités malsaines, des besoins de parties fines et de grandes ripailles au milieu desquelles s'étalait son rire filé comme un son de hautbois. Le sentiment d'une précoce duplicité le jetait d'une faute à l'autre. Après avoir menti à sa mère, puis à son patron, il mentait à la justice, trouvant plaisant de tromper la *Rousse*, sans s'inquiéter des suites que pouvaient avoir ses duplicités. Il aimait pourtant sa mère, cette pauvre Florence qu'il avait quittée, et vers qui il retournait si rarement désormais, Florence qui ne cessait de verser des larmes sur lui et qui redemandait chaque jour à Dieu le retour du petit vagabond. Durant les absences qu'il ne justifiait plus, il lui arriva différentes fois de la rencontrer par hasard au détour d'une rue, si pâle, les yeux si rouges, qu'il se sentait étouffer de honte ; la tendresse l'emportait durant une minute ; éperdu, il se jetait à son cou, l'embrassant d'une étreinte folle ; mais, après quelques heures passées dans le petit logement paisible, l'ennui le prenait ; il se souvenait des cabarets où s'attablaient les camarades, des fumées bleues du punch qui flambait, des godailles sans fin, des chansons à se tenir les côtes, des lippées plantureuses qu'on se payait sur les râfles de la nuit. Et tout en regrettant sa mère, il parlait de souper, offrait d'aller faire les acquisitions, partait, et ne revenait plus.

Un soir pourtant il rentra les vêtements déchirés, le front saignant, le corps meurtri. Sans rien dire, semblable à un chien battu, il se jeta dans un coin de la chambre. Florence bondit vers lui avec un cri d'angoisse :

— Blessé, toi ! mon enfant, mon amour ! Oh ! les misérables qui ont à demi tué mon chéri... Laisse-moi laver ton front... Dieu ! la plaie est énorme... Comment cela est-il arrivé...

— Ils me le paieront ! Ils me le paieront ! murmura Poulot entre ses dents.

— Non ! non ! pas de vengeances, pardonne à qui t'a fait mal.... Je te pardonne bien, moi ! Et pourtant la blessure que tu m'as faite au cœur est mille fois plus cruelle. Voilà du linge frais... tes anciens habits restés au fond de l'armoire... Oh ! si tu voulais rester ici....

— Tu me cacherais ? demanda Poulot.

— Te cacher ! En es-tu réduit là...? O mon enfant ! mon pauvre enfant ! Oui, je te défendrai contre tous... Tu ne sortiras pas, nous resterons tous deux dans cette petite chambre, tu guériras vite, va !

— Oh! la blessure, je m'en moque pas mal! c'est la trahison que je garde sur le cœur.

Il fut impossible d'arracher à Poulot une explication plus complète. Pendant quinze jours il ne quitta pas sa mère ; mais à mesure que les traces des coups s'effaçaient, que la plaie se cicatrisait, il se demandait ce que faisaient les autres... Puis encore une fois l'ingrat s'en alla, tandis qu'elle était allée à son travail lui gagner le pain du soir.

Deux mois s'étaient écoulés depuis ce dernier départ. Il avait retrouvé ses camarades, Jean Mioche, Mort-aux-Rats, La Déveine, Fouinette : ils l'avaient entraîné dans d'autres aventures, conduit dans d'autres bouges, et il avait oublié, précocement sali et vicié par le contact de tels hommes, les pleurs de la mère désolée qui l'attendait dans la petite chambre de la fabrique Dupont.

Brusquement, tandis qu'il achevait de dîner dans un cabinet dépendant du commissariat de police, ce souvenir lui revint, non pas affaibli et lointain, mais tenace et brûlant. Ce fut comme la sensation d'un fer rouge appliqué sur la chair vive. Cette émotion fut si soudaine et si troublante qu'il se leva brusquement, saisi par le désir de parler de nouveau à M. Boitel, et de lui dire... Mais qu'aurait-il dit ?

Avec un sentiment d'effarement et d'épouvante il entendit sonner onze heures. On allait partir...

La tête cachée dans ses mains, Poulot s'absorba dans une pensée désolante dont il sortit seulement en sentant sur son épaule la main d'un agent de police.

— Que me voulez-vous? demanda-t-il brusquement.

Le ton dont il adressa cette question fut tel qu'il frappa vivement M. Boitel qui l'avait entendu. C'était le cri de la terreur, l'accent de l'être traqué et forcé.

— Écoute, lui dit-il, il est temps encore de revenir sur tes déclarations si elles sont mensongères... Mon Dieu! il arrive souvent qu'un enfant trouve amusant de jouer un rôle, et vienne raconter une série d'histoires invraisemblables... C'est une faute, sans doute, mais pour laquelle nous gardons de l'indulgence... Il est temps encore de revenir sur tes déclarations... As-tu dit la vérité, en affirmant que tu connais le secret de Fouinette et de Mort-aux-Rats..

— Mon commissaire ! s'écria Poulot.

— Plus d'ambages ni de phrases... Ne me caches-tu rien? Tout à l'heure j'ai seulement parlé de mensonges, on a vu des enfants de ton âge faire cent fois pire, et devenir les complices et les artisans de complots abominables.. S'il en était ainsi, prends garde à toi ! La police est brave, elle court sans peur où on lui signale des malfaiteurs à prendre et des crimes à venger, mais l'heure vient où elle se montre impitoyable, et si tu aidais à nous attirer dans un piège...

Poulot tressaillit et devint blême.

Un moment il garda le silence, se demandant ce qu'il devait, ce qu'il pouvait faire, hésitant entre deux périls. D'un côté M. Boitel évoquait la loi ; de l'autre il voyait apparaître des figures d'hommes qu'il connaissait trop bien, et qui, eux aussi, gardaient tout prêts des moyens de vengeance.

L'enfant eut moins de terreur de la justice que des misérables auxquels il s'était lié.

La tête basse, il répéta :

— Mon commissaire, j'ai dit la vérité.

— Alors, guide-nous, reprit M. Boitel. Nous irons en voiture jusqu'à la rue la plus proche de celle où se trouve le garni, nous descendrons et tu nous conduiras.

— Oui, mon commissaire, répéta Poulot avec plus d'aisance.

Il murmura tout bas en abaissant sa casquette sur son front :

— Faudra trouver un joint pour tirer ses pattes... Allons, au petit bonheur !

On partit. Le trajet fut silencieux. Suivant le plan de M. Boitel, les agents, au milieu desquels se trouvait Poulot, descendirent de voiture. Le quartier dans lequel ils se trouvaient était obscur et misérable. A peine quelques cabarets gardaient-ils une lanterne allumée.

Poulot, de plus en plus inquiet, sondait l'ombre de son regard ; tout à coup, d'un bouge peu éloigné sortirent trois hommes criant à tue-tête, et un garçon qui tirait avec obstination les soufflets d'un énorme accordéon. L'instrument avait la prétention d'accompagner la chanson populaire :

Il n'a pas d'parapluie !

Les ivrognes descendaient en festonnant la rue étroite, battant les murailles, tantôt à droite, tantôt à gauche, parfois se donnant le bras, et barrant complètement la voie. A mesure qu'ils approchaient, le magistrat et les agents qui remontaient la rue devaient fatalement se trouver en face des ivrognes, leurs voix se faisaient plus criardes, et le joueur d'accordéon tirait sur son instrument avec plus de furie.

Au moment où les brutes se virent à quelques pas de M. Boitel, un léger sifflement se fit entendre, ils marchèrent plus vite, de front, et fouillèrent brusquement sous leurs blouses.

En une seconde ils se ruèrent sur les agents, et M. Boitel atteint à la poitrine d'un coup de couteau roula sur le pavé en poussant un gémissement. Le joueur d'accordéon et Mort-au-Rats étranglèrent un agent. Fouinette se roulait à terre, essayant d'échapper à l'étreinte de l'agent qui venait de le terrasser. Cependant l'avantage serait resté aux misérables si un groupe de sergents de ville, passant à peu de distance, n'eût entendu le bruit de la scène. Arrivant au pas de course ils eurent vite empoigné les misérables qui, les menottes aux mains, furent conduits au Dépôt, tandis que les derniers agents relevaient M. Boitel à demi évanoui et le transportaient jusqu'à la voiture.

Quand ils se souvinrent de Poulot, l'enfant avait disparu.

Dès le lendemain, la nouvelle circulait dans Paris de la tentative d'assassinat commise sur M. Boitel. Où s'arrêterait l'audace des bandits désolant et ravageant Neuilly, Passy et Auteuil, s'ils s'en prenaient à l'autorité. L'effroi prit dans ces petites villes greffées sur Paris les proportions d'une panique. L'unique espoir de la justice fut qu'il serait possible de faire parler les misérables auteurs du guet-apens et de leur arracher le secret de leur association.

Ce fut une femme qui lui vint en aide. Le jeune gredin qui accompagnait la chanson : « Il n'a pas d'parapluie! » avait une mère qui sollicita la permission de voir son fils. Avant de la lui accorder on la questionna, lui promettant que les révélations qu'elle ferait seraient utiles à l'enfant, dont le sort lui arrachait des larmes amères. D'abord elle résista, affirmant qu'elle ignorait et les fautes de son fils et le nom de ceux qui l'avaient attiré dans leur terrible association. Mais, au milieu de ses dénégations, l'indécision faisait son vent faiblir sa voix, la terreur se lisait dans son regard, un tremblement secouait ses membres. Elle eût voulu quitter le cabinet du magistrat qu'elle était venu solliciter. La justice l'effarait. Sous la douceur de langage de celui qui l'interrogeait, elle croyait deviner de sourdes menaces. Elle avait le pressentiment qu'on ne ment jamais en vain à la justice. Pantelante, sentant les sanglots lui monter à la gorge, elle n'osait plus ni parler ni faire un mouvement, et le magistrat continua :

— Qu'avez-vous à craindre, je ne dirai point pour vous-même, mais pour votre fils Janrose. Votre intérêt, au contraire, et celui de votre fils, est de parler et de dire tout ce que vous savez, ce que vous soupçonnez. Les renseignements pris sur vous nous ont fait connaître que vous avez soigneusement élevé un enfant indocile ; après son abandon vous avez continué à travailler, et rien n'indique que vous ayez une connaissance complète de ses crimes... Ce que la justice attend de vous, c'est le moyen de trouver les chefs de la bande dont Janrose fait partie... M. Boitel est mort, et cet assassinat sera vengé ; je vous jure cependant que nous aurions égard au service que vous nous rendriez, et que votre fils en profiterait dans une certaine mesure.

— Après tout! fit-elle, je ne risque pas de le compromettre.... Mais je vous jure que je sais peu de chose... Mon malheureux enfant m'a dit un jour que l'homme le plus fort de Paris était un appelé Jean Mioche, logeant le plus souvent à l'enseigne du *Fanal Rouge*.

Le juge d'instruction écouta ce renseignement, traça vivement quelques mots sur un papier qu'il remit à la mère de Janrose, puis il ajouta :

— Donnez à votre fils le conseil, très précieux pour lui, de parler sans crainte.

La malheureuse femme quitta le cabinet du magistrat et courut à la prison.

Elle trouva son fils dans un violent état d'exaspération. Le misérable se sentait perdu. Il comprenait trop tard que l'attentat commis sur la personne du commissaire de police aurait de terribles représailles, et il s'irritait surtout d'avoir commis un crime entraînant la peine capitale sans chance de profit.

Il accueillit donc mieux que celle-ci ne l'aurait cru les conseils de sa mère, et, d'une voix rauque, en rapprochant son visage du treillis de fer qui le séparait de la jeune femme en pleurs, il s'écria avec rage :

— Ils le veulent ! Eh bien ! tant pis ! chacun pour soi... Je mangerai le morceau !

LE CONTUMAX

CHAPITRE XIX

LE MANGEUR DE « GRENOUILLE »

Mène-le au n° 6, la chambre du dernier guillotiné. (Voir page 228.)

Chapitre XIX

LE MANGEUR DE « GRENOUILLE »

Un matin, Jean Mioche vit entrer chez lui un homme que, sans doute, il n'avait pas vu depuis longtemps, car il le regarda avec une hésitation marquée, puis, lorsqu'il crut pouvoir mettre un nom sur son visage, une pâleur livide couvrit son front.

— Ah ! fit l'homme qui venait d'entrer, tu me reconnais maintenant, c'est heureux, mon petit, car je t'aurais accusé d'orgueil ou de manque de mémoire, et, tu le sais, Chardon ne pardonne guère ces péchés-là.

— Oui, je vous reconnais, fit Jean Mioche, en s'efforçant d'affermir sa voix, mais il y a si longtemps que nous ne nous sommes vus.

— Dix-sept ans, fit Chardon, ni plus ni moins. Les choses ont marché depuis lors, bonnes pour les uns, mauvaises pour les autres. Je reviens de la *Nouvelle*.

— Gracié ? demanda Jean Mioche.

— Évadé, répondit Chardon.

— C'est dangereux.

— Très dangereux.

— Comptes-tu donc demeurer ici ?

— Non. J'y viens chercher le moyen de vivre ailleurs.

Jean Mioche respira.

— Jusqu'à ton départ tu peux rester chez moi.

— Merci, tu es bien bon.

Chardon promena autour de lui un regard curieux.

L'appartement occupé par Jean Mioche se trouvait situé boulevard Ornano, au deuxième étage. Meublé avec un luxe de mauvais goût, il pouvait éblouir l'évadé de la *Nouvelle*. Avant d'avoir retrouvé le malheureux qui cachait sous le nom de Samuel Dupont les erreurs et les fautes du commencement de sa vie, Jean Mioche vivait dans les bouges des alentours de Paris, se cachait dans les carrières, souvent riche du vol de la veille, d'autres fois sentant la faim lui torturer les entrailles. Il passait ainsi par une série d'intermittences de fortune et de misère, toujours tremblant, et cherchant sans trêve quel crime lui assurerait, le lendemain, des moyens d'existence. Ce fut pressé par des besoins renaissants qu'il conçut le plan de terroriser presque seul la banlieue de Paris, et que le hasard le conduisit chez Samuel Dupont. A partir de cette soirée, sa vie changea complètement. Il loua un appartement, se meubla d'une façon confortable, s'habilla en bourgeois cossu, fréquenta les restaurants, courut les théâtres, sabla les meilleurs vins, et connut les loisirs d'un rentier. Ayant trouvé moyen de se faire présenter dans un tripot, il y joua un jeu d'enfer, subit des alternatives de perte et de gain et retourna chez Samuel Dupont chaque fois que la fortune se conduisit en marâtre. Seulement, au lieu de comprendre la situation, il en abusa. Jean Mioche ne crut point à la parole de celui qu'il pouvait perdre, et demeura convaincu que le fabricant, pour acheter son silence, sacrifierait jusqu'à son dernier sou

Successivement il revint à la charge, opérant chaque fois des saignées plus onéreuses dans la caisse de Samuel, et s'imaginant que cette existence durerait toujours.

Cependant, la façon dont s'était expliqué le fabricant lors de leur dernière entrevue lui donna à réfléchir. Il s'informa, et apprit qu'un acte d'association venait d'être signé entre Norbert et le fabricant. En même temps, celui-ci plaçait chez un notaire les deux millions indispensables à l'entretien des œuvres fondées au village d'Eden. Samuel Dupont ne mentait pas en affirmant qu'il se réduirait volontairement à la pauvreté, et que les efforts de Jean Mioche se heurteraient bientôt contre l'impuissance où serait celui-ci de satisfaire à de nouvelles exigences.

Que faire? Jean Mioche n'eût jamais consenti à se contenter pour vivre du peu qui lui restait, et du produit de la vente de son mobilier. Il voulait continuer l'existence qu'il menait depuis des mois, et ce fut alors qu'il résolut de scinder sa vie en deux parts. De temps à autre, il annonçait qu'il partait pour la campagne, revenait au bout de deux ou trois jours, et reprenait son train de vie. Nul ne s'étonnait et ne s'inquiétait. Jean Mioche ne recevait personne. Le peu de gens qu'il connaissait, il les rencontrait sur les boulevards, leur offrait à dîner ou acceptait une invitation. Il allait au théâtre, fréquentait les cafés-concerts, finissait la nuit dans des orgies, pour s'y reposer de nuits plus troublées encore.

Cette existence en partie double se déroulait moitié au boulevard Ornano, moitié au *Fanal Rouge*. Il arrivait dans ce bouge, en costume de « travail », son paletot caché par une blouse, portant sur lui de doubles vêtements, afin de pouvoir enlever brusquement le premier si des traces de sang s'y voyaient. Au *Fanal Rouge*, il retrouvait le nom et la popularité de Jean Mioche. On le redoutait et on l'admirait. Chacun des locataires de ce bouge le jugeait capable de ces coups de hardiesse qui fondent la réputation d'un homme au milieu d'un repaire de bandits. Il admettait rarement cependant ses camarades à lui venir en aide, redoutant par-dessus tout la complicité qui, presque toujours, se termine en inimitié. Dans certains cas, pourtant, il ne lui était pas possible d'agir seul. Il s'adressait alors de préférence à des gens nouveaux dans son horrible métier. Leur terreur était plus grande; ils sentaient davantage le poids de la chaîne qui les liait à leur terrible chef. Jean Mioche, doué d'une énergie peu commune, d'une force physique qu'on n'eût jamais soupçonnée à voir son apparence presque chétive, était un de ces redoutables bandits qui peuvent non seulement combiner un plan, mais encore l'exécuter seul. Le moins possible il avait recours au couteau; son arme favorite était un marteau au manche court qui, manié avec une force redoutable, broyait le crâne des malheureux, et les mettait dans l'impossibilité d'appeler à l'aide. Il devait à cette «façon d'opérer» l'infâme réussite de ses crimes. Du reste, il les préméditait longuement, ne négligeant aucun renseignement, n'abandonnant rien à l'aventure. Depuis quelque temps, l'audace de ses attaques, la multiplicité de ses vols aux environs de Paris, mettaient à sa disposition une somme assez forte. Cependant elle était loin d'atteindre le chiffre des revendications de l'homme qui en ce moment se tenait debout devant lui.

— Eh bien! demanda Chardon, es-tu en mesure?

Jean Mioche devint livide.

— Vois-tu, dit-il, il me semblait dangereux de garder chez moi une somme aussi forte; je l'ai mise en sûreté.

— C'est de la prudence. Où l'as-tu déposée? dans une banque?

— Les banquiers ne m'inspirent pas de confiance.

— On en a vu prendre la fille de l'air, dit sentencieusement Chardon. Qu'as-tu fait du magot, alors?

— Je l'ai caché dans un bois.

— Quel bois?

— Le bois de Verrières.

— Je commence à te juger moins prudent; mais enfin, tu as eu soin sans doute de marquer l'arbre.

— Naturellement. Si tu veux, nous irons ensemble déterrer l'argent.

Chardon regarda Jean Mioche en face.

— Ce n'est pas fort, ce que tu inventes là, mon garçon. Mais, je suis tranquille! On ne roule pas un vieux comme moi. Le bois de Verrières! C'est loin, c'est isolé! Un coup de poing américain, et c'en est fait de Chardon et de sa réclamation. Non, non, mon bonhomme, l'affaire ne se passera pas de la sorte. Lorsque nous avons passé en cour d'assises, Fiston, La Trogne et moi, nous t'avons remis cent cinquante mille francs. Un dépôt sacré; les voleurs ne se volent pas plus entre eux que les loups ne se mangent. Nous ne t'avons pas vendu, parce que tu détenais notre fortune; si tu nous faisais banqueroute, je ne te dis que cela, mon petit, tu serais perdu. Voyons! ni tromperies, ni faux-fuyants, l'argent...

— Encore une fois, je ne l'ai pas ici.

— Tu as mangé la grenouille, croyant que pas un d'entre nous ne reviendrait, et nous croyant bien gardés à la Nouvelle. Mais on en revient, mon petit, et ceux qui arrivent ont les dents horriblement longues!

Jean Mioche crut avoir trouvé un moyen de salut.

— Je vais te remettre ta part, Chardon.

— Ma part! Non point! Je deviens le banquier de l'association à mon tour. Fiston et La Trogne m'ont délégué leurs pouvoirs. J'attends la somme entière; si tu refuses de me la remettre, ton affaire est dans le sac. Depuis mon retour, j'en ai appris long sur ton compte. Si je t'ai retrouvé boulevard Ornano dans ta peau de bourgeois paisible et honnête, c'est que je connais toute ta vie. Si la police me consultait, elle trouverait vite la bande de Neuilly ; un joli truc, du reste, mes compliments ! Payes-tu ?

— Non, répondit Jean Mioche : rien de ce que tu pourrais dire ne fera que je puisse à cette heure te remettre cent cinquante mille francs. Après quinze ans d'absence, on ne redemande pas à brûle-pourpoint une pareille somme à un camarade. Tiens, tout ce que je possède est renfermé dans ce tiroir, prends-y ce que tu voudras. Ce soir, je me procurerai le reste.

— Comment? demanda Chardon incrédule.

— Je garde mon secret.

— Il me semble trop ressembler à l'histoire du bois de Verrières! Parle ou je me venge.

— Je te laisse libre de me suivre, c'est tout ce que je puis faire. Je me rendrai au village d'Eden appartenant à un fabricant de faïence bien connu, et je reprendrai chez lui les fonds placés dans son commerce. Tu peux me suivre, attendre dans le parc; je reviendrai te trouver avec l'argent.

Chardon réfléchit.

Il ne risquait rien à accepter ce que lui proposait Jean Mioche. S'il refusait, pour se venger il devrait le dénoncer, et Jean Mioche à son tour signalerait à la police la présence de Chardon à Paris. Il serait toujours temps le lendemain d'employer les moyens violents, si Jean Mioche refusait de tenir sa parole. Cependant, la crainte des éventualités pouvant surgir, Chardon enfonça la main dans le tiroir béant, la retira pleine d'or et de billets, et dit en souriant d'une façon gouailleuse :

— C'est un acompte !

Puis, accentuant davantage son expression de bonne humeur :

— Je cours acheter une pelure à la *Belle-Jardinière*; tu m'inviteras à dîner, et copieusement, tu sais? de la sorte nous ne nous quitterons pas.

— C'est cela, nous ne quitterons pas, répondit inconsciemment Jean Mioche.

Chardon partit en promettant d'être de retour dans deux heures.

Resté seul, Jean Mioche exhala furieusement sa colère que jusqu'alors il était parvenu à dompter. L'arrivée de Chardon bouleversait subitement tous ses plans. Ce qu'il venait de promettre, il n'était pas certain de pouvoir le tenir. Depuis longtemps la caisse de Samuel Dupont lui demeurait fermée, et il restait convaincu que le fabricant ne mentait pas en lui affirmant que sa fortune personnelle se trouvait réduite à fort peu de chose. Comment le recevrait-il? Trouverait-il les cent cinquante mille francs dont il avait besoin? Jean Mioche savait trop que Chardon pourrait exercer une terrible vengeance. Jean Mioche avait volé des camarades, des amis, plus que cela : des complices! Il fallait l'argent, il le fallait à tout prix. Il affirmerait à Dupont que jamais plus il n'aurait recours à lui. Il le supplierait, il ne menacerait plus. Et pourtant si Dupont, lassé de la lutte, refusait, tenait tête à l'attaque et bravait les conséquences de son refus, que ferait-il? Jean Mioche ne se le demanda pas longtemps. L'expression de son visage devint si résolument féroce que, s'il se fût regardé dans un miroir, il se fût fait peur. Pour agir il lui restait quelques heures.

Jean Mioche se rendit rue Paradis-Poissonnière, s'assura que le fabricant se trouvait au village d'Eden, dîna au cabaret, trouvant mortellement long le temps qu'il devait dépenser avant de partir; puis, lorsque dix heures sonnèrent, il monta en fiacre, descendit de voiture avant d'arriver au village, pénétra dans le parc en franchissant la palissade et la haie, et se dirigea vers la demeure du faïencier.

La clarté d'une lampe se distinguait de loin dans la chambre qu'il connaissait trop. Le misérable rôda autour de la maison close et paisible. Il ne voulait réveiller personne : s'aidant des pieds et des mains, il escalada les treillages verts garnissant les façades, parvint à la hauteur de la chambre de Dupont; puis, tranquillement, sans se presser, après avoir acquis la certitude que celui qu'il cherchait travaillait à son bureau, il coupa un des carreaux de la fenêtre, fit jouer l'espagnolette, enjamba l'appui de la croisée et se trouva dans la chambre.

Il avait fait si peu de bruit, et Samuel Dupont travaillait avec une telle application, une telle ardeur, que le misérable se trouva debout près du fauteuil du fabricant avant que celui-ci soupçonnât sa présence.

La main du bandit effleura son épaule.

— Cyprien Rémois! dit-il.

Ce nom fit tressaillir le faïencier comme si un fer rouge eût été appliqué sur une plaie vive.

— Encore vous! fit-il.

— Moi, répondit Jean Mioche.

— Que voulez-vous!

— De l'argent.

— Je me suis dépossédé, je n'en ai plus. Quoi que vous fassiez je ne puis plus rien vous donner.

— Écoutez, fit Jean Mioche, j'avais juré de ne plus revenir et de me tenir pour satisfait de ce que vous m'aviez remis. Dans ce moment-là, j'étais de bonne foi, je vous le jure. Rien alors ne pouvait me faire prévoir...

— Allons donc! fit le fabricant. Ne mentez pas, à quoi bon! Le jour où vous m'avez retrouvé fortuitement, vous vous êtes dit que vous trouveriez dans ma caisse une mine d'or inépuisable. Vous vous êtes trompé. Depuis l'heure où je me suis repenti, je me suis regardé comme le détenteur et non le propriétaire d'une fortune. Les pauvres devaient plus que moi profiter de mes succès. Je gardais, il est vrai, la disposition de l'or que je gagnais pour eux, mais, si vous avez interrogé quelques-uns de ceux qui m'entourent, vous aurez compris que je croirais commettre un vol en prenant leur part. Et cela je ne le ferai pas.

Jean Mioche baissa la tête.

— Il me faut de l'argent, cependant, fit-il : cent cinquante mille francs; remettez-les-moi, et vous ne me reverrez jamais. Tenez, vous saurez toute la vérité et vous comprendrez quel péril me talonne et m'oblige à m'adresser à vous. Je reçus jadis en dépôt cent cinquante mille francs; des camarades partant pour la Nouvelle-Calédonie firent de moi leur banquier. Ils m'abandonnaient la disposition des revenus, mais je devais garder le capital à leur disposition et le rendre à la première réquisition qui m'en serait faite. Vous croyez que la parole des honnêtes gens est sacrée; celle des filous l'est plus encore, quand il s'agit d'un engagement pris entre eux. Si vous subissez une perte considérable causée par le manque de bonne foi d'un commettant, lui seul a prise sur vous. Le vol que j'ai fait de l'argent de mes camarades m'expose à leur vindicte. Je tomberai sous le couteau de l'un d'eux à moins qu'ils ne me livrent à la justice, et ils prendront ce dernier parti. En ce moment je n'exagère rien, je ne mens pas. Ayez pitié de moi ; à mon tour j'ai peur et je prie. On me livrera, je serai guillotiné, et l'échafaud me cause une peur horrible. Cet argent, donnez-moi cet argent. Je quitterai Paris, je n'y reviendrai jamais ; je vous laisserai jouir en paix du fruit de votre travail. Une fois encore, puisez pour moi dans votre bourse.

— Quand même je le voudrais, je ne le pourrais pas, répondit le fabricant.

— C'est impossible.

— Lorsque je vous vis pour la première fois, je compris que c'en était fait du repos de ma vie, et je voulus au moins assurer celui des autres. Un traité d'association fut signé avec Norbert, mon fils adoptif ; j'assurai la prospérité de ce village, mon œuvre, ma joie, ce que je considère comme l'absolution de mon passé. J'ai pris toutes mes précautions. De mon plein gré, j'ai voulu me dépouiller afin d'être sûr de ne plus pouvoir rien vous donner. Je vous dis ces choses tranquillement, froidement, pour que vous demeuriez bien convaincu qu'aucune pression ne me fera dévier de la ligne de conduite que je me suis tracée. Je ne dois pas plus vous laisser d'espoir d'obtenir quelque chose de moi par l'intimidation, que je n'en garderai d'échapper à votre vengeance ; cette vengeance me trouvera résigné. Ce n'est pas sous la main d'un scélérat que je me courbe ; s'il ne s'agissait que de vous, je me redresserais de toute la hauteur de mon repentir, et c'est vous, soyez-en certain, qui trembleriez. Mais vous êtes pour moi l'agent du châtiment d'en haut ; Dieu ne m'a point pardonné, puisque vous vous acharnez à ma perte. Il me restait encore une fortune assez importante, même après avoir fait les sacrifices que je viens d'énumérer ; ce fut alors qu'un incident fortuit me révéla que je me trouvais redevable d'une somme considérable, remboursement d'une succession dont j'avais été mis en possession par suite d'une erreur. Mon inventaire est fait ; mon notaire a reçu les comptes nécessaires, il possède les fonds, et avant deux jours j'aurai pour jamais assuré le repos de ceux que j'aime. Vous le voyez, je suis dépossédé, et pauvre à un degré relatif, ne gardant pour vivre que la moitié des revenus de ma fabrique. Si vous forciez ce soir ma caisse, vous n'y trouveriez pas deux mille francs.

Une exclamation de rage échappa au bandit. Il répondit, les dents serrées :

— Il me faut de l'argent cependant, de l'argent ou une terrible vengeance!

Ses yeux flamboyèrent de haine, sa main énorme se posa sur l'épaule du fabricant.

— Si je te tuais! murmura-t-il avec un accent de haine impossible à décrire.

— Dieu m'est témoin que le trépas serait le bienvenu. Il me délivrerait de toutes mes souffrances.

— C'est vrai, tu ne souffrirais pas assez. Tu es condamné pourtant, condamné comme je le suis moi-même, car je n'échapperai pas à la haine de ceux qui m'accusent d'avoir mangé la grenouille. Leur dénonciation me voue à la guillotine, c'est vrai; la mienne t'envoie au bagne, ce qui est peut-être pis; tu prendras à la Nouvelle la place de Chardon. Ah! c'est un fameux hasard qui m'a mis sur ta trace! Et quand on pense que dans six mois tout aurait été dit! Vingt ans de silence te donnaient l'impunité : Jean Mioche aurait eu beau parler, on ne l'aurait plus écouté, et tu serais resté en possession de ton bonheur et de ta richesse. Tu as raison, le châtiment vient de Dieu!

— Repens-toi avant qu'il t'atteigne, Jean Mioche. Repens-toi avant qu'il soit trop tard.

— Me repentir! J'ignore ce mot-là. Si j'y vais de ma tête, je ne demanderai pas grâce sous le couteau. Mais avant, j'assouvirai ma haine, et tu paieras pour tout le monde. Allons, un effort, le dernier : cent cinquante mille francs. Écris à ton associé, emprunte...

— C'est inutile, dit le fabricant de la même voix calme et résignée. Le châtiment ne me surprendra pas; depuis vingt ans sa pensée me hante. Je ne méritais pas mon bonheur. On m'aimait, et je volais cette tendresse! On m'estimait, et je volais cette estime! Je reprendrai, grâce à vous, ma place, et je saurai ce qui me restera de véritables amis. C'est dans le malheur et le désastre qu'on en peut connaître le nombre exact. Allez. On laisse le condamné seul dans sa cellule, et, vous l'avez dit, je suis condamné!

Le négociant se leva, ouvrit la porte de son cabinet, puis il étendit la main :

— Judas, ajouta-t-il, accomplis ton œuvre.

Jean Mioche recula devant ce geste empreint d'une autorité douloureuse; puis, bondissant vers la fenêtre, il l'enjamba et se retrouva une minute après dans le parc dont il franchit la haie. Qu'allait-il faire? Rentrer boulevard Ornano lui parut impossible. Avant d'apprendre à Chardon qu'il venait d'échouer dans sa tentative d'emprunt, il avait besoin de se consulter, peut-être trouverait-il un moyen de salut, une idée de génie. Ne pouvait-il découvrir, exécuter un plan productif? Gagner du temps était l'essentiel. Il allait voir au *Fanal Rouge* s'il n'existait pas à l'horizon quelque entreprise pouvant donner un bon résultat, quelque aventure à tenter dont les bénéfices le tireraient du guêpier où il pataugeait en ce moment. Qui sait si des camarades moins hardis n'avaient pas trouvé une affaire dans laquelle sa présence d'esprit et sa force musculaire pouvaient être d'un grand secours? Tandis qu'il remuait ces idées et combinait ces éventualités dans sa tête enfiévrée, il vit passer à vide un tramway et y monta. Enfoncé dans un angle, il fouilla de plus en plus le danger de sa situation, et le sentiment de haine qu'il ressentait contre le faïencier s'augmenta de la profondeur de sa détresse. Il sentait confusément qu'il ne découvrirait aucun moyen de salut, et que c'en était fait de lui. Il redoutait de ne rien trouver au cabaret du *Fanal* qui pût l'aider dans sa détresse, et il tressaillait en pensant à l'avenir lugubre qu'il entrevoyait. Au moins voulait-il entraîner quelqu'un dans l'abîme sans fond où il roulait maintenant.

Ses pensées l'absorbaient si fort qu'il fallut que le conducteur l'avertît qu'il venait d'arriver à la station. Il tressauta, descendit, puis, d'un pas lourd, il se dirigea vers la misérable rue où se trouvait le cabaret du *Fanal Rouge*.

De loin il en aperçut la clarté sanglante; elle rayonnait sur le pavé et paraissait y laisser une flaque empourprée.

Il entra dans le bouge, fouilla du regard tous les groupes, et n'aperçut aucun de ceux qui auraient pu lui fournir les éléments d'un gain immédiat.

Afin de s'étourdir, il saisit une bouteille d'eau-de-vie par le goulot et but jusqu'à ce que, roulant sous la table, le maître du *Fanal* dit à un habitué :

— Aide-lui à monter l'escalier, et mène-le au n° 6, la chambre du dernier guillotiné : ça lui portera bonheur !

Et le patron du bouge éclata de rire, tout heureux d'avoir trouvé, croyait-il, un mot spirituel et de circonstance.

LE CONTUMAX

CHAPITRE XX

UNE RAFLE

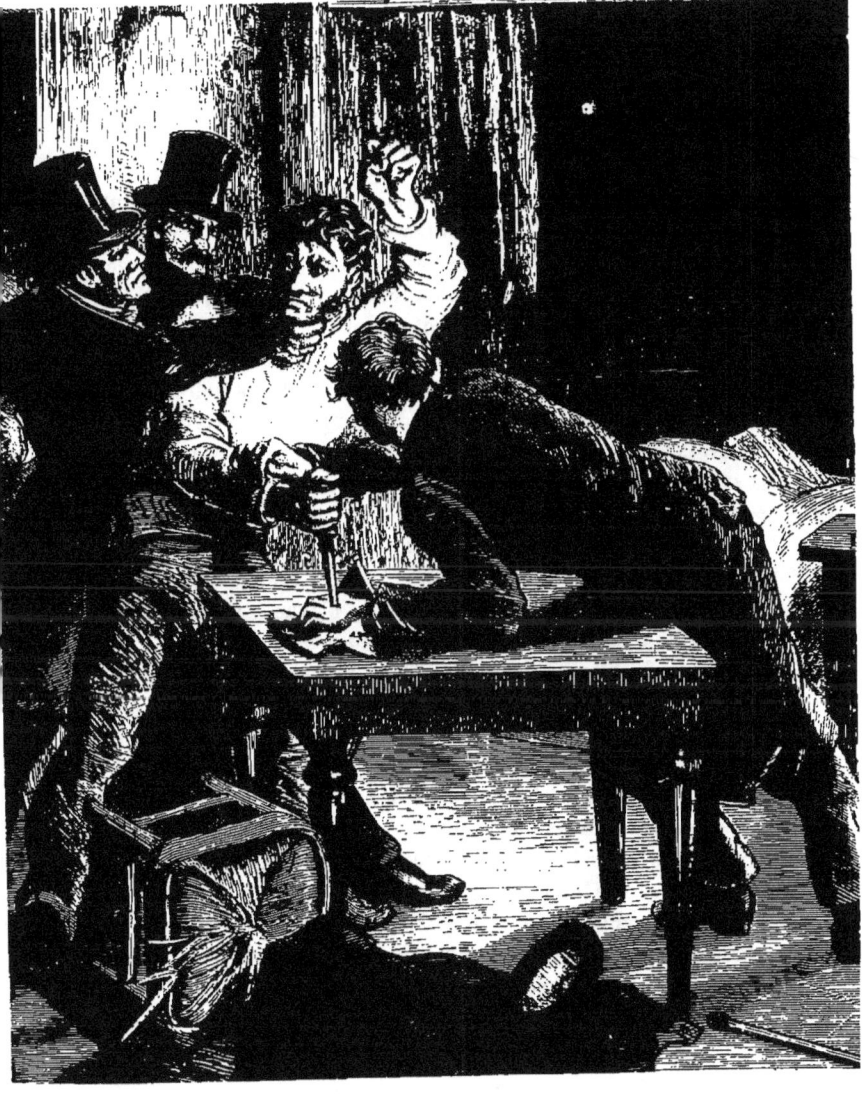

Le couteau du bandit cloua la main de l'agent sur la table. (Voir page 233.)

Chapitre XX

UNE RAFLE

A peine Jean Mioche fut-il installé dans la misérable chambre du *Fanal Rouge* que l'air frais lui arrivant de la fenêtre dissipa une partie de son ivresse. Alors il s'abandonna à une effrayante colère. Tout contribuait à l'écraser : le retour imprévu de Chardon, le refus formel et sans retour du fabricant. Acculé, pressé de toutes parts, qu'allait-il faire? Quitter la France afin d'échapper à la vengeance de son ancien complice? Mais il le savait trop, Paris était son centre d'action, son milieu. On ne trouve des compagnons de crime adroits et hardis que parmi les misérables remplissant à cette même heure la salle basse du bouge. Non, il devait rester, se cacher ailleurs, prendre des déguisements nouveaux, en changer tous les jours si cela devenait nécessaire, mais rester à Paris à tout prix. D'ailleurs ne pourrait-il se débarrasser de Chardon? Un sourire diabolique effleura ses lèvres à cette pensée. Au lieu d'avouer sa défaite et le refus de Samuel Dupont, rien ne lui était plus facile que de fuir ou de l'attirer dans un piège, sous prétexte d'un règlement de comptes. Il est vrai que Chardon était fort et que la confiance n'était pas la première de ses vertus. Enfin il verrait : la nuit porte conseil, et il avait une nuit pour réfléchir. Mais ce qui ne lui demanda aucune méditation, ce fut l'exécution de sa vengeance contre Samuel.

Il attira brusquement à lui un vieil encrier et, sur une feuille de papier oubliée par le dernier locataire, il écrivit rapidement une dénonciation contre le fabricant de faïence. Rien ne fut oublié des détails de l'ancienne faute si longuement expiée, réparée avec un si admirable courage. Le misérable invoquait la LOI contre *Cyprien Rémois*, dit Samuel Dupont, condamné, il y avait dix-neuf ans et quelques mois, à vingt ans de travaux forcés pour vol qualifié. Il data, signa, glissa la lettre dans une enveloppe et traça cette adresse : *Monsieur le Procureur de la République.* Ensuite, il se jeta tout habillé sur son lit, car les malfaiteurs restent sur le qui-vive, même en dormant; il souffla la lumière, et chercha dans le sommeil l'oubli des événements de la journée. Mais si parfois le sommeil efface de notre esprit des souvenirs effrayants ou dangereux, il garde aussi le terrifiant pouvoir d'évoquer le passé et d'enfanter de sombres images.

Un à un les drames de sa vie ressuscitaient à ses yeux, depuis le premier vol commis pour un morceau de pain jusqu'à l'assassinat d'un marchand de bœufs de Poissy. A partir de ce moment, les crimes s'étaient multipliés, épouvantables, atroces, tantôt mûris longuement, entourés de précautions sans nombre, tantôt perpétrés avec l'emportement d'une passion brutale, sous l'empire d'une convoitise instantanée. A mesure que les victimes passaient devant les yeux de son esprit, livides, sanglantes, les unes portant au cou la corde qui servit à les pendre, les autres montrant leur plaie béante élargie à deux mains... Au lieu de disparaître pour faire place à d'autres images, elles se rangeaient au loin et demeuraient immobiles, tandis que les dernières figures se faisant plus visibles passaient à leur tour, démasquant leur visage et criant leur nom. Jean Mioche aurait voulu ne plus voir et clore les yeux de son esprit, comme nous abaissons nos paupières sur nos prunelles, mais il ne pouvait fuir les ombres vengeresses ; il sentait que l'heure du châtiment était venue, et qu'elles en attendaient l'accomplissement.

Tout à coup il respira ; la figure du vieillard qui venait d'apparaître serait la dernière... la dernière, il en était sûr. Le défilé mortel ne pouvait plus lui montrer personne. Il pourrait fermer les yeux, ne plus voir, ne plus entendre. Mais alors une créature d'aspect surhumain apparut : son visage était implacable et froid ; elle tenait à la main un glaive, ce glaive elle le leva avec lenteur, l'abaissa, et de la pointe toucha l'épaule de Jean Mioche.

Cette brusque sensation et le bruit retentissant d'une porte qu'on enfonce l'arrachèrent à sa torpeur.

— La justice ! murmura-t-il.

Après le crime atroce dont Poulot avait été le complice, en amenant M. Boitel sous le couteau de ses assassins, les misérables purent croire la partie gagnée. Ils comptaient sans l'amour maternel qui fit une délatrice de Claudine, la mère de Mort-aux-Rats. Au prix de sa trahison, elle espéra acheter pour son fils le bénéfice des circonstances atténuantes. Irritée de son échec, indignée de la mort de cet honnête homme tombé sous le couteau de récidivistes, la police avait à cœur de prendre une éclatante revanche. Les confidences de Claudine furent donc accueillies, et l'on prit tout de suite le moyen de s'emparer des malfaiteurs signalés logeant de préférence au *Fanal Rouge*. Du reste, le cabaretier, afin de garder son bouge ouvert et d'y débiter à loisir des marchandises frelatées, vendait ses clients, trahissait leurs intérêts, arrachait leurs masques, aidait aux agissements de la justice, à qui il indiquait les râfles à faire. L'arrivée de Jean Mioche ne le surprit pas; il sentait dans l'air un danger, mais loin de prévenir le bandit il lui ouvrit la petite chambre, et descendit en haussant les épaules :

— Je me moque pas mal de ce qui arrivera cette nuit, murmura-t-il.

Tranquillement il regagna la grande salle basse, et versa à boire à ses clients.

L'ivresse alourdissait la plupart des cervelles. Une partie des fidèles du *Fanal Rouge* s'allongèrent sur le banc et transformèrent le cabaret en dortoir; plusieurs roulèrent sur le sol et y ronflèrent vautrés comme des porcs sur une litière épaisse.

Tout à coup on frappa un coup sec à la porte ; sans hésiter, sans jeter un seul regard sur ceux qui venaient de s'endormir confiants dans leur hôte, le maître du bouge alla ouvrir. Il salua et reconnut, à la tête d'une troupe d'hommes déterminés, un des commissaires de Paris aux délégations judiciaires. La porte se referma lorsque les dix agents accompagnant le magistrat furent entrés dans la salle.

— Gardez cette pièce, dit le commissaire à trois de ses hommes, nous allons visiter la maison.

Deux captures furent rapidement faites. Les misérables, surpris au milieu de leur sommeil, opposèrent une faible résistance. On les ligota, puis on les poussa contre la muraille, en attendant que d'autres bandits les vinssent rejoindre. Cinq se trouvèrent rapidement entre les mains de la police. Sans doute la chambre qu'on devait visiter la dernière renfermait un misérable dont la capture présentait plus de danger, car le maître du *Fanal-Rouge* adressa un signe muet aux agents. Le verrou ayant été poussé à l'intérieur, deux hommes s'approchèrent et, d'un vigoureux coup d'épaule, la jetèrent par terre. Ce fut ce fracas qui réveilla Jean Mioche.

Le premier mouvement du misérable fut de fouiller sous son traversin, pour y prendre un couteau qui ne le quittait jamais, arme catalane très dangereuse, et sur la lame de laquelle il eût été facile de retrouver des traces de sang. Sauter à bas de son lit et, d'un bon fait en arrière, se placer entre une table et la muraille fut pour Jean Mioche l'affaire d'une minute.

Il eut deux motifs pour chercher ce moyen de défense; avec une rapidité de pensée et une lucidité étrange chez un homme sortant d'un profond sommeil, le misérable songea tout de suite à reprendre pour la détruire la lettre que, la veille, il avait écrite au Procureur de la République. Vendre Samuel Dupont en ce moment n'était plus un acte de vengeance, mais une sottise. De quoi lui servirait désormais de ruiner la considération dont jouissait le faïencier? Du moment que Jean Mioche se vit arrêté, il comprit que le secret de la « bande de Neuilly » avait été livré, et qu'il se trouvait perdu presque sans retour. Il ne songea pas un moment qu'on pouvait le condamner à mort : le mystère dont ses œuvres de sang avaient été entourées le rassurait; mais il redouta que les vols qui venaient de se succéder lui fussent attribués, et il conclut qu'il devrait aller à la « Nouvelle ». Cela ne parut point l'effrayer beaucoup. Il savait comment on en revient. C'est surtout après son procès qu'il aurait besoin d'argent. Si Samuel était épargné, il ne pourrait manquer de témoigner sa reconnaissance; au moment où tout craquait et s'effondrait sous ses pieds, il sentit l'imminent besoin de se cramponner à son unique espérance d'avenir. Le manche du couteau ramené vers la poitrine, et de là menaçant ceux qui venaient pour opérer son arrestation, Jean Mioche avança son autre main vers la lettre dénonciatrice. Mais son geste fut deviné. Un agent bondit vers la table et voulut à son tour s'en saisir. Le couteau du bandit décrivit une courbe, s'abattit lourdement et cloua la main de l'agent sur la table. Celui-ci poussa un cri terrible, arracha l'arme de la plaie, et il garda la force de conserver entre ses doigts mutilés la lettre transpercée. En même temps, quatre hommes se précipitèrent sur Jean Mioche qui, jeté à terre, bâillonné et ligoté, tenta vainement de se défendre.

Une heure après la descente de la police au *Fanal Rouge*, une voiture dans laquelle se trouvaient huit prisonniers prit le chemin du dépôt.

La capture était des plus importantes. A peine était-elle terminée que des reporters couraient à divers journaux afin d'y porter la nouvelle de l'arrestation de la « bande de Neuilly ». On croyait généralement que tous les prisonniers en faisaient partie; ce fut seulement après l'interrogatoire de Jean Mioche, qu'on acquit la certitude que cette prétendue association de bandits était absolument illusoire, et que Jean Mioche seul avait perpétré les crimes terrorisant la petite ville de Neuilly. Quand cette nouvelle se fut répandue, Jean Mioche prit les proportions d'un de ces bandits célèbres dont le nom se transmet à travers les âges. Il réveilla le souvenir de Mandrin et de Cartouche, on le compara aux plus hardis brigands des Abruzzes, et le misérable, drapé dans sa perversité, lut avidement les journaux qui lui créaient un piédestal si monstrueux. Son attitude demeura cynique. Loin de se dérober aux interrogatoires, il allait au-devant des questions, énumérant, avec une sorte de jouissance, les vols commis avec une audace que rien ne dépassait. Il répondait avec arrogance, affirmant qu'il saurait bien se tirer des mains de la justice et revenir à Paris, seul théâtre possible pour son genre d'opérations.

Une seule chose le surprenait grandement. Le juge d'instruction ne lui parlait point de la dénonciation qu'il avait écrite contre Samuel Dupont.

S'était-elle perdue? L'avait-on considérée comme tellement odieuse et mensongère qu'il devenait inutile de s'en occuper? Sur ce point l'inquiétude de Jean Mioche grandissait. En perdant le faïencier, il perdait sa dernière espérance de recevoir tôt ou tard la somme nécessaire pour s'évader. Adresser une question au magistrat était dangereux. Jean Mioche songea qu'un avocat pouvait le mettre au courant des bruits courant au palais, et loin de persister dans son refus de choisir un défenseur, il demanda le nom de ceux qui s'étaient offerts généreusement pour le défendre.

Il sourit en lisant la liste.

— Un fier homme à défendre! dit-il. Car enfin je m'appelle *Légion*, puisqu'à moi seul je constitue la « bande de Neuilly ». Voyons le nom de ceux qui sollicitent l'honneur de plaider ma cause. Anatole Josserand, un avocat fin, rusé, très habile; il a tiré d'affaire Pain-de-Sucre dans une circonstance désagréable. Lucien Vormant, retors en diable, ayant l'oreille des magistrats, mais sans influence sur le jury... En somme les juges ne comptent pas à la cour d'assises, c'est le jury qui fait tout. Ah! Cormeil, ce grand Cormeil lui-même! Voilà mon homme!

Il s'arrêta à cette idée, prit une feuille de papier, et écrivit à Mᵉ Cormeil qu'il s'estimerait trop heureux d'être défendu par lui.

Le célèbre avocat vint dans la journée et lui adressa diverses questions.

Jean Mioche répondait avec une faconde aisée, fournissant les détails, énumérant les vols commis, étendant l'exécution de ses crimes, terrifiant son défenseur si accoutumé qu'il fût à se trouver en face de grands criminels.

— Mais, malheureux, lui disait maître Cormeil, je ne vous en demande pas tant! Ce que vous me racontez, les journaux me l'ont appris. Ce qu'il me faut, c'est un point moins noir dans votre vie, une bonne action commise, quand ce ne serait qu'une... Je ne puis pas affirmer que vous êtes innocent, puisque vous avouez. Prenez au moins l'occasion de me rattacher à quelque chose d'honnête. Voyons, cherchez, vous avez eu un père qui était un brave homme.

— Oui, mon défenseur, serrurier de son état. Jamais celui-là n'a rien commis contre son prochain, je vous le jure... Il m'a donné de bons conseils et fourni les meilleurs exemples.

— Eh bien?

— J'en ai tant fait qu'il m'a maudit, en tombant frappé d'une attaque d'apoplexie.

— Votre mère?

— Elle n'a pu survivre à la perte de son mari.

— De sorte que vous êtes responsable du trépas de vos parents?

— Je l'avoue, c'est un mauvais commencement.

— Après?

— Eh bien! après, j'ai continué, et me voilà! Que voulez-vous?

je n'ai pas eu de bonheur ; on m'a pincé à ma première faute, un vol de rien du tout. En sortant de prison, personne n'a voulu m'employer, vous le comprenez. Ce que c'est que la chance! J'ai connu dans ma vie un homme qui, très jeune, s'était rendu coupable d'une faute grave, très grave. Il réussit à échapper à la justice, travailla, gagna de l'argent, et parvint à une situation honorable. Dix-neuf ans se passèrent avant qu'il retrouvât fortuitement un seul témoin de son crime. Après avoir acheté le silence de celui qui pouvait le perdre, il se trouva réduit à l'impuissance, coupa les vivres et fut dénoncé... Avez-vous entendu parler de cette histoire ?

— Non, répondit M° Cormeil.

— C'est étonnant, j'avais écrit au magistrat, cependant. Informez-vous, la cause est assez curieuse pour en valoir la peine.

Jean Mioche revint ensuite longuement sur les détails de son adolescence et les péripéties de sa vie misérable.

Après le départ de son défenseur, le misérable, ayant obtenu du papier et de l'encre, commença le récit des événements remplissant une existence saturée de vices.

Pendant ce temps, M° Cormeil se rendait au Palais où il devait plaider une affaire grave. Dans les couloirs, avocats, journalistes et curieux ne s'entretenaient que de ce misérable qui avait seul, durant six semaines, tenu en échec la police de Paris. Mais en vain le célèbre avocat essaya-t-il d'apprendre quelque chose du mystère que lui avait signalé le misérable, pas un des rédacteurs de l'*Audience*, de la *Gazette des Tribunaux*, et des feuilles illustrées destinées spécialement aux drames de la cour d'assises, ne semblait au courant. Et cependant, Jean Mioche savait quelque chose ; Jean Mioche devait être l'agent de cette dénonciation qui tout à coup éclaterait. Certes, il y aurait encore une cause intéressante à plaider, le jour où le malheureux qui, durant dix-neuf ans, avait échappé à la justice, se trouverait brusquement jeté sous sa main vengeresse.

M° Cormeil quitta le Palais sans avoir rien appris, et rentra chez lui, où l'attendait une femme en pleurs. Le misérable Poulot venait d'être arrêté. Rencontré par hasard par le secrétaire de l'ancien commissaire de police, M. Boitel, reconnu pour avoir aidé à attirer le magistrat dans un guet-apens où il avait trouvé la mort. Poulot, mis immédiatement en état d'arrestation, se trouvait au

Dépôt, où l'on avait refusé à Florence Gervais la consolation de le voir. Cormeil apprit, de la bouche de l'infortunée, l'histoire de la jeunesse vagabonde de l'enfant, les entraînements subis, les fautes commises. Florence supplia Cormeil d'avoir pitié d'elle.

— Ne puis-je donc rien espérer, monsieur, rien?
— Poulot a-t-il quinze ans?
— Pas encore...
— En ce cas il sera enfermé, jusqu'à sa majorité, dans une maison de correction. Vous devez vous estimer très heureuse qu'il en soit quitte à si bon marché. Ne me parlez pas d'honoraires. En souvenir de ma mère, qui était une sainte, je plaide pour toutes celles dont le cœur saigne. Florence lui baisa les mains, et quitta le cabinet de Mᵉ Cormeil en passant par une petite porte masquée sous des tentures.

Au même instant, le valet de chambre demanda à son maître s'il pouvait introduire Mme Marchenoir?

L'avocat fit deux fois répéter le nom, chercha vainement dans sa mémoire quel souvenir il lui rappelait, et fit signe à Jean de faire entrer sa cliente.

Une forte odeur de musc, de benjoin et de vétiver se répandit dans le cabinet austère de l'avocat, au moment où la parfumeuse y pénétra, panache au vent, faisant bruire les plis d'une robe de soie épaisse et cassante. Elle portait le front haut; sa grosse natte de cheveux roulée en turban éloignait de quinze centimètres son chapeau rond. Très roide, elle s'assit; puis d'une voix de rogomme, car elle n'avait pu changer d'accent comme de costume, elle lui demanda :

— Vous me connaissez sans aucun doute, monsieur?
— Non, madame, répondit froidement l'avocat.
— Cela est étrange ; vous ne lisez donc pas les journaux? Je suis Mme Marchenoir, la philanthrope... On m'élève des arcs de triomphe à la campagne ; on m'offre des sérénades à Paris... Dans les journaux, on m'appelle le génie de la bienfaisance, l'archange de la vertu ; on a composé sur moi un poème épique. Je vous en apporte un exemplaire...
— Ce n'est certes point pour faire votre apologie que vous avez besoin d'un avocat, dit en souriant Mᵉ Cormeil.

— Non, Dieu merci ! C'est une cause grave qui m'amène... On a voulu me voler.

— Voulu... ne signifie pas grand'chose !. Y a-t-il eu à ce vol un commencement d'effraction ?

— Certes ! Trente mille francs pris d'un coup de filet.

— Avez-vous des preuves ?

— Mes registres. Ils sont aussi bien tenus que mes livres de commerce.

— Cette preuve ne sera pas d'un grand poids.... Voyons de quoi il s'agit.

— Voici, monsieur : je crois avoir mérité la croix de la Légion d'honneur.

— Pour la perfection de vos produits chimiques ?

— Non, monsieur, pour ma philanthropie. Quand on est l'archange de la vertu...

— Les anges sont modestes, madame.

— Je le suis... Si je désire la décoration, c'est qu'en me récompensant mon pays tout entier s'honorerait, et je souhaite avant tout la gloire de ma patrie. Un jour, un homme qui me semblait absolument distingué, et qui portait une rosette multicolore, le marquis de Lanverdure, se fait amener chez moi. Il s'intéresse à tout ce que je lui montre : il s'étonne de ne pas me voir chevalière de la Légion d'honneur. Je lui répète alors ce que j'ai dit cent fois : — J'offre « quatre cent mille francs à qui me fait obtenir le ruban rouge. — Je « m'en charge, me répondit-il. Il suffira que vous avanciez trente « mille francs pour les premiers frais. Vous comprenez, nous devons « nous montrer généreux. Avant trois mois, ce sera chose faite. Vous « passerez dans la fournée du mois de janvier. » Pendant trois semaines, il vint tous les jours me raconter ses démarches, affirmant que tout allait bien, demandant chaque fois de nouveaux billets de banque, affirmant avoir vu le secrétaire du ministre. Je payais et je croyais. Le 24 décembre, le marquis me demanda cent mille francs. Je trouvai la somme un peu forte. « Ecoutez, lui dis-je, après réus- « site, soit ; vous avez reçu déjà une somme égale en acomptes, je sol- « derai le reste à la réception de mon brevet. — Vous ferez tout man- « quer ! s'écria-t-il avec une sorte de colère : croyez-vous que je puis « obtenir une faveur telle, sans dépenser beaucoup d'argent ! Remet-

« tez-moi cent mille francs tout de suite, ou vous ne serez pas sur la
« liste dressée pour les étrennes. » Il me quitta furieux. Je monte en
voiture, je multiplie les courses, les démarches ; je vais dans les bureaux, personne n'y connaissait le marquis.... On sourit un peu ; je
m'alarme ; je me rends au domicile de mon intermédiaire ; la concierge me regarde d'un air ébahi, et j'acquiers la certitude que j'ai
eu affaire...

— A un simple chevalier d'industrie.

— Comme vous dites, monsieur. Furieuse je rentre chez moi, j'y
prends mes livres et me voici.... Je plaiderai ; j'entamerai à la fois
une affaire correctionnelle et une affaire civile... Le misérable ! escroquer cent mille francs à une malheureuse femme ! Ah ! justice
sera faite, j'y compte bien ! Chargez-vous de cette cause ; elle est
bonne, et vous me demanderez les honoraires que vous voudrez...

— Avant de plaider, j'ai envie de vous donner un conseil.

— Je vous écoute, monsieur.

— Votre plainte est-elle déposée ?

— Pas encore ; je voulais vous prier de la corriger, à cause de la
grammaire.

— Eh bien ! brûlez-la au lieu de l'envoyer.

— La brûler ! Et ce misérable Lanverdure triompherait ! il garderait mes cent mille francs !

— Vous devez vous estimer très heureuse qu'il consente à se
taire... Comprenez-vous le scandale et le ridicule d'un pareil procès ?
Mais on rirait bien plus de vous qu'on ne trouverait le prétendu
marquis coupable... Quoi ! vous avez assez méprisé les fonctionnaires, pour vous imaginer qu'ils offraient leur conscience aux enchères !.. Vous avez prétendu acheter la plus haute marque d'honneur dont puisse disposer votre pays au moyen de pots-de-vin, et
vous pensez que vous trouveriez des juges disposés à une grande
sévérité à l'égard de celui qui a profité de votre absurde et folle vanité ? Remettez-vous-en à une vieille expérience d'avocat : taisez-vous, si vous ne voulez pas faire rejaillir sur votre personne la
honte de cette sotte histoire. L'orgueil est un grand sentiment ; la
vanité est un défaut des petits esprits. Qui que ce soit qui vous promettrait la croix de la Légion d'honneur vous tromperait. On ne la
gagne pas comme on achète des éloges, à tant la ligne. Pourtant,

si vous arriviez à inventer une eau faisant réellement pousser les cheveux, les chauves vous voteraient peut-être une récompense nationale.

La parfumeuse se leva livide de rage et toute tremblante. Lorsqu'elle eut quitté le cabinet de M° Cormeil, celui-ci s'abandonna à un long éclat de rire.

— Galéas doit connaître cette toquée, dit-il, ou je me trompe fort. La folie des grandeurs la conduira quelque jour dans une maison de santé.

Au même moment, la petite porte s'ouvrit, et un homme de quarante ans environ s'avança vers Cormeil en lui tendant la main.

— Comment! c'est toi, Rapoil?
— L'heure des consultations est-elle passée?
— Oui, répondit l'avocat.
— Alors je puis te raconter une histoire?
— D'autant mieux que tu les racontes très bien.
— Connais-tu le nom d'un des grands industriels de Paris : Samuel Dupont?
— Certes. On affirme que ses ouvriers le portent pour la députation.
— On le disait hier, et voici la vérité vraie de ce soir... Il est arrêté.
— Lui! pour quelle raison?
— A propos d'un crime remontant à dix-neuf ans de date, et qui lui avait valu une condamnation de vingt ans de travaux forcés.
— Ah! s'écria Cormeil en se levant. Je tiens le mot du drame : c'est Jean Mioche qui l'a vendu!

LE CONTUMAX

CHAPITRE XXI

LA CASSETTE

Samuel aidait à élever les enfants que recueillait le père Xavier. (Voir page 250.)

Chapitre XXI

LA CASSETTE

Any, assise près de la fenêtre achevait un panneau de faïence, quand un coup de sonnette bruyant arracha la jeune fille à son travail. Elle alla ouvrir à un garçon que la mine éveillée et le gai sourire semblaient désigner comme un porteur de bonnes nouvelles.

— Mademoiselle, dit-il, voici une lettre de mon patron pour M Darieu.

— Qui est votre patron? demanda Any, un fabricant de porcelaine?

— Pardon, mademoiselle, il se nomme M⁰ Tréfeuille, notaire, rue du Grenier-Saint-Lazare, et, si j'en crois les indiscrétions du premier clerc, il s'agit pour vous d'un gros héritage.

— Vous devez vous tromper, répliqua doucement Any, nous n'attendons de succession de personne.

— En êtes-vous certaine?

— Toute notre famille est éteinte depuis longtemps.

— Je ne dis pas... l'héritage dont il s'agit aurait dû vous être remis il y a dix-sept ans, car c'est à cette époque que remonte la mort de M. Henri Dupont.

— Mon frère! s'écria la jeune fille.

— Je n'en sais pas davantage, mademoiselle, mais je vous engage à passer à l'étude.

— Vous avez raison, monsieur, je vous remercie, et j'irai.

Le petit clerc salua, disparut dans l'escalier, et la jeune fille, tremblante et blanche comme une trépassée, rentra dans son atelier. Mais elle ne reprit point ses pinceaux, et, s'accoudant sur la table, elle demeura perdue dans ses pensées. Henri! Henri! ce frère qu'elle avait à peine connu, qui atteignait la taille d'un homme quand elle jouait avec ses poupées ; ce beau, ce chevaleresque Henri, dont le portrait lui souriait du haut de son cadre, qui était mort là-bas dans les *placeres* où il comptait gagner assez d'argent pour sauver son père de la ruine, avait-il donc atteint son but? Comment se faisait-il alors que cette fortune leur fut remise si tard? Par quel enchaînement d'événements avaient-ils vécu dans l'ignorance de cette richesse? Hélas! elle venait bien tard! Les yeux de son père s'étaient usés pendant des veilles quotidiennes ; les pleurs et le travail les avaient brûlés ; ses forces s'en allaient avec une lenteur progressive ; les privations de tout genre avaient affaibli les organes et flétri la vie dans sa source. Riche! il allait devenir riche! Sans doute elle remerciait la Providence de ce miracle, mais en même temps elle se demandait si le malheureux garderait le temps d'en jouir.

Et elle, la pauvre Any? Oh! vraiment elle s'oubliait d'une façon absolue ; le sentiment de tendresse profonde qu'elle éprouvait pour son père emplissait seul son cœur. Depuis qu'elle avait dû renoncer à devenir la femme de l'homme qu'elle aimait, Any ne songeait jamais plus à elle-même. Se recueillir dans le souvenir des quelques jours durant lesquels elle caressa son rêve, s'absorber dans le problème insoluble d'une rupture inattendue, occupait désormais ses heures. Elle ressentit cependant une grande consolation à la pensée que la vieillesse de l'aveugle serait désormais à l'abri de toutes les privations. Comment lui annoncerait-elle cette nouvelle? Avec quelles précautions ne fallait-il point effleurer une blessure toujours vive en dépit du nombre d'années écoulées? Il était de bonne heure : le vieillard dormait encore. Any ne voulut point interrompre un sommeil trop rare ; elle resta dans la même attitude, le front enseveli dans ses mains, jusqu'à ce que, la porte s'ouvrant, l'aveugle parût sur le seuil.

Alors elle courut à lui, jeta ses bras autour de son cou, l'enveloppa de caresses, le conduisit à la place qu'il occupait d'ordinaire, et resta près de lui, gardant ses mains tremblantes dans ses petites mains.

— Père, dit-elle tout bas, comme si elle redoutait d'élever la voix en parlant, père, j'étais bien enfant quand mourut mon frère... Sans doute, nous avons souvent rappelé son souvenir ; mais jamais tu ne m'as parlé avec détail de la vie qu'il mena dans les *placeres* californiens, et de la fortune qu'il avait pu y amasser.

— C'est que jamais à ce sujet je n'ai rien appris de positif, mon enfant; les solitudes sont vastes et les dangers quotidiens dans ces pays. Les voleurs d'or guettent les chercheurs heureux ; on joue aisément du couteau là-bas. Après avoir subi les terreurs d'une faillite, réussi à payer ma dette en grande partie, et recommencé la lutte avec courage, je me croyais près du but. Ton généreux frère m'envoyait des lettres remplies d'espérances. Il se réservait la joie de me libérer complètement, lorsqu'un nouveau malheur, et cette fois sans remède, tomba sur moi. J'avais créé une nouvelle fabrique, plus modeste, mais suffisante pour me permettre de vivre, et me procurer avec le temps d'assez beaux bénéfices. Ces bénéfices, je les destinais à me libérer envers mes derniers créanciers, lorsqu'une nuit des cris d'effroi se firent entendre : je m'éveillai en sursaut dans une chambre remplie de fumée ; et, quand je courus à la tienne, il me sembla que l'asphyxie avait fait de toi un cadavre. On te sauva pourtant, mais on ne sauva que toi. Une main criminelle avait disposé trois foyers d'incendie, et quelques heures suffirent pour anéantir la nouvelle fabrique. Ce fut en réponse à la lettre qui lui révélait ce nouveau désastre, que ton frère me répondit en m'envoyant l'argent nécessaire à notre passage, et me conjura de venir le rejoindre. La traversée m'effrayait seulement pour toi, si délicate, si faible, et cependant je n'hésitai point. Henri se considérait comme certain de réussir : il possédait déjà deux cent mille francs.

— Deux cent mille francs ! Vous êtes sûr de ce chiffre?

— Oui, répondit l'aveugle, très sûr. Nous nous embarquâmes au Havre, par une triste journée d'hiver. La nuit descendit vite, et nous entrâmes dans nos cabines pour y prendre un peu de repos. Tout à coup un choc horrible nous arrache au sommeil, et nous jette hors de nos cadres. Je cours à toi, je te prends dans mes bras, je monte sur le pont ; là, un spectacle horrible nous attendait. Un navire anglais venait de couper en deux notre bâtiment qui sombrait. Je me jetai à la mer, cramponné à une épave ; une vague me roula dans ses plis : je te recommandai de te soutenir à mon cou ; et je revins à la surface. Mon habileté de nageur me protégea longtemps ; je pouvais, à l'aide des feux intermittents du phare de la côte, me diriger vers la terre, mais un débris de navire me heurta avec violence, et je perdis le sentiment de ce qui se passait : j'ai seulement le vague souvenir d'avoir appelé à l'aide au moment où je me sentais perdu. Quand je retrouvai mes sens, bien des jours s'étaient écoulés. Je te vis assise à terre, jouant avec les enfants des pêcheurs à qui je devais mon salut. Je demandai à quelle date nous nous trouvions.... trois semaines s'étaient écoulées depuis le naufrage de la *Salamandre*. Trois semaines ! Il s'écoula encore plusieurs jours avant que la force d'écrire me revînt. Nous ne possédions plus rien, tout avait été englouti dans ce désastre; j'écrivis à ton frère, et je n'en reçus pas de réponse. Je m'adressai à des consuls, à des banquiers; les renseignements qu'ils reçurent m'apprirent qu'Henri avait disparu : on ajoutait qu'un grand nombre d'assassinats ayant été commis dans les *placeres*, on pouvait redouter qu'il fût devenu la victime d'un guet-apens. Ce fut tout. Nous quittâmes Le Havre, vêtus d'habits de deuil dus à la bonté d'un ancien ami, et munis d'une somme de cinq cents francs.

— Ainsi, reprit Any, l'opinion générale fut que mon frère avait été volé, puis assassiné par des bandits?

— Oui, chérie.

— Eh bien ! père, ces misérables se sont repentis.

— Comment le sais-tu ?

— Et leurs remords se traduisent par une restitution.

— Une restitution?

— Tout à l'heure le clerc d'un notaire très connu, M° Tréfeuille, est venu te prier de passer à son étude afin d'y toucher non pas deux cents, mais huit cent mille francs.

— Dieu soit loué ! Any ! tu ne travailleras plus !

— Oui, père, Dieu soit loué ! vous serez désormais à l'abri des privations.

— Huit cent mille francs ! Ton frère ne possédait pas cela. Cette restitution cache un mystère. Sortons vite, ma fille, il me tarde d'apprendre toute la vérité.

Any jeta un manteau sur ses épaules, prit le bras de son père, et tout deux quittèrent la maison.

— Puisque nous sommes riches désormais, dit-elle, montons en voiture.

Any fit signe à un cocher; par hasard le cheval marchait bien, et en un quart d'heure l'aveugle et sa fille se trouvèrent devant la porte de l'étude. Leur émotion trop vive se trahissait par des frissons dont ils éprouvaient le choc mutuel. Au souvenir du fils mort si loin et d'une façon inattendue et terrible, le père sentait monter à ses yeux des larmes brûlantes. Any traversa l'étude et les clercs la regardèrent avec un sentiment d'admiration. Elle était si jolie et paraissait si bonne et si chaste, que l'infirmité de son père, sa piété filiale et ses vêtements de deuil en faisaient une créature à part. Les nom de Cordelia et d'Antigone vinrent tout de suite aux lèvres des clercs les plus lettrés, tandis que les saute-ruisseaux murmuraient : « Les anges doivent avoir cette figure-là! » Quand elle se fut nommée, l'empressement succéda à l'admiration. L'aveugle qu'elle conduisait était possesseur de huit cent mille francs, et dans toutes les études de notaire on considère grandement les quasi-millionnaires. Un des jeunes gens bondit de sa place afin d'annoncer le nouveau client à Mᵉ Tréfeuille. Le maître clerc, beau jeune homme de vingt-cinq ans, pensait à part lui qu'une jeune fille semblable, apportant cinq cent mille francs de dot, ferait une ravissante notairesse.

Mᵉ Tréfeuille alla au-devant de l'aveugle, le fit asseoir avec toutes sortes d'attentions, et après lui avoir demandé pour la forme ses nom, prénoms et s'être enquis des raisons qui l'avaient porté à prendre un pseudonyme, il lui conta comment cette somme de huit cent mille francs lui avait été remise.

— A vrai dire, fit-il, elle m'a bien plutôt été envoyée, car je n'ai point vu celui qui vous restitue cette fortune. Un matin, un commissionnaire est venu à l'étude porteur d'un coffret qu'il a déclaré ne vouloir confier qu'à moi. Me sachant très occupé, mes clercs insistèrent pour recevoir le dépôt ; mais alors l'homme à la médaille déclara qu'il le remportait. Au bruit qu'il menait, j'ouvris la porte de mon cabinet ; l'honnête Auvergnat s'expliqua, me demanda un reçu en échange de la cassette ; puis il disparut sans me donner un mot d'explication.

— C'est écrit dans la grosse lettre, ajouta-t-il ; la clef de la cassette s'y trouve, vous pouvez certifier que le cachet est intact. Par ainsi, ma commission étant faite et payée d'avance, j'ai l'honneur de saluer monsieur le tabellion et la compagnie. Mes clercs s'intéressaient vivement à cette aventure arrangée comme certaines scènes de drames, et leur curiosité était grande de savoir ce que renfermait la mystérieuse cassette. J'ouvris d'abord la lettre, la voici :

— Auriez-vous la bonté de me la lire? demanda l'aveugle.

Le notaire commença :

« Monsieur, il y a dix-huit ans, dans les *placeres* de la Californie, un jeune homme, Henri Dupont, assailli avec quelques-uns de ses compagnons par une bande de misérables bandits, mourut des suites des blessures reçues, laissant à un ami tout ce qu'il possédait. Henri, s'estimant seul au monde par suite d'un sinistre maritime, se croyait le droit de disposer de son bien. L'ami dont il avait fait son héritier vient d'apprendre que le père et la sœur de son compagnon vivent encore ; il vous rend une fortune qui, légitimement, vous appartient, quadruplée par les bénéfices qu'elle a rapportés dans une opération commerciale. En le faisant, il remplit simplement une œuvre d'équité, mais il conserve à la mémoire de celui qui fut son frère en exil un pieux respect et un intarissable souvenir. »

— Pas de signature? rien? fit l'aveugle.

— Rien, monsieur.

Mᵉ Tréfeuille venait de poser la lettre sur son bureau ; Any la prit d'une main tremblante, et longuement en étudia les caractères.

Son visage passa subitement d'une rougeur ardente à une pâleur de marbre, et son trouble devint tellement visible que le notaire s'écria :

— Mon Dieu! mademoiselle, vous vous trouvez mal?

— Any! Any! répéta l'aveugle.

Mais déjà la courageuse enfant reprenait son empire sur elle-même. D'ailleurs, l'idée qui venait de lui traverser le cerveau n'était-elle pas une folie? Fallait-il que son cœur, empli d'une image trop chère, retrouvât dans les moindres détails le souvenir de celui qu'elle aimait. Certes, Any avait vu très rarement l'écriture du faïencier ; mais rien ne semble inutile ou indifférent quand on aime, et subitement, avec une rapidité intuitive, en relisant du regard la lettre accompagnant les huit cent mille francs, un nom était venu mourir sur ses lèvres. Pourquoi, en ce moment, songeait-elle à Samuel Dupont? Quelle corrélation étrange pouvait exister entre cet homme et celui qui restituait une fortune à l'aveugle? D'abord Any se demanda si la lettre et le prétexte de cette restitution n'étaient qu'un moyen déguisé de lui constituer une dot magnifique. Les détails renfermés dans la lettre chassèrent cette idée. Celui qui les avait écrits connaissait la fin tragique d'Henri, et jamais ni Any ni son père ne s'étaient entretenus avec Samuel du drame enseveli dans les forêts californiennes. Alors un autre soupçon lui vint :

— Si c'était lui, lui-même qui jadis avait rencontré Henri dans les *placeres*? Quelle apparence, pourtant? On le connaissait dans le quartier depuis un grand nombre d'années; il possédait un talent de sculpteur assez remarquable; rien ne pouvait faire croire qu'il eût vécu là-bas. Et pourtant les lignes qu'elle voyait semblaient tracées par la main à la fois forte et douce qui s'était tendue vers elle. Samuel avait écrit cela: Samuel! Mais pourquoi? par quelle suite, par quelle complication de faits?

Alors, comme la lumière d'un éclair frappe le regard en l'éblouissant, Any se souvint que les papiers de son père et les siens avaient été durant une soirée en la possession du faïencier.

Ce fut après les avoir lus qu'il les renvoya en rompant tout projet de mariage. Qu'y avait-il donc trouvé? Il ne s'agissait plus cette fois du souvenir d'une faillite; une cause grave, terrible, avait rompu les projets formés.

Cela ne se pouvait pas, cependant.

Qu'est-ce qui ne se pouvait pas?

Une terreur sans nom s'empara de la jeune fille; elle se souvint des moindres détails de sa rupture avec Samuel, des demi-confidences qu'elle avait arrêtées sur ses lèvres, des expressions de son repentir et d'un vague remords, d'une sorte d'aveu d'indignité murmuré avec des larmes et que dans la générosité de son cœur elle avait refusé d'entendre. Et toujours la même pensée revenait obsédante, terrible : « Il n'a rompu nos projets de mariage qu'après avoir lu les papiers renfermés dans la cassette! » Mais si l'horreur de ce soupçon entrait dans son esprit en dépit d'elle-même, elle se rappelait aussi l'inaltérable bonté du faïencier, la délicatesse avec laquelle il était venu à son aide, le courage dont il avait fait preuve pendant la terrible nuit du sinistre, ses générosités quotidiennes, la création du village d'Éden; elle se souvint des longues conversations pendant lesquelles, tout entier à ses espérances, il parlait de bonheur et d'avenir, plaçant la charité au premier rang des joies qu'il lui était donné de goûter. Alors Any s'indigna contre elle-même d'avoir pu, ne fût-ce qu'une minute, accuser celui à qui elle devait tout. Ne devait-elle point tout nier en ce monde plutôt que de douter de sa franchise? Et de quel crime oserait-elle l'accuser? D'avoir assassiné son frère pour le voler, là-bas, dans les *placeres* de la Californie? Elle rougit d'avoir eu cette pensée, même la durée d'une seconde, puis elle respira librement, comme si sa poitrine se trouvait débarrassée d'un grand poids. Enfin, se levant, elle prit le bras de son père.

— Et les huit cent mille francs, mademoiselle, les oubliez-vous donc? demanda le notaire.

Any saisit la petite cassette qui les renfermait, et quitta l'étude.

— Ma chérie, dit le vieillard, te voilà riche!
— En serai-je plus heureuse? demanda-t-elle.
— Nous savons trop ce que la misère fait souffrir pour ne point apprécier la fortune qui nous arrive. Désormais, tu ne travailleras qu'à loisir; nous quitterons notre petit appartement; ta tristesse ne résistera pas au charme d'une nouvelle vie; un brave et beau jeune homme demandera ta main...

Any serra nerveusement la main de son père.

— Ne me parlez jamais de mariage, lui dit-elle; nous vivrons l'un pour l'autre, et ce bonheur me suffira.

La voiture qui les avait amenés venait de prendre le chemin de la rue Paradis-Poissonnière. L'aveugle retomba dans une profonde mélancolie. L'héritage du fils qu'il avait perdu lui rappelait brusquement cette mort dramatique et lointaine; il croyait le voir frappé d'un coup mortel, expirant seul au milieu des ténèbres d'une forêt, appelant en vain ceux qu'il avait aimés. Puis, de ce fils qui avait été son orgueil et son espérance sa pensée retomba sur Any assise à ses côtés, Any dont la vie était à jamais brisée et qui jamais, il le comprenait maintenant, n'oublierait le premier rêve de son cœur.

Quand la voiture s'arrêta devant le portail, un homme à la physionomie grave, de haute taille et de grande allure, demandait à la concierge M. Samuel Dupont. Celle-ci indiqua l'appartement du fabricant, et l'homme vêtu de noir monta lentement l'escalier.

Il s'arrêta au premier étage, tandis que l'aveugle et sa fille gagnaient leur modeste logis.

Quand Any se retrouva seule dans sa chambre, elle en fit le tour avec lenteur, puis elle tomba accablée sur sa chaise. Elle se rappela combien elle y avait été heureuse; elle repassa les heures qu'elle y avait passées, rêvant à un avenir qu'elle croyait prochain, se berçant d'illusions chères, attentive au courant d'éloges qui lui représentaient Samuel Dupont comme le bienfaiteur de ce quartier populeux, secourant les vieillards, aidant à élever les enfants que recueillait le Père Xavier. Elle allait quitter cette maison, et cette pensée lui causait la douleur d'un arrachement cruel. Elle ne le verrait plus jamais! Leurs vies se trouveraient détachées; elle ne goûterait plus la joie amère de le rencontrer : le mystère qui les séparait épaissirait ses ombres, et l'irréparable se dresserait entre eux. Elle s'oublia dans cette rêverie. La fortune qui venait à elle parut une épreuve plutôt qu'une joie, et il lui fallut un effort pour composer son visage et raffermir sa voix avant d'entrer dans le petit salon où l'attendait son père.

Le dîner fut silencieux. Il venait de finir, lorsque Norbert fut introduit par la servante. En entendant le nom du jeune homme, Any quitta le salon et rentra dans sa chambre; elle ne se sentait point assez sûre d'elle-même pour affronter les regards d'un étranger.

Norbert parut, du reste, plutôt se réjouir que s'attrister de l'absence d'Any. Il saisit les mains du vieillard avec une affectueuse franchise, les serra longuement, puis, comme si cette étreinte lui eût donné du courage, il dit d'un accent pénétré :

— Monsieur, une parole de vous décidera de ma vie. J'hésitais à vous apprendre quels sont mes vœux les plus ardents. En le faisant, j'obéis à l'homme que j'estime et que j'aime le plus au monde. Il m'a dit : « Norbert, mon fils, une seule créature est digne de toi; va demander la main d'Any, tu me rendras heureux. » Que vous dirai-je de plus, monsieur? J'aime Any depuis le premier jour où je l'ai vue. Le respect m'interdit d'abord de parler; ensuite j'appris de la bouche même de mon bienfaiteur, qu'il demanderait votre fille en mariage. Pouvais-je me poser en rival? Devais-je troubler sa joie ou le cœur d'Any? Je renfermai mon chagrin et je gardai au dedans de moi une douleur que nul ne soupçonna, pas même lui. Cet après-midi, je travaillai avec lui dans son cabinet, quand la visite d'un des premiers magistrats de Paris nous a interrompus. Peut-être venait-il s'entretenir avec M. Dupont de l'asile agricole que celui-ci rêve de fonder pour les enfants abandonnés et dont il a été question dernièrement. Leur entretien fut long. Lorsque ce visiteur sortit, mon ami me rappela. Je le trouvai très pâle, mais sa voix avait une fermeté que je ne lui connaissais pas, et lentement, tendrement, il multiplia ses conseils.

— Je vais te manquer, me dit-il, les soins de la fabrique retomberont sur toi seul; poursuis la vie que je me suis tracée; travaille sans fin à l'amélioration du sort de l'ouvrier, au développement de son intelligence, à la pureté de ses mœurs. J'ai fait de toi un homme selon mon cœur; je t'ai pétri à ma guise, et tu perfectionneras ce que j'ai commencé.

— Allez-vous donc maintenant me quitter? demandai-je rempli d'anxiété.

Il sourit tristement.

— Oui, je vais te quitter; mais, auparavant, je voudrais assurer le bonheur des deux êtres que j'aime le plus au monde : toi et ma chère Any. Va dire à son père qu'il te la donne pour femme; ajoute que c'est mon désir suprême, que c'est ma volonté dernière, aussi sacrée que le vœu d'un mourant.

Norbert s'arrêta un moment; puis il reprit :

— Voilà pourquoi j'ai trouvé le courage de venir vous trouver, après m'être tu si longtemps, de vous montrer mon cœur si longtemps déchiré par l'angoisse, et de vous répéter ce qui est le désir, l'ordre de Samuel.

Le jeune homme n'avait point entendu s'ouvrir la porte de la chambre, et ce fut avec un saisissement profond qu'il vit tout à coup debout, à côté de l'aveugle, Any, pâle comme un marbre, qui l'écoutait la tête baissée.

— Vous me faites grand honneur, monsieur, lui dit-elle, de me souhaiter pour femme. Si j'avais cru pouvoir disposer de moi, j'aurais accepté la main d'un homme tel que vous; mais, croyez-le, j'ai subi trop d'épreuves pour espérer jamais goûter la félicité en ce monde. Si mon père manquait à ma tendresse, j'irais cacher ma vie dans un couvent pour toujours. Répétez ces paroles à celui qui vous envoie, en ajoutant que je ne cesserai de faire des vœux pour lui.

Any sentit faiblir sa voix ; deux grosses larmes roulèrent sur ses joues ; elle rentra dans sa chambre, et les deux hommes crurent entendre un sanglot.

LE CONTUMAX

CHAPITRE XXII

LE TESTAMENT

Any venait de rouler évanouie sur le tapis (Voir page 264).

Chapitre XXII

LE TESTAMENT

En entendant annoncer le procureur de la République, Samuel se leva, pâle, mais résolu. Il offrit un siège au magistrat et se tint debout devant lui, comme s'il n'osait prendre place à ses côtés.

M. Valfond tira de son paletot un portefeuille gonflé de papiers, qu'il choisit et tria avec soin, puis ouvrant une feuille couverte de notes et de chiffres, il parut les étudier, et demanda ensuite au négociant :

— Vous ne m'attendiez pas sitôt, n'est-ce pas ?

— Vous vous trompez, monsieur, répondit le faïencier d'une voix grave, depuis longtemps je savais que j'aurais l'honneur de vous voir.

— Vous me rappelez, répliqua le magistrat avec vivacité, que j'aurais dû m'occuper déjà de cette affaire, mais vous ignorez quelle est la multiplicité de mes occupations ; en dépit de mon zèle et de mon activité, je demeure souvent au-dessous de ma tâche.

— Vous êtes seul à le penser, monsieur, fit Samuel en s'inclinant.

— Et cependant, reprit M. Valfond, quoi de plus intéressant que la protection accordée à l'enfance, que la préservation d'êtres nativement bons, doux et honnêtes, et qu'un dangereux contact pourrait pervertir ! C'est une grande et généreuse pensée que celle qui vous porte à fonder un orphelinat agricole pour les petits abandonnés.

Samuel regarda attentivement le magistrat, afin de lire dans son regard le fond de sa pensée, mais celui-ci, très occupé des notes étalées devant lui, gardait en ce moment le front baissé.

— Nous avons, dit le magistrat, cinquante enfants voués certainement au malheur et peut-être à l'infamie... Pouvez-vous tout de suite leur offrir un asile?

— Je me suis rendu acquéreur dans une partie de la Sologne, qui est presque un désert, de terrains considérables : trois cents hectares environ. On y a bâti une ferme aménagée en vue de notre colonisation. Un ancien capitaine, un laboureur dont l'honnêteté ne fait pas un doute, un chimiste distingué et des serviteurs en nombre suffisant attendent vos ordres plus que les miens. L'œuvre entreprise donnera le double résultat d'occuper, d'instruire des enfants dont, sans nous, la vie serait peut-être une longue série de souffrances et de fautes, puis de rendre à la culture et, par conséquent, à la fortune publique des terrains incultes perdus pour le pays. Dans les parties sablonneuses, nous planterons des pins qui croîtront à merveille ; avant vingt ans cette forêt possédera une grande valeur. Toutes les terres pouvant être ensemencées donneront du blé; des potagers fourniront de légumes le personnel de la maison. Nous élèverons les bœufs, les moutons, la volaille, nécessaires à la consommation des colons; en somme, ces enfants coûteront peu, grâce à une sage administration.

— La vôtre, je l'espère.., dit le magistrat.

— Qu'importe, monsieur, pourvu que l'homme chargé de remplir ce mandat soit probe et dévoué. Il ne me suffira point qu'il possède des qualités d'intégrité: je le veux bon jusqu'au fond de l'âme, et pris d'une invincible pitié pour les enfances délaissées. Il doit posséder une charité inépuisable, découlant d'un cœur qui a saigné, afin que la souffrance d'autrui le trouve plus pitoyable. Chaque âme d'enfant devra lui sembler le plus précieux des trésors; il la surveillera avec une sollicitude véritablement paternelle. Quel bien nous réaliserons, et presque sans effort! Quelle joie de se répéter à la fin de la journée: « Mon œuvre est en bonne voie, Dieu la protège et Dieu me bénit ! »

— Nous chercherons cet homme, répondit M. Valfond. Vous avez raison; ceux qui ont souffert se montrent plus indulgents et plus pitoyables que les autres: peut-être vous aiderai-je dans ce choix. Je vous crois trop intelligent pour garder des préjugés; quant à moi, j'estime assez haut le repentir pour le faire l'égal de l'innocence.

Une rougeur ardente envahit subitement le front de Samuel.

— L'homme que vous me présenterez est d'avance certain d'être accepté.

Le magistrat traça rapidement une note au crayon.

— Il faut que vous soyez bien riche, reprit-il, pour avoir déjà fondé tant de choses. J'ai visité le village d'Eden: quelle création admirable! Ceux qui l'habitent vous doivent non seulement le bonheur matériel, mais encore cette satisfaction intime découlant des heures bien employées, du travail honnête, des tendresses permises. Je suis certain que dans vos ateliers on n'a jamais su ce que c'est qu'une grève. Les femmes de vos ouvriers sont laborieuses, leurs filles modestes; l'école marche admirablement, et les vieillards invalides des ateliers vivent heureux en attendant l'heure de quitter ce monde. Je sortis du village d'Eden profondément touché: il me parut que vous aviez fait une grande œuvre, et que désormais vous pouviez considérer votre existence comme suffisamment remplie. La perpétuité de vos fondations est assurée, je pense, grâce à un placement spécial?

— Oui, monsieur, un placement de deux millions.

— Puis-je vous demander ce que vous consacrerez à la ferme de Sologne?

— Mes deux derniers millions. Ma part de bénéfices dans cette maison suffira pour me faire vivre. J'ai fait de Norbert mon associé; la fabrique marche d'une façon admirable; les terres sont payées, j'ai lieu de croire que tout ira bien; ma présence n'est plus indispensable à l'œuvre. Suffisez à tout, monsieur, et vous trouverez des coopérateurs dignes de toute confiance.

— Mais, demanda le magistrat, pourquoi semblez-vous toujours vous désintéresser de votre œuvre.

— Je ne crois à rien de stable dans la vie, monsieur.

— Vous avez donc beaucoup souffert?

— Beaucoup.

En ce moment on entendit crier dans la rue, au-dessous des fenêtres du bureau de Samuel :

— La bande de Neuilly... Arrestation de Jean Mioche, le nouveau Cartouche, révélations effroyables... Achetez les nouvelles du jour, dix centimes, deux sous.

Le faïencier se leva brusquement, et, la main appuyée sur son bureau, il écouta le colporteur répétant son annonce d'une voix traînante et nasillarde.

— Voulez-vous me confier les plans de votre ferme en Sologne? demanda le magistrat.

Samuel ne parut point avoir entendu, et M. Valfond ajouta avec une intention marquée :

— Seriez-vous donc curieux de ces lamentables histoires? Oublions-les tous deux en ce moment. Ce n'est pas le procureur de la République qui se trouve chez vous, mais M. Valfond, votre ami.

— Mon ami! murmura Samuel.

— Si vous en doutez, je vous autorise à mettre cette amitié à l'épreuve.

Le faïencier cherchait déjà les plans dans un carton.

— Qui a dessiné ceci? lui demanda le magistrat.

— Moi, monsieur, je connais un peu le dessin et le modelage; lorsque je pris la suite des affaires de cette fabrique, je créai la plupart des modèles.

— Votre père soigna beaucoup votre instruction?

— Notre position de fortune ne lui permit pas de faire de grands sacrifices; ce que vous voulez bien appeler mon instruction n'embrassa jamais les langues mortes : je connais l'allemand, l'anglais et l'espagnol, pour avoir parlé ces langues durant mes voyages.

— Quels pays avez-vous parcourus?

— La Californie.

— Y avez-vous cherché de l'or?

— J'ai fait plus qu'en chercher, j'en ai rapporté.

— Vous y êtes demeuré longtemps?

— Quatre années.

— Elles ont dû vous paraître bien longues.

— J'eus le bonheur d'y trouver un ami; il m'obligea à compléter une instruction ébauchée en France, m'enseigna ce qu'il savait, avec autant de bonté que de patience, et fit de moi un autre homme. Que sa mémoire soit bénie!

— Continuez, continuez, dit M. Valfond, vous ne sauriez croire à quel point ce récit m'intéresse.

— Je perdis cet incomparable ami, dit Samuel dont la voix s'altéra. Vous ne pouvez savoir, vous, magistrat d'un pays civilisé, ce que sont ces contrées où toutes les passions se déchaînent, où la fièvre de l'or brûle toutes les âmes, où, en dehors d'une population de travailleurs, grouille une multitude affamée et rôdent des aventuriers appartenant à toutes les nations du globe. Le vol et l'assassinat se succèdent sans trêve. On dort la main sur la crosse du revolver; on marche un couteau ouvert dans sa poche. En dépit des précautions incessantes, les crimes se multiplient. Souvent, on est réduit à se faire justice soi-même, et la loi de lynch est la seule capable d'effrayer les malfaiteurs. Quelle existence! nul ne la peindra avec ses amertumes et ses dangers, ses troubles et ses fièvres. La pensée de l'or vous possède et toutes les passions mauvaises découlent de ce besoin de découvrir, de manier, d'entasser de l'or. On le joue sur un dé, sur une carte; on le perd avec une facilité effrayante dans des tripots où l'on trouve encore plus de bandits que dans les *placeres*. On s'use plus en six mois que dans dix ans passés en France.

— Heureux quand on ne s'y pervertit point! ajouta M. Valfond, car on doit en somme rencontrer là-bas plus d'hommes avides de cacher des fautes que de gens intègres, animés du légitime désir de reconstituer une fortune engloutie dans un désastre.

— Sans doute, répondit Samuel, on trouve dans les *placeres* des malheureux ayant commis une faute souvent unique, résolus à la réparer, à changer de vie, à effacer le crime d'une heure qui trop souvent fait la honte de toute une vie. J'en ai connu de ceux-là; vraiment, monsieur, ils étaient grandement à plaindre, et si vous les aviez vus...!

— Je leur aurais tendu la main pour leur aider à se relever.

— Vous, magistrat?

— Moi. Pourquoi paraissez-vous surpris de m'entendre parler de la sorte?

— Vous représentez la justice.

— Eh bien ?

— La justice est implacable.

— La justice humaine juge des hommes, et prononce sur leur sort avec sévérité, mais surtout avec équité; sans cela elle ne serait que le châtiment. Croyez-vous donc que nous cessions d'être accessibles à la pitié, à la bonté, même à l'indulgence, parce que nous revêtons une robe rouge et que nous nous levons, dans une salle, aux grands jours des assises, réclamant le châtiment d'un scélérat au nom de la société outragée? Alors, nous remplissons un sacerdoce, et nous représentons un auguste pouvoir. Mais en dehors de ces fonctions comportant des devoirs impérieux, nous savons chérir ceux qui sont dignes d'affection. La pitié peut nous poigner le cœur pour une grande infortune; nous gardons le droit de nous sentir émus et de céder à l'entraînement de notre cœur. Tenez, voulez-vous une preuve de ce que je vous avance? Je vais vous raconter une histoire.

Le faïencier, depuis un moment, se penchait vers M. Valfond comme s'il eût voulu aspirer ses paroles. La douceur grave des yeux du magistrat, le son de sa voix, dans laquelle vibraient des notes émues, lui causaient une impression étrange. Il lui semblait qu'aucune des paroles qui s'échangeaient entre lui et M. Valfond ne gardait son sens réel. De même que Samuel dissimulait au dedans de lui-même une arrière-pensée, il avait la certitude que le magistrat cachait de formes voilées une pensée secrète, et que tous deux, sans parvenir à se tromper, jouaient une étrange et terrible partie.

Une curiosité puissante, mêlée de trouble et d'angoisse, portait Samuel à presser un entretien dont il sentait la mystérieuse portée. Ceux qui viennent d'être condamnés à la torture doivent ressentir quelque chose ressemblant à ce sentiment, et se demander quelles cuisantes douleurs seront causées par les instruments étalés devant eux. Cependant le négociant rassembla son sang-froid, et dit à M. Valfond :

— Je vous écoute, monsieur.

— Quand je connus le malheureux dont je vais vous parler, il était parvenu à l'âge moyen de la vie. Sa réputation de probité, de bonté, était universelle; il possédait l'estime générale. Placé à la tête d'une industrie considérable, il faisait servir sa fortune au bonheur d'autrui. Jamais un pauvre ne frappait en vain à sa porte : il ne donnait pas seulement de l'argent aux indigents, mais des conseils aux malheureux. Plus d'une fois il sauva des désespérés en leur tendant la main. Cependant, sous la placidité de son visage, un homme accoutumé à déchiffrer les énigmes humaines pouvait trouver la trace d'un irrémédiable malheur. Semant autour de lui les bienfaits, il demeurait impuissant à réaliser son propre bonheur. Il m'intéressait au plus haut point, et ma sympathie allait à lui de plus en plus vive, lorsqu'un hasard me révéla le secret de cette âme brisée. Un misérable, arrêté à la suite de crimes nombreux, afin de se venger de n'avoir pas accompli jusqu'au bout une œuvre d'intimidation et de chantage, écrivit contre cet homme une dénonciation positive. Entrant dans les moindres détails de cette faute, vieille de près de vingt ans, il me menaçait de tout révéler en cour d'assises, si je ne faisais arrêter le contumax. Vous ne saurez jamais quelle angoisse me déchira le cœur à la lecture de cette lettre. Cet homme m'inspirait, ainsi qu'à tous ceux qui le connaissaient, une estime profonde, une admiration sincère. Placé à la tête d'une importante industrie, il en dépensait les bénéfices à répandre des bienfaits. On citait en lui des faits admirables d'héroïsme ; la société ne se souvenait plus de sa faute. Une minute d'erreur avait été réparée par vingt ans de vertu. Je ne pus fermer les yeux pendant la nuit qui suivit cette révélation : à tout prix je voulais sauver ce malheureux ; l'homme l'emportait sur le magistrat.

— Que fîtes-vous ? demanda le négociant d'une voix calme.

— J'allai le trouver, et je lui dis : « Si le misérable qui vient de vous dénoncer avait parlé six mois plus tard, vous vous trouveriez protégé par la loi elle-même, qui estime qu'au bout de vingt ans de remords toute faute se trouve expiée... Je ne vous connais pas... Je ne sais rien encore... Jusqu'à demain je renonce à agir... Vous êtes riche, prenez de l'or et partez... Restez six mois au loin. D'ici là le bandit qui veut vous perdre aura rendu des comptes à la justice comme à Dieu. Quand vous reviendrez, les délais fixés par le code seront passés, et nul ne saura jamais quel péril vous avez couru.

— Vous êtes un grand cœur ! monsieur ␣␣␣ria Samuel.

— Savez-vous ce que me répond␣␣ cet homme? demanda le magistrat.

— Je sais du moi␣␣ ␣e que j'aurais fait à sa place.

— Qu'auriez-vous fait?

— J'aurais conclu q␣ ␣en dépit de mes efforts, Dieu ne regardait point l'expiation comme suffisante, et je me serais livré à la justice des hommes.

— Folie! s'écria le magistrat.

— Ne le croyez pas. J'aurais voulu raconter moi-même les défaillances de ma vie, et demander un pardon public au nom de mes efforts multipliés pour le mériter. J'aurais dit à tous : « Un moment d'erreur fut suivi de vingt ans de sacrifices et d'efforts. Comparez l'égarement à l'expiation et prononcez! »

Le procureur de la République demeura la tête baissée ; il était en ce moment plus pâle que le négociant lui-même.

— Achetez les nouvelles du jour, répéta dans la rue la voix nasillarde, vous y verrez l'arrestation de Jean Miche, dit la Terreur de Neuilly.

Samuel Dupont se leva.

— Monsieur le procureur général, dit-il, je m'appelle Cyprien Rémois, et l'homme qui m'a vendu est le misérable dont on crie l'arrestation sous mes fenêtres. Je suis à votre discrétion. Tout en vous remerciant de votre bonté, j'en refuse le bénéfice. Dieu ne considérant point comme expiée la faute de ma jeunesse, je m'incline et je me soumets. Je prévoyais depuis longtemps que ma vie croulerait dans un désastre. Toutes mes précautions sont prises : j'ai cédé la direction de ma fabrique à un honnête homme, mon fils d'adoption. L'avenir de mes œuvres est assuré. J'ai fait don de ma ferme de Sologne à l'œuvre des *Petits abandonnés*... La Providence m'a remis sur les traces du père et de la sœur de l'incomparable ami, qui, en Californie, releva mon courage, acheva de m'instruire, et me donna la volonté de me relever. Il devina une partie de mon secret, et, en mourant, croyant ne plus avoir de famille, il me légua avec les deux cent mille francs composant sa fortune un nom honorable, me suppliant de l'honorer encore, et de recouvrer la vie à l'abri de cette incarnation nouvelle. Le testament de mon ami écrit quelques heures avant sa mort contient l'expresse prière que je porte le nom de Henri-Samuel Dupont, qui était le sien. Je revins en France, j'achetai cette fabrique. j'en triplai l'importance, et j'accomplis la volonté d'Henri en faisant bénir son nom. Allez! monsieur, je n'ai rien à regretter de ce monde ; pas une heure je n'ai perdu le souvenir de ma faute, et lorsque je rêvai d'unir ma vie à celle d'une jeune fille, je reconnus en elle la sœur d'Henri. Vivant sous le nom de son frère, n'ayant d'autres papiers que les siens, aux yeux de ceux qui auraient examiné les actes civils j'eusse passé pour le frère d'Any. Si je révélais la terrible vérité, Cyprien Rémois se trouvait sous le coup de la loi. La situation demeurait sans issue : le désespoir s'empara de moi, un de ces désespoirs sans limites qui ne nous laissent plus aucune chance de consolation. Je me courbai sous ce fardeau, sachant bien que mes forces me trahiraient pour le soutenir. Résigné à tout, j'ai du moins voulu achever quelques œuvres utiles avant de rouler dans l'abîme creusé il y a vingt ans. Vous veniez, monsieur, de lancer dans le monde une grande et féconde idée, celle de sauvegarder des enfants de la contagion du vice, et de remplacer la famille absente ou perverse. Je jetai dans les projets, formés sous une grande inspiration, les derniers fonds dont je puisse disposer. Tout à l'heure, monsieur, vous me disiez : « Vous êtes riche ! » Détrompez-vous, je suis pauvre, et je trouve dans cette pauvreté volontaire la réhabilitation du passé. J'ai remué des millions, je ne conserve pas cent mille francs. J'ai fini d'expliquer à M. Valfond mes projets de colonisation en Sologne, je reste à la disposition de M. le procureur de la République.

— Non, cela ne sera pas! cela ne peut pas être! s'écria le magistrat; cette lettre dénonciatrice, je la déchire devant vous, je ne l'ai jamais reçue.

— Si! monsieur, répliqua Samuel avec force, vous l'avez reçue, vous l'avez lue, et vous remplirez votre devoir en me faisant arrêter. A quoi me servirait votre générosité? Je ne quitterai point Paris. Si vous déclinez les responsabilités terribles qu'une dénonciation attire sur vous, votre générosité ne manquerait point d'être connue, car Jean Mioche répéterait ses accusations publiquement, le jour où il serait traduit à la barre. Au surplus, j'ai trop souffert en comprimant mes regrets et m'efforçant d'étouffer mes souvenirs. Si je dois quelque chose à la société, qu'elle se paie! J'affronterai sans forfanterie la justice de mon pays; peut-être est-il bon qu'on enseigne par mon exemple si le crime se rachète ou si l'anathème demeure éternellement sur le front du coupable.

— C'est affreux! s'écria M. Valfond. Mais vous ne comprenez donc pas que moi, magistrat, je vous absous? que la faute du passé est plus que lavée?

— Peut-être, monsieur, mais alors le jury le dira hautement. Je vous remercie et je vous bénis, monsieur ; si je décline les offres que vous m'avez faites, je n'en reste pas moins pénétré de reconnaissance.

Le procureur de la République se leva.

— C'est votre dernier mot?

— Le dernier.

— Soit! on ne peut raisonner avec un homme comme vous de la même façon qu'avec un autre. J'obtiendrai seulement qu'en raison des circonstances très particulières dans lesquelles vous vous trouvez on vous laisse libre. La veille des assises seulement, vous vous constituerez prisonnier.

— Je vous remercie, monsieur.

M. Valfond tendit la main à Samuel.

— Serrez-la bien, fit-il, c'est celle d'un ami véritable.

Au moment où le procureur de la République allait quitter le négociant, une femme, d'une pâleur mortelle, la tête à peine couverte d'une mantille de dentelle noire, pénétra jusqu'au cabinet de Samuel.

Le faïencier poussa un cri d'angoisse en reconnaissant Any.

— J'espérais ne plus vous revoir, murmura-t-il.

— Alors, dit la jeune fille, il ne fallait pas nous envoyer cet argent.

— Il vous appartient, s'écria Samuel.

— Vous avouez donc...

— Quoi? que voulez-vous que j'avoue?

— Mon frère... cet or...

Any eut un geste d'épouvante et d'horreur.

— Malheureuse! dit le faïencier en lui prenant les deux mains, de quoi m'accusez-vous?

— Je ne sais pas, fit-elle en proie à une sorte de délire, je ne sais pas. Tenez, ma tête se perd ; je crains de devenir folle. Vous m'aimiez, moi, pauvre, vivant près d'un vieillard aveugle ; je vous chérissais profondément, comme un bienfaiteur, un sauveur, comme l'homme qui, pour moi, représentait l'idéal de toutes les vertus Mon cœur se donna sans réserve. Toute à la pensée du bonheur que vous me promettiez, je vous remis la cassette renfermant nos papier et le lendemain tous nos projets étaient rompus. Ce que j'ai souffert,

Dieu le sait ! Je me courbai sous le poids de ce malheur sans chercher à l'approfondir. Mais voilà que, sous le voile de l'anonyme, vous nous restituez une somme considérable. Ne niez point! j'ai reconnu votre écriture. J'ai réfléchi, j'ai cherché ; pour la première fois j'ai été frappée de ce nom que vous portez : « Samuel Dupont. » Mon frère s'appelait *Henri-Samuel ;* nous ne nous souvenions que du nom d' « Henri », et, quant à celui de Dupont, il est si fréquent que je ne remarquai même pas cette coïncidence. Aujourd'hui, elle me frappe, elle m'épouvante. Vous connaissiez mon frère, vous nous rendez une fortune en son nom. Je veux savoir la vérité, toute la vérité ; j'ai assez souffert pour avoir le droit de l'exiger aujourd'hui.

— Monsieur, dit Samuel, en se tournant vers le magistrat, le châtiment le plus grand que je puisse subir en ce monde me vient de cette jeune fille. Quoi que mes juges prononcent plus tard, aucune sévérité ne saurait égaler les condamnations qui tombent de cette bouche innocente.

Il regarda en face Any défaillante, puis, courbant le front et parlant tous bas sans accent, et comme si la voix venait d'au delà de la tombe :

— Mademoiselle, dit-il je venais de montrer à M. le procureur de la République le testament de votre frère : lisez-le, vous apprendrez une partie de la vérité.

Any porta à ses lèvres l'écriture d'Henri, et, lentement, à travers ses larmes, elle déchiffra cette page dans laquelle le brave jeune homme, croyant que la rencontre du *Derby* et du *Crocodile* avait été mortelle à son père et à sa sœur, instituait Cyprien Rémois son légataire universel, et le priant de porter son nom par tendresse pour lui et de l'honorer par de hautes vertus.

Any n'alla pas jusqu'à la dernière ligne de ce document, elle se laissa glisser aux genoux du fabricant.

— Pardonnez-moi ! lui dit-elle, je ne me pardonnerai jamais.

Il la releva avec une sorte de violence.

— Que faites-vous? lui demanda-t-il, que faites-vous? Cyprien Rémois, dit *Samuel Dupont,* passera, en qualité de contumax, aux prochaines assises. Si vous en doutez, demandez la vérité à M. le procureur.

Any n'entendit point les derniers mots prononcés par Samuel ; elle venait de rouler évanouie sur le tapis.

LE CONTUMAX

CHAPITRE XXIII

MARCELLE

— Mademoiselle, voici votre brevet de membre honoraire (Voir page 270).

Chapitre XXIII

MARCELLE

Quand elle se décida à tenter près du fabricant une démarche qui devait apporter ou une consolation à sa douleur ou une aggravation à ses peines, Any ne consulta point son père. Depuis qu'il était revenu de l'étude de M° Tréfeuille possesseur d'une fortune inespérée, le vieillard, oubliant les misères du passé, s'abandonna à des rêves de bonheur, non pour lui, dont les jours devaient être désormais comptés, mais pour sa fille. Il pensa qu'un changement subit dans sa situation aiderait à effacer le souvenir de Samuel, qu'elle changerait complètement de milieu et trouverait autour d'elle des hommes capables de lui inspirer un sentiment d'affection sincère. Il essaya de l'intéresser aux projets qu'il formait, et qui, tous, tendaient à l'éloigner du quartier qu'elle habitait depuis si longtemps, des personnes qu'elle y avait connues, de cette fabrique où, tour à tour, la pauvre enfant passa par des phases de joie et de désespoir. On achèterait un petit hôtel à Passy; elle aurait un petit jardin; on cultiverait des fleurs; on emplirait d'oiseaux une immense volière; elle ne peindrait plus que pour son plaisir, afin de décorer le nid où elle devrait vivre. Any écoutait le vieillard sans répondre; morne, le front baissé, elle cherchait la clef du mystère au sein duquel son pauvre cœur se débattait comme un oiseau pris au piège. De cette fortune elle s'inquiétait bien, vraiment! Non, elle ne songeait qu'au rapprochement à établir entre la mort de son frère et cette somme énorme, constituant son héritage, et qui lui était rendue d'une façon mystérieuse; pas encore assez pourtant pour qu'elle ne comprît point quelle main lui tendait ces billets de banque. L'argent! ne savait-on point s'en passer? n'avait-elle pas été jusqu'au fond de ce qu'on appelle la misère? Le jour où elle engagea sa palette chez le banquier des gueux, savait-elle si elle trouverait à manger le lendemain? Eh bien! riche en ce moment, certaine de ne jamais souffrir matériellement, ayant non plus le pain assuré, mais le luxe de la vie, elle s'estimait la plus infortunée des créatures, depuis qu'un doute poignant s'était emparé d'elle. A tout prix elle voulait se délivrer de cette inquiétude. Elle sortit sous un prétexte et descendit chez Samuel Dupont, résolue à le questionner. Elle exigerait qu'il se défendît contre le soupçon qui la hantait; ensuite elle lui demanderait pardon et s'humilierait, s'il le fallait, devant lui; rien ne lui coûterait: ce qu'elle voulait, c'était la certitude de son innocence. Pauvre fille! en même temps qu'elle apprenait le secret du testament de son frère, elle entendait l'homme à qui elle avait donné le meilleur de son âme lui révéler, dans un seul mot, les fautes et les misères de sa vie. Il était contumax! passible des galères, voué à l'infamie, à une torture qui durerait autant que sa misérable vie!

C'en était trop pour cette nature délicate, déjà trop éprouvée. L'infortunée n'eut plus qu'une seule aspiration: elle souhaita mourir pour se trouver sans retard délivrée du fardeau de la vie.

En voyant rouler à ses pieds celle qu'il chérissait avec désespoir, Samuel Dupont poussa un cri d'angoisse, et se tournant vers M. Valfond:

— Ah! fit-il, le châtiment vraiment épouvantable de ma faute est d'avoir consommé le malheur de cette jeune fille.

Il se pencha vers elle, la souleva dans ses bras et la posa sur un divan. Mais, en relevant les yeux, il vit qu'il n'était pas seul penché sur le front pâle d'Any.

— Mademoiselle Marcelle! s'écria Samuel. Ah! c'est Dieu qui vous envoie.

— Que se passe-t-il? demanda la demoiselle de compagnie de la parfumeuse.

— Votre amie a besoin de soins; accompagnez-la chez elle et ne la quittez plus.

— Ah! fit Marcelle, j'allais faire appel à son amitié; si elle a besoin de la mienne, je suis prête.

— Vous quitteriez Mme Marchenoir?

— Elle m'a, ce matin, traitée en servante, avec une dureté sans nom, et je suis partie. J'accourais demander un asile à Any.. Samuel sonna.

Une femme de service accourut. Elle reçut des ordres, rapporta promptement des vinaigres et des parfums assez forts pour ranimer Any.

Par discrétion, le fabricant s'était reculé dans l'ombre projetée par les tentures, et les regards de la jeune fille ne rencontrèrent que le visage de Marcelle.

— Emmène-moi! lui dit-elle, emmène-moi!

Se soulevant avec peine, Any prit le bras de Marcelle et s'éloigna en cachant ses yeux de sa main.

Ce fut seulement quand elle sortit du cabinet du fabricant que celui-ci quitta l'ombre de la fenêtre.

— Vous avez bien réfléchi? demanda M. Valfond.

— J'ai tout pesé, répondit Samuel. J'en appelle librement du jugement qui me condamna par contumace à vingt ans de travaux forcés; je mettrai ma vie au grand jour devant la justice de mon pays, et cette justice prononcera...

— C'est bien, fit M. Valfond.

— Il me reste une prière à vous adresser, monsieur.

— Laquelle?

— Je souhaite que vous portiez la parole.

— Moi?

— Oui, vous!

— Quoi! Je me ferais votre accusateur?

— Vous êtes avant tout l'organe de la vérité que nul ne séduit et ne trouble. Qui sait quelle lueur ressortira de ce procès. On ne refuse jamais au condamné à mort la faveur qu'il sollicite... Je suis un condamné implorant une grâce.

— Je ferai ce que vous souhaitez... Adieu!.. Nous ne nous retrouverons plus qu'au jour des assises.

— Vous me verrez alors plus paisible qu'aujourd'hui, répliqua le fabricant; je viens de subir la plus douloureuse de mes épreuves.

Le magistrat jeta sur Samuel un regard de pitié auquel se mêlait une sorte d'admiration. Il n'ajouta pas un seul mot, salua et sortit.

Quand il se trouva seul, Samuel poussa un cri déchirant:

— Any! Any!

L'émotion, qui l'avait foudroyée en apprenant le secret du terrible mystère enveloppant la destinée du faïencier, lui révélait trop qu'il n'en devait rien attendre.

— Ah! murmurait-il au milieu de ses sanglots, quand elle me répétait jadis qu'elle porterait la moitié du fardeau de ma vie, elle ne le croyait pas si lourd! Elle pensait alors, en écoutant les lambeaux de confession qui me montaient aux lèvres, que j'avais seulement à me reprocher ces fautes de jeunesse, ces écarts de conduite dont l'impression diminue à mesure que s'avance l'âge viril. Mon indignité l'écrase: elle s'estime, à cette heure, humiliée d'avoir été aimée par un contumax qui va, dans quelques jours, se trouver sous le coup d'une loi implacable. Elle voudrait arracher de son cœur jusqu'au dernier vestige de l'attachement qu'elle ressentait pour moi... Que dis-je! l'arracher! il n'en subsiste plus rien! Ah! comme ce pauvre amour est lapidé maintenant et profané dans sa pensée... Ainsi, elle ne me tiendra compte de rien? ni de mon repentir, ni des efforts accomplis pour expier, ni d'une lutte persistante contre moi-même? Pourtant, n'ai-je pas eu mille fois plus de peine à remonter du fond de l'abîme qu'un autre n'en aurait éprouvé à demeurer dans la bonne voie! Ne se souviendra-t-elle désormais ni des pauvres secourus, ni des œuvres fondées, ni d'une génération d'ouvriers ennoblis par leur travail même, dont l'intelligence s'est développée grâce à mes soins, dont l'âme renferme d'héroïques vertus, qui feront de leurs enfants des honnêtes gens, et qui leur apprendront à me bénir?..

Il s'arrêta un moment, puis serrant à deux mains sa poitrine :

— Me bénir! Dans quelques heures, eux aussi connaîtront mon secret. Pas un moment de plus je ne volerai le respect de ces hommes qui m'ont servi avec loyauté... Nous sommes au samedi... jour de paie... Cette paie, je la ferai moi-même, et pour la dernière fois... Je les dégagerai à mon égard de toute gratitude, et je pourrai compter alors combien parmi ces cinq cents hommes il se trouve de gens de cœur...

Samuel se leva, secoua la torpeur douloureuse qui succédait à ses accès de fièvre, puis il écrivit rapidement deux lettres. Alors, il sonna et dit à son valet de chambre :

— Fortin, porte toi-même ce mot au Père Xavier.

— Oui, monsieur.
— Il suffit que cette autre lettre soit mise à la poste.
— Je serai revenu dans une demi-heure.
— Passe au bureau de M. Château-Bélin, et envoie-le-moi.

Fortin sortit pour exécuter les commissions de son maître.

Pendant ce temps-là, Dame Jude et Marcelle avaient transporté dans son appartement Any incapable de rassembler ses esprits, et gardant seulement dans sa tête lassée et dans son cœur brisé le sentiment d'un désespoir sans borne. Quand elle se trouva sur son lit, elle poussa un soupir de soulagement, puis, appuyant la main sur ses lèvres, elle dit à Marcelle d'une voix éteinte :

— Pas un mot à mon père, il connaîtra toujours trop tôt la vérité.

Marcelle s'assit sur le lit de son amie, l'entoura de ses bras, lui parla doucement, lui répétant des mots de compassion tendre, essuyant ses yeux d'où ruisselaient des larmes; Any la remerciait d'une pression de main, d'un regard, mais elle ne répondait point encore. Quand elle retrouva la lucidité de sa pensée, elle dit à Marcelle :

— O mon Dieu! quitte-moi, tu serais grondée!
— Par qui?
— Par Mme Marchenoir.

— Sois tranquille; la cliente du docteur Galéas, cette parfumeuse dhilanthrope, qui traite les honnêtes filles en servantes et multiplie les bassesses devant les gens qui mettent deux lignes sur elle dans un journal, n'a plus aucune autorité sur moi. Je l'ai quittée à la suite d'une scène violente : ce n'est pas la moins drôle histoire de cette grande fumisterie. Je vais te la conter tandis que tu reposes. Ris-en, cela me fera plaisir.

Ce matin, une députation de la société des... ma foi, je ne sais plus... mettons des *Admirateurs mutuels*, lui offre une médaille d'un module extravagant avec une couronne de zinc. Il paraît que cette société, de fondation récente, éprouve le besoin de recruter des membres payant en bons billets de banque les diplômes qu'elle daigne offrir. La parfumeuse venait de remettre trois mille francs, quand un des membres de la députation se tourne gracieusement vers moi en ajoutant : « Mademoiselle, voici votre brevet de membre honoraire. » Je salue, je roule ma grande feuille de parchemin illustrée de deux figures de femmes ceintes de lauriers, et je remercie. La parfumeuse me jeta un regard féroce. Oh! ce regard, Any, jamais tu n'as pu en deviner la scélératesse. Les messieurs partis, Mme Marchenoir me dit d'une voix brève : « Remettez-moi ce diplôme. — Pourquoi, madame? — Je ne permettrai point que vous le conserviez » Certes, je n'y attachais pas grand prix, mais l'insistance que mit la parfumeuse me parut au moins bizarre, et j'entrepris de défendre mon brevet Alors elle s'écria de cette voix dure et rogomme que tu lui connais, et qui sent a la fois la rue et la halle : « Vous me le donnerez! Jamais je ne souffrirai qu'on offre dans ma maison une distinction de ce genre à des gens que j'emploie. » La colère m'empourprait le visage et je m'écriai : « Madame! » Elle ne me laissa pas le temps de finir : « Oh! je sais bien, reprit-elle, qu'en ce moment je froisse votre vanité, mais il faut que vous sachiez une fois pour toutes que quiconque reçoit de moi un salaire est considéré comme un serviteur. Vous êtes à mes gages, souvenez-vous-en! Quant à ce brevet, voici le cas que j'en fais.» Elle me l'arracha des mains, le lacéra et le foula aux pieds. Je me révoltai et j'osai lui tenir la tête.

— Je vais partir, lui dis-je, et je raconterai à tous ce que vous êtes, quand vous arrachez ce masque de philanthropie, si mal attaché sur votre visage que chacun peut voir l'expression vraie de votre nature. Ah! je suis à vos gages ; eh bien ! de la bouche de celle que vous traitez en servante, vous entendrez la vérité Nul ne croit à la bonté de votre âme, et vous êtes, entre les mains des exploiteurs qui vous entourent, un misérable fantoche. Ne vous apercevez-vous donc pas qu'on ne vous a jamais rien offert sans que vous comptiez des billets de banque? Mais le jour où la presse saura quelle misérable comédie se joue ici, elle n'aura pas assez de railleries à déverser sur vous. Personne n'oserait vous défendre; Picauville lui-même ne le voudrait pas ! Je sais bien que vous chargeriez quelques écrivains faméliques d'écrire des brochures pour le faire; et que les ouvriers de la plume se trouvant sans ouvrage vous confectionneraient des plaquettes de romans, et chanteraient votre nom sur un des modes d'Orphée : toutes les platitudes se trouvent à Paris! Certaines gens estiment que l'argent ne sent jamais mauvais. On corrigera votre style de cuisinière, on vous dressera des arcs de feuillage ; on vous appellera la bienfaitrice de l'humanité, mais vous savez que vos revenus passent à cette comédie misérable; j'aiderai à chiffrer ce que vous payez des niaiseries dont vous êtes trop fière ! Vous avez offert quatre cent mille francs à qui vous ferait obtenir la croix de la Légion d'honneur ; je le crierai bien haut, partout, sans trève, afin que si jamais... On saurait du moins que vous achetez une conscience en même temps qu'un ruban.

Ah ! vois-tu, Any, je ne me possédais plus. La colère m'arrachait des vérités trop longtemps étouffées, et, sur cette parole, je quittai la chambre. Un moment après, j'entassai mes robes dans une malle et je prenais le chemin de la rue Paradis-Poissonnière. Avant d'entrer chez toi, je voulais voir M. Dupont, lui avouer ma résolution de m'installer chez toi et en même temps permettre à ce pauvre Jules Château-Bélin de faire afficher notre mariage. Sa joie chassait déjà mon irritation ; j'avais légèrement monté l'escalier, je traversai l'antichambre et j'entrai dans le cabinet de M. Samuel, pour t'y voir mourante et désespérée ! Ah ! ma chérie, ma pauvre chérie ! Tu me raconteras ce qui venait de t'arriver...

— Plus tard, répondit Any, plus tard ; la force me manquerait pour le faire en ce moment.

— Tu m'effrayes, Any.

— C'est que, vois-tu, il est des épreuves trop fortes pour une créature humaine, et, cette épreuve, je la subis aujourd'hui.

— Alors, nous serons deux pour porter le poids de ta peine.

— Oui, deux, repartit Any.

Elle embrassa Marcelle et demeura un moment sans parler. Alors elle entendit un bruit léger dans la chambre voisine, et, se levant, elle dit avec l'expression du repentir :

— Ah! mauvaise que je suis ! j'oubliais mon père !

— Non, chérie, tu ne l'oublies pas, et tu l'aimes toujours ; mais mieux vaut retrouver le calme de tes esprits avant de le rejoindre. Ceux qui ne voient plus rien des choses de ce monde gardent une perception mille fois plus délicate que les autres hommes de tout ce qui a rapport à nos sentiments. M. Darieu comprendrait que tu souffres ; il te demanderait pourquoi... Saurais-tu, pourrais-tu lui répondre?

— Non, non! s'écria avec une sorte de terreur la pauvre Any, il faut moins que jamais qu'il se doute des regrets que j'étouffe et du désespoir qui me ronge le cœur.

Any serra Marcelle sur son cœur avec un redoublement de tendresse, essuya ses yeux; puis respirant avec effort, comme si elle prenait une résolution énergique, elle descendit de son lit et marcha dans la chambre. Mais, encore une fois, elle faiblit, tomba sur les genoux, et s'écria :

— Ah! ce calice est trop amer, mon Dieu! et malgré moi ma main le repousse.

— Ma fille, dit la voix grave d'un homme qui, en ce moment, se pencha vers elle, vous l'accepterez, et le Seigneur daignera l'adoucir.

Any, en se retournant, reconnut le Père Xavier.

— Vous! vous! mon Père! s'écria-t-elle.

— Moi, qui ne voudrais pas vous voir ajouter à la tristesse dont une pauvre âme est remplie; moi, qui, après avoir suivi pas à pas l'existence d'un homme que des juges vont appeler à leur barre, vous crie : « Ma fille, quand un moment d'erreur est expié par tant « d'abnégation, de travail et de vertu, la dette est payée à Dieu « comme à la société ! » Je serai près de lui quand il subira son épreuve et c'est seulement à cette heure terrible qu'il pourra compter ses véritables amis.

— Mon Père, dit Any en se relevant, vous êtes un saint!

— Non, ma fille, je suis un homme qui a souvent vu pleurer et qui a consolé beaucoup de douleurs.

Any se releva et ajouta en secouant la tête :

— Je ne suis, à cette heure, ni une bonne fille, ni une bonne chrétienne; mais vous daignerez m'aider, je l'espère, à retrouver l'énergie qui me manque.

— Le sentiment du devoir vous suffira, ma fille.

En ce moment, l'aveugle parut sur le seuil.

— Any! Any! Que se passe-t-il? j'ai cru t'entendre pleurer.

La jeune fille jeta ses bras autour du cou du vieillard.

— C'est vrai, dit-elle, j'ai pleuré... Marcelle est revenue, elle m'a conté toutes ses peines, et je sens encore un terrible ébranlement au cœur.

— Pauvre Marcelle! qu'elle cesse de s'affliger; nous serons riches, nous la garderons désormais.

— Jusqu'à son mariage, du moins.

— Ah! elle va se marier?

— Il est grandement temps qu'elle récompense ce pauvre Château-Bélin de son courage.

— Oui, répondit le vieillard, ce sera juste en effet. Tout effort a droit à salaire. Afin de mériter la main de cette honnête fille, M. Château-Bélin a rompu avec sa vie d'autrefois. Le gommeux insouciant et prodigue, qui semait son or aux quatre vents de la fantaisie, est devenu un homme laborieux, économe; l'épreuve qu'il a subie et dont il est victorieux assurera le bonheur de Marcelle. Où donc est-elle, cette chère enfant, que je l'embrasse comme une seconde fille?

Marcelle courut vers M. Darieu.

— Si vous le voulez, lui dit-il, nous célébrerons ici vos fiançailles.

— J'irai, si vous le permettez, annoncer cette bonne nouvelle au futur mari, dit le Père Xavier.

Se sentant dans l'impossibilité de continuer l'entretien avec Any, l'ancien missionnaire voulait retourner auprès de celui dont il connaissait l'horrible angoisse. Pourtant, il exécuta d'abord ce qu'il venait de promettre, et se fit désigner le bureau du fiancé de Marcelle.

Oui, vraiment, il avait bien gagné le bonheur dont sa persévérance se verrait couronnée. A partir du jour où, soutenu par les conseils de Norbert, il entreprit de se régénérer grâce, au travail, Château-Bélin devint un autre homme. Il se sépara brusquement du monde d'élégants viveurs parmi lesquels il avait jusque-là passé ses jours et surtout ses soirées. Il ne croyait point compter parmi eux d'amis assez sincères et d'esprits assez élevés pour leur faire confidence de projets dont ils auraient souri sans les comprendre. Il disparut un matin, comme file un météore. On s'inquiéta un peu, on questionna. Tous les renseignements obtenus se bornèrent à ceci : M. Château-Bélin, après avoir donné congé de son appartement, vendu son mobilier et largement rétribué ses domestiques, est parti pour une destination inconnue.

Cette destination inconnue était tout simplement la fabrique de la ue Paradis-Poissonnière. Seulement on se trompait en affirmant que le mobilier avait été vendu; Château-Bélin en conservait tout ce qu'il fallait pour un appartement de quelques pièces, choisi dans l'espoir que Marcelle y habiterait quelque jour. Avec un soin affectueux il l'avait garni de tapis moelleux, de meubles charmants, de porcelaines rares. Les débris de sa fortune se montaient à environ cent mille francs; en joignant à l'intérêt de cette somme les quatre mille francs qu'il gagnait chez Samuel Dupont, Château-Bélin pouvait vivre d'une façon honorable. Norbert, le jour où il devint l'associé du fabricant, promit à son ami de lui ménager une situation plus grande, à mesure qu'il connaîtrait mieux les différents services de la maison. Château-Bélin qui, jadis, se levait à midi était maintenant debout à six heures. Une douche glacée le réveillait et le fortifiait; alerte et gai, il se rendait à son bureau, travaillait jusqu'au déjeuner non seulement sans dégoût, mais encore avec un plaisir croissant, prenait chez lui un repas léger, rentrait au bureau, reprenait sa besogne interrompue, et ne s'arrêtait qu'au moment où Norbert, qui souhaitait l'initier aux procédés de fabrication, l'entraînait dans les ateliers, lui expliquant les travaux des peintres, des mouleurs, le menant dans les ateliers de séchage, l'obligeant à surveiller la mise en moufle des porcelaines. Château-Bélin s'intéressait à ce labeur artistique. Il lui arriva plus d'une fois de donner un conseil utile, d'adresser un encouragement. Il avait dessiné dans sa jeunesse, et l'amour de l'art le reprit dans ce milieu de productions artistiques.

— C'est singulier! disait-il à Norbert, je ne m'ennuie plus.

— Je le crois bien, tu travailles!

Le Père Xavier, qui était descendu afin de chercher Château-Bélin et de l'amener chez Marcelle, trouva le jeune homme parlant avec animation à Norbert.

— Mon Père, dit celui-ci, il va se passer à la fabrique quelque chose de grave, de terrible peut-être. Dans la disposition d'esprit où se trouve M. Dupont, je m'effraie de la résolution prise par lui de faire la paie des ouvriers.

— Désormais, répondit le Père Xavier, les événements marcheront avec la rapidité de la foudre: ils frapperont comme elle. Vous aimez tous profondément celui que j'ai connu dans les *placeres*. Après avoir été les collaborateurs de son œuvre, vous vous ferez les défenseurs de sa vie : on est toujours brave à votre âge. Le jour du dernier combat, vous me trouverez avec vous.

— Que voulez-vous dire, mon Père?

— Vous le saurez aujourd'hui... Monsieur Château-Bélin, je viens vous chercher.

— Je vous suis, monsieur

— Vous ne me demandez pas où je vous conduis?

— J'ai confiance.

— Nous allons chez Mlle Any où vous attend Marcelle.

— Marcelle !

Château-Bélin n'en écouta pas davantage ; il serra rapidement les mains de Norbert et celles du Père Xavier, et monta jusqu'à l'appartement de l'aveugle.

— Ah ! Marcelle, fit-il, nous revenez-vous donc?

— Oui, dit-elle, pour toute la vie. J'ai trop bien en haine la prétendue philanthrope, pour ne point venir avec Any pratiquer la charité dans la maison de M. Dupont.

Château-Bélin tira une bague de son doigt.

— Vous l'accepterez, cette fois? demanda t-il.

— Il le faut bien, dit-elle, Jacob a mérité Rachel.

Ils demeurèrent tous deux, causant bien bas, dans un coin du petit salon. Pendant ce temps, M. Darieu, transporté de joie à l'idée de la fortune qui venait de lui être remise, faisait pour l'avenir des plans qu'Any n'écoutait pas.

Tout à coup, une grande clameur monta de la cour des ouvriers : Château-Bélin se pencha à la fenêtre, puis il revint vers Marcelle en lui disant :

— Quelque chose m'avertit que ma place est là-bas. Au revoir, Marcelle, ma chère fiancée.

— Attendez-moi, fit Any tout bas.

Une seconde après, tous deux se dirigeaient vers la grande cour encombrée de travailleurs.

CHAPITRE XXIV

CONFESSION

Henri tomba, tout sanglant dans mes bras. (Voir page 284.)

Chapitre XXIV

CONFESSION

Depuis longtemps, Samuel négligeait d'assister à la paye des ouvriers.

A mesure que Norbert prenait dans la maison une place plus large, le faïencier s'effaçait davantage. On croyait, dans les ateliers, que sa fortune lui laissait le droit de goûter enfin le repos; cependant, les travailleurs regrettaient cette abstention. Jadis la paye les rapprochait; ils avaient dû à cette heure, que ramenaient des dates fixes, des encouragements et des conseils. L'influence exercée par le rapprochement du maître et des travailleurs était énorme; aussi, quand on apprit dans les différents ateliers que le « patron » ferait la paye, s'éleva-t-il dans la cour une soudaine clameur de joie, cette clameur qui venait de galvaniser Any du sein de son désespoir. Norbert, chargé d'annoncer cette nouvelle, restait cependant inquiet. L'attitude de Samuel, l'expression de son visage, le troublaient; il se promettait de rester près de lui et de le soutenir de tout son pouvoir, s'il avait besoin de la présence d'un ami.

Dupont se plaça au bureau, ayant à côté de lui le caissier qui allait plonger tour à tour les mains dans des sacs remplis de pièces d'or, d'argent ou de billon. Samuel était très pâle. A l'appel de chaque nom, il tressaillait, se souvenant d'un épisode de la vie de l'ouvrier qui s'avançait, tête nue, souriant, ouvrant la main pour recevoir le salaire gagné. Mais vainement chacun d'eux attendit-il un mot semblable à ceux que le faïencier trouvait jadis dans son cœur ou dans son expérience de la vie. Le maître demeurait muet, paraissant, tour à tour, impatient de voir finir le défilé des ouvriers et troublé à la pensée qu'il se terminerait bientôt.

D'habitude, les travailleurs se suivaient à la file, passaient devant le bureau, recevaient la somme qui leur était due, puis redescendaient et gagnaient une large porte s'ouvrant sur la cour, où la masse des ouvriers s'arrêtait ensuite un moment. Certains comptes s'y réglaient. Un camarade avait avancé cent sous; ils lui étaient consciencieusement rendus. Pendant les derniers jours, un compagnon, connaissant la gêne d'un ami, l'avait emmené à sa cantine. Ce petit compte arrangé, on y ajoutait une bonne poignée de main. Des invitations cordiales s'échangeaient. On pouvait se payer une petite fête après une longue quinzaine de travail. Ce n'était guère qu'au bout d'une demi-heure que la cour se vidait à son tour et qu'on pouvait faire rouler sur leurs gonds les lourds battants de la porte cochère.

Ce soir-là, à leur grande surprise, les ouvriers ne purent quitter la salle; on avait retiré la clef de la serrure. Se trouvant prisonniers, ils s'adossèrent contre la muraille, commençant à comprendre que Samuel Dupont ne leur parlerait qu'après la paye.

Les employés de la fabrique se trouvaient divisés en groupes très distincts: les ouvriers d'âges et de talents divers, les jeunes filles peintres, modeleuses de fleurs et brunisseuses, enfin les enfants. Ceux-ci venaient les derniers se grouper autour du bureau. Le compte des ouvriers était réglé, c'était au tour des femmes de s'approcher. Quelques jeunes filles rieuses, jolies et modestes, reçurent leur argent avec l'expression d'une joie honnête; puis des femmes suivirent, plus graves, calculant déjà l'emploi qu'elles pouvaient faire de la recette pour les besoins du ménage. Enfin, une d'elles se traîna plutôt qu'elle ne marcha jusqu'au bureau: c'était Florence, la malheureuse mère de Poulot. L'infortunée faisait pitié. Vêtue de deuil, les cheveux subitement blanchis, les yeux rouges et caves, elle tendit machinalement la main, tandis que, levant les yeux sur le faïencier, elle lui demandait:

— Est-ce qu'on le condamnera, monsieur? Est-il vraiment possible qu'on envoie mon enfant dans une maison de correction, d'où il sortira complètement perdu...?

— Il a mérité un châtiment sévère, répondit le négociant à voix basse; mais j'écrirai en sa faveur à M. Valfond, et j'espère que le procureur général autorisera son entrée dans la colonie agricole de Sologne.

— Soyez béni, monsieur, soyez béni! sauvez l'honneur de ce malheureux enfant! La leçon lui profitera.

— Courage, ajouta Samuel, courage!

Florence se perdit dans un groupe d'autres femmes.

Il n'en restait plus que quelques-unes, lorsqu'avec une stupeur qu'il ne resta pas maître de dissimuler, Samuel Dupont reconnut Any.

Vêtue de noir, la tête couverte d'une mantille retombant presque sur ses yeux, elle attendait, immobile, que son tour vînt de s'approcher. Dans ses yeux brillait une lueur étrange. Elle éprouvait l'impérieux besoin de se retrouver en face de celui qui devait être un assassin ou un héros. Les paroles de l'abbé Xavier l'avaient troublée à un tel point qu'elle voulait d'un seul coup en finir avec ses angoisses.

Samuel la reconnut seulement au moment où elle s'arrêta devant le bureau.

— Monsieur, dit-elle d'une voix sans timbre, il m'est dû quinze francs pour la peinture d'un grand plat représentant des oiseaux.

Quinze francs! Any réclamait quinze francs lorsque Samuel venait de lui faire remettre huit cent mille francs! Que voulait-elle? que prétendait-elle faire? Quelques heures auparavant, elle tombait mourante aux pieds de Samuel, et voilà qu'elle revenait devant lui, fatalement ramenée par le besoin d'apprendre un secret dont dépendait la tranquillité de sa vie!

— Vous avez raison, mademoiselle, lui dit le caissier.

Samuel se tourna vers Norbert.

— Mon ami, ajouta-t-il, ouvrez pour Mlle Darieu la petite porte du couloir.

— Je vous remercie, répliqua Any de la même voix brisée; je suis une des travailleuses de la fabrique; à ce titre, je reste avec mes compagnes.

Samuel s'appuya sur son bureau; une faiblesse soudaine s'emparait de lui. Quand il forma le projet qui, tout à l'heure, allait recevoir son exécution, il n'avait pas songé à cette aggravation de torture. Cependant, il esquissa un geste vague, comme s'il voulait dire qu'il se soumettait à la volonté de la jeune fille, résolution dont, sans doute, elle ne soupçonnait pas la cruauté.

Any se rapprocha de la mère de Poulot; puis, saisissant la main de la pauvre femme, elle y glissa les quinze francs qu'elle venait de recevoir.

Entre les groupes formés par les ouvriers et les ouvrières, les enfants s'avancèrent à leur tour, tête levée, sourire aux lèvres, quêtant du regard, un éloge du maître, les cheveux ébouriffés, les mains noires, mais gais de cette gaieté familière du gamin de Paris, à la fois spirituelle et douce, gouailleuse et brave.

Encore une fois, le regard de Samuel se troubla. La vue de ces enfants le rejeta subitement dans le passé. Il aperçut, au milieu d'une vision rétrospective, le grand atelier de sculpture de son père, les immenses proues de navires ornées de figures symboliques; puis il se vit lui-même, le ciseau et le maillet à la main, ébauchant des sirènes à queue tordue, des femmes ailées, des oiseaux gigantesques ouvrant leurs ailes, et paraissant aider à la course du navire. Que cela était loin, grand Dieu!

Le caissier avait presque vidé les sacs; il les renversa sur le bureau où l'or, l'argent et le cuivre formèrent des tas brillants. Le dernier apprenti tendit, puis referma la main sur son modeste trésor et rejoignit ses camarades.

Le caissier rejeta dans un tiroir l'argent qui lui restait; Norbert regarda Samuel avec une inquiétude croissante.

Quant aux ouvriers, ils demeuraient immobiles, comprenant à la solennité douloureuse du visage du « patron » qu'un événement grave allait se passer.

Samuel rejeta en arrière sa belle tête pâle, et considéra les cinq cents créatures dont il avait réalisé le bonheur et le bien-être pendant plus de quinze ans. En ce moment, certes, les travailleurs l'aimaient de toute la puissance de leurs âmes honnêtes et droites; mais, dans une heure, combien resteraient encore au pied de ce bureau qui bientôt se changerait en pilori? Hélas! pas un peut-être! La salle se viderait brusquement; un vent mortel y passerait, et Samuel s'y trouverait seul, seul comme un lépreux, comme un maudit!

— Écoutez-moi un moment, leur dit-il.

Samuel n'osait plus appeler ses amis ceux qui tout à l'heure deviendraient ses juges. Il y eut vers le bureau un mouvement en avant. On ne voulait rien perdre de ce que le « patron » avait à dire.

— Nous allons nous quitter, poursuivit Samuel Dupont; je remets à Norbert, mon ami, mon fils adoptif, la direction de cette fabrique; vous lui obéirez comme vous m'avez obéi à moi-même.

— Est-ce que vous partez, patron? demandèrent trois ouvriers qui se trouvaient au pied du bureau.

— Je pars, reprit Samuel d'une voix plus sonore, parce que je ne suis plus digne de vous commander; parce que, dans deux mois peut-être, je serai transporté à la Nouvelle-Calédonie où ma place est marquée depuis près de vingt ans! Reprenez le respect et l'affection que vous me portiez, j'en suis indigne... Je les volais, comme jadis j'ai dérobé...

Il s'arrêta; les mots lui sortaient de la gorge comme un râle. Mais Any avait entendu, Any dont le visage s'empourpra d'une façon soudaine, et qui, la main étendue, répéta en lui jetant au visage une accusation terrible :

— Mon frère! qu'avez-vous fait de mon frère?

Il tourna sur elle ses yeux remplis d'une incommensurable douleur.

— Any! fit-il, pauvre Any!

— Répondez! répondez! qu'est devenu Henri, mon pauvre frère...

L'échange de ces quelques mots avait à peine duré une seconde. Une stupeur indicible paraissait planer dans la salle. Nul ne relevait ces étranges paroles du patron; les ouvriers ne paraissaient ni les croire ni les comprendre.

Samuel détourna les yeux afin de ne plus voir Any; puis il poursuivit :

— Je veux me confesser à vous, comme jadis je le fis devant le prêtre. La condamnation que vous prononcerez, je l'accepte d'avance. Le crime que j'ai commis jadis va recevoir son châtiment; vous avez d'autant plus le droit de vous montrer sévère que j'ai toujours gardé les apparences de l'équité et de la vertu. Cependant, ne m'accusez jamais d'hypocrisie ni de mensonge. Le repentir purifie, et, devant Dieu, je crois avoir expié le passé. Les hommes jugeront autrement, sans doute; soyez le premier tribunal et prononcez... J'ai grandi, enfant, comme ces petits qui m'entourent, dans un chantier de construction de navire. Tout jeune, je sculptais des ornementations de vaisseaux. Mon père était le meilleur, le plus probe des hommes. Quand je le perdis, il me sembla que brusquement je me sentais seul au monde ; la droite raison, qui jusqu'alors m'avait guidé, parut s'obscurcir. Ma conscience se troubla ; lui-même était ma conscience vivante... Un nouveau compagnon fit le reste ; il me communiqua l'amour du plaisir ; il m'entraîna hors de l'atelier, et un jour, sachant que notre armateur, M. Truffaut, venait de recevoir une somme de dix-huit mille francs, je les dérobai dans son bureau...

Un sourd murmure se fit entendre dans la salle, mais il ne dura que l'espace d'une seconde ; le silence se rétablit. Samuel continua:

— J'avais volé !.. Aimé, estimé la veille, je ne pouvais plus être qu'un objet de mépris... A peine le crime était-il commis que je voulus restituer; des circonstances imprévues m'en empêchèrent. Que faire ? affronter la présence de l'armateur, me jeter à ses pieds et tout lui dire ? Je ne l'osai point. Grâce à un mensonge, j'obtins passage à bord d'un navire partant pour la Californie, et, à la fin de la traversée, je m'enfonçai dans les *placeres*. Un an après, j'avais restitué à M. Truffaut les dix-huit mille francs dérobés, et je recueillais assez d'or pour commencer une petite fortune...

Le fabricant tourna du côté d'Any ses yeux brûlés d'un feu intérieur et il poursuivit, paraissant ne plus parler que pour elle seule :

— Parmi ceux qui demandaient à la terre ses fleurs d'or, je rencontrai votre frère, mademoiselle, Henri ! le plus noble, le plus chevaleresque, le meilleur des hommes ; il travaillait pour vous. Dans nos heures de repos, car nous partagions la même tente, il ne cessait de me parler de votre père et de vous. Il m'obligeait à étudier, il devenait mon professeur et mon maître. Il m'aimait d'une grande, d'une puissante affection. Quelquefois, je me reprochais de ne point lui révéler le passé : mais qui donc, à ma place, aurait eu le courage de renoncer à l'unique consolation qu'il possédât dans ce désert ? Le Père Xavier, qui vint nous visiter, ne m'obligea point à ces tristes confidences, et je gardai l'amitié compatissante d'Henri. Je lui devais tout ; pour lui, je risquai ma vie. Dans ces contrées où l'unique pensée est la réalisation d'une fortune, les voleurs d'or se rencontrent à chaque pas. Une troupe de misérables nous assaillit un jour... Je soutins le combat contre trois d'entre eux, mais je ne pus empêcher Henri de recevoir une terrible blessure Il tomba, sanglant, dans mes bras. Mademoiselle, Henri se croyait orphelin: l'abordage de *la Salamandre* par un navire anglais lui fit croire que, vous et votre père, vous aviez trouvé la mort dans ce sinistre. Possesseur de deux cent mille francs, Henri me les légua dans un testament écrit quelques heures avant sa mort. En même temps il me supplia de porter à l'avenir son nom et de l'honorer par le travail et par la vertu. Je promis. Prosterné au chevet de cet ami incomparable, je jurai de revenir en France et d'y répandre le bien dans la mesure de mes forces. Henri expira, et je l'enterrai sous un grand pin, dans la forêt californienne.

Any cachait son front dans ses mains, et pleurait.

— Je tins ma promesse, reprit le faïencier; je rentrai dans ma patrie, j'achetai cette fabrique, et, depuis ce jour, vous tous qui avez vécu près de moi, vous pouvez dire si j'ai rempli mon devoir.

— Oui, oui! s'écrièrent d'une seule voix tous les ouvriers.

— J'allais goûter le prix de mes efforts; j'allais..., me permettez-vous de tout dire? demanda Samuel en effleurant l'épaule d'Any qui pleurait, appuyée contre le bureau.

— Tout, répondit-elle.

— J'allais épouser la femme que j'aimais, que j'adorais, lorsque la lecture de ses actes civils me révéla qu'elle était la sœur d'Henri Dupont. Comprenez-vous? Je vivais sous le nom de son frère; depuis quinze ans je me servais de l'état civil de ce mort. Révéler la vérité était en même temps mettre sur la trace du passé et ressusciter le Cyprien Rémois de Dieppe, condamné aux travaux forcés. Et je brisais mon cœur, Any, et je me laissais accuser quand j'étais au désespoir.

Any laissa voir son visage ruisselant de larmes, et demanda:

— C'est bien vous qui avez remis pour moi et mon père une somme de huit cent mille francs?

— Votre frère m'en légua deux cent mille. J'ajoutai à cette somme les bénéfices commerciaux qu'elle m'avait rapportés!

— Mon Dieu! mon Dieu! fit-elle.

— Voici la lettre d'Henri, le testament de votre frère; la tache de sang que vous voyez coula de sa blessure; mes larmes ont à demi effacé plus d'une ligne.

Any prit la lettre, la porta d'abord à ses lèvres, la lut, puis, tombant à genoux sur la première marche de l'estrade du bureau:

— Pardon! dit-elle à Samuel, pardon!

Il la regarda avec une expression de douceur infinie.

— Moi seul dois m'humilier ici, Any, devant vous et devant tous.

Il détourna de la jeune fille ses yeux qui s'emplissaient de larmes; puis, s'adressant de nouveau aux ouvriers consternés qui baissaient la tête :

— Je quitte cette fabrique, dit-il, je ne saurais plus commander à de braves gens. Norbert me remplacera, et vous travaillerez avec zèle sous ses ordres, comme vous avez travaillé sous les miens Dans quelques semaines, le fondateur du village d'Eden ne sera plus qu'un misérable accusé, ayant à répondre devant le jury de la faute de la vie passée.

Samuel allait descendre du bureau, quand Norbert le serra sur sa poitrine avec un irrésistible élan :

— Ce passé terrible que vous venez de nous raconter, nous ne voulons pas le connaître ; jamais nous n'en garderons le souvenir. Si cette faute ternit une page de votre vie de jeunesse, nous tous qui avons vécu votre vie d'homme, nous vous en absolvons : vous demeurez pour nous ce maître admirable, le père indulgent, le millionnaire sans cesse occupé du bonheur d'autrui et du soulagement de la misère. Vous parlez de cour d'assises, de revendications de la justice; eh bien! qu'elle parle donc, cette justice! qu'elle ose rappeler cette erreur d'un jour en présence du rachat de toute une vie. La cour d'assises! soit! Mais si le procureur général élève la voix contre vous, cinq cents hommes seront là pour lui répondre; nous serons là pour vous défendre, cinq cents hommes de cœur répondant de vous, et vous redemandant aux jurés chargés de prononcer sur votre sort. Un seul être se montre implacable à votre égard; et celui-là, c'est vous-même. Compagnons! j'en appelle à vous tous ; ne me suivrez-vous pas en face du juge?

— Tous! oui, tous! s'écrièrent les ouvriers.

Leur masse s'ébranla subitement. Les paroles chaleureuses de Norbert venaient de leur rendre la libre possession d'eux-mêmes.

Le sentiment de justice, de générosité, de compassion, qui se manifeste si vite et si puissamment dans les foules, souleva soudainement celle-ci. Les contre-maîtres vieillis dans la maison s'avancèrent les premiers, saisirent les mains que Samuel tentait de leur dérober, et lui répétèrent d'un accent dont rien ne saurait rendre l'émotion :

— Nous vous estimerons, nous vous aimerons toujours !

En un moment, l'estrade du bureau se trouva envahie, et Samuel Dupont, entouré, pressé par cette foule de braves gens, trouva en une minute la consolation de ses amertumes. Il ne put lire une seule arrière-pensée dans les regards qui se fixaient sur lui. Chacun de ces hommes, se souvenant du passé, rendait à Samuel ce que celui-ci croyait avoir perdu en confiance et en dévouement. Ce qui survenait restait, aux yeux de ces hommes dont il avait élevé l'esprit et formé le cœur, un malheur et non plus un crime. Ils se reconnaissaient solidaires de sa vie à l'heure qui allait en décider. Jamais Samuel ne se sentit plus vénéré que durant cette minute à la fois douloureuse et solennelle.

Quand il s'arracha des bras de ses ouvriers, Any saisit sa main et la couvrit de baisers et de larmes :

— Vous à qui je dois tout, murmura-t-elle, daignerez-vous me pardonner ?

Samuel détourna la tête, et, s'adressant à Norbert :

— Emmène-la ! dit-il, emmène-la !

— Vous resterez implacable ? demanda de nouveau Any prosternée.

Samuel fit un geste pour l'éloigner, mais elle se cramponna au bureau, et dit à Norbert d'une voix saccadée :

— Allez, monsieur Norbert, allez avec eux, moi je reste.

Le jeune homme hésitait ; mais Any s'était levée, et son geste plein d'autorité, l'expression de son regard, firent comprendre à Norbert qu'il devait obéir.

Quelques instants suffirent pour vider la vaste salle. L'ombre du soir la noyait à demi ; la fenêtre, placée non loin du bureau, laissait seule tomber une clarté pâle sur cet homme foudroyé et cette jeune fille désolée. Mais Any ne pleurait plus ; elle s'était relevée, et, le front haut, debout en face de Samuel, elle le regardait avec une telle expression de vaillance et de douceur que Samuel, ayant rencontré les yeux d'Any, baissa la tête.

— Je suis restée. dit-elle, malgré eux et malgré vous, parce que vous n'avez pas le droit de me repousser ainsi. Je viens me défendre à mon tour et plaider ma cause. Je viens demander grâce, car j'ai douté de vous. Dieu sait pourtant si je vous aime, Samuel! L'entretien que nous allons avoir sera le dernier, si vous voulez; j'ai fait de vous le maître de ma vie, je ne reviendrai point sur le don de moi-même. Ainsi donc, voilà votre secret! Je sais aujourd'hui pourquoi vous refusiez de m'épouser; vous savez d'où sont venues mes dernières angoisses. Eh bien! oui, tout cela est horrible, Samuel! Nous voilà tombés du haut de notre bonheur au dernier degré de la détresse humaine; et du fond de cet abîme, il vous semble que tout est perdu. Eh bien! moi, je me sens plus forte que vous, je relève le front, je m'apprête à la lutte! Avec vous je serai vaincue ou triomphante, mais nous ne nous séparerons plus. Là-bas, dans ce village d'Eden qui fut l'œuvre de votre cœur, vous n'osiez achever votre confession, et je vous défendis l'aveu qui, peut-être. allait s'échapper de vos lèvres. Ma confiance en vous n'est pas ébranlée; ma résolution ne variera pas; ma main est à vous, je vous laisse maître de ma destinée : ne brisez pas mon seul rêve de bonheur en me repoussant! Puisque mon cœur vous absout, vous montrerez-vous plus sévère que moi-même? J'en fais ici le serment, si vous êtes condamné, si la dure sentence prononcée jadis est ratifiée, je m'exile avec vous, je deviens la compagne du condamné, et je ferai si bien que vous trouverez encore du bonheur au sein de cette détresse. Le monde, pour moi, sera où vous vivrez, mon père m'approuvera : il sait que je vous dois la vie.

— Non, non! c'est impossible! s'écria Samuel en saisissant les mains d'Any, vous ne réfléchissez pas, dans la candeur naïve de votre âme et dans l'entraînement de votre tendresse, que je serai un banni, un damné de ce monde. Je vous aime trop pour vous associer à mes tortures. Vous avez fait tout ce que vous pouviez en m'offrant de partager ma misère; je me dois de vous refuser.

— Alors vous êtes trop fier et trop dur, et vous m'imposerez une torture qui durera toute la vie. En me repoussant, vous me vouez au désespoir.

— Mon Dieu! mon Dieu! s'écria Samuel, vous savez bien que je vous aime trop pour vous faire partager une vie flétrie.

— Gardez-moi! gardez-moi! Samuel, la compassion que vous aurez de moi vous méritera l'indulgence des juges. Vous ne serez pas seul devant eux; j'irai, moi aussi, tout près du banc où vous serez assis, moi la sœur de cet Henri qui vous donna son nom, et qui, en vous léguant sa fortune, vous laissa aussi sa sœur.

— Vous le voulez? s'écria Samuel.

— Je le veux, répondit-elle.

— Eh bien! soit! misérables ensemble, ou tous deux heureux d'une joie qui n'aura d'égale que votre bonté!

Elle l'entraîna vers le logis où l'attendait l'aveugle; et, ce soir-là, le vieillard apprit le secret de celui qui devait pour lui remplacer un fils

LE CONTUMAX

CHAPITRE XXV

LE CALME APRÈS L'ORAGE

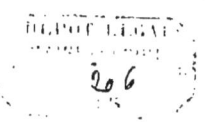

M. Darieu lui ouvrit les bras en murmurant : — Mon fils ! (Voir page 298.)

Chapitre XXV

LE CALME APRÈS L'ORAGE

On s'étouffait dans l'immense salle des Pas-Perdus du palais de justice. Les avis se partageaient au sujet de l'homme qui avait le courage de se présenter devant le tribunal des hommes, après en avoir subi une première condamnation.

Mais la majorité de cette foule était pour Samuel. On ne voulait voir en lui que le créateur de la ville d'Eden, le père des enfants adoptés dans la Sologne, le frère de ces mendiants qui frappaient le soir à sa porte et qui, le lendemain, ayant une place dans ses ateliers, se sentaient devenir de braves et honnêtes gens.

Les avocats félicitaient M⁰ Albaut d'avoir à plaider cette cause. Chacun d'eux cherchait ses moyens de défense, et s'écriait :

— Mais on n'a rien à dire devant un tel homme ; il suffit de raconter sa vie !

M⁰ Albaut parlait avec le plus de vivacité, quand la main d'une femme lui tomba sur l'épaule.

— Ah ! mon cher conseil, s'écria en sanglotant la voix de Mme Marchenoir, venez à mon aide. Me voilà perdue ! Je n'avais guère l'espoir de vous rejoindre au milieu de cette cohue, venez, venez !

— Où cela ?

— Au tribunal de police correctionnelle.

— Il vous attendait, répondit en riant l'avocat.

— J'ai déjà la tête à moitié perdue, allez-vous me la mettre tout à fait à l'envers ?

— Je ne serai pas assez méchant pour cela. Voyons, parlez, que l'on sache les détails de votre affaire.

— Eh ! je passe en police correctionnelle.

— Je vous le prédis depuis six mois.

— Eh! je sais bien que j'ai été imprudente. Vous me ferez acquitter, n'est-ce pas?

— J'en suis certain.

— Que plaiderez-vous?

— La folie.

— La folie! Alors, pas de milieu, la folie ou une condamnation pour port illégal de décoration?

— De laquelle s'agit-il?

Mme Marchenoir baissa la tête :

— La Légion d'honneur.

— Diable! vous n'y allez pas de main morte!

— Hélas! vous vous souvenez que j'avais dit en public que je donnerais quatre cent mille francs pour obtenir la croix de la Légion d'honneur. Quinze jours plus tard, un homme de haute mine me vint voir, me pria de lui raconter mon histoire, et s'écria :

— Vous avez des droits à la Légion d'honneur!

— Pensez-vous? monsieur. Oh! la recevoir serait le plus grand bonheur de ma vie : tout ce qu'il faut de droits, je suis prête à les payer.

Il me dit doucement :

— Avec trois cent mille francs, je vous obtiendrai cela.

— Comme j'étais décidée à en sacrifier quatre, je trouvai ce monsieur modeste. Quelques jours après, il m'envoya des papiers divers, que je signai en ajoutant bon nombre de milliers de louis.

Cette comédie dura trois semaines... Mes trois cent mille francs étaient tombés dans le gouffre; mais je portais à ma poitrine la croix de la Légion d'honneur, et je gardais au fond d'un tiroir le brevet auquel j'avais tant aspiré. Pendant un mois, je me promenai dans Paris, heureuse de voir les passants se détourner en me voyant, et faisant noblement, royalement, la roue. Mais un matin, on m'apporta un ordre de comparaître devant le juge d'instruction.

Il s'agissait du port illégal de décoration.

J'entrai très bravement, et je présentai mon brevet au juge d'instruction.

Il se mit à rire.

— Quoi! fit-il, vous êtes tombée dans ce piège! Le misérable qui vous a pris cette somme passera dans quinze jours; ses complices ne passeront qu'après lui.

— Quels complices?

— Ceux qui, comme vous, portent de fausses décorations.

— Mais je suis innocente! J'allais ajouter : je suis idiote! quand je m'arrêtai, pensant que le juge d'instruction me croirait un jour.

— J'admets, me dit-il, que l'excès de votre amour-propre vous ait poussé à acheter le *Pélican bleu*, le *Kanguro vert*. Entre une eau qui fait pousser les cheveux, et une plaque qui semble vous distinguer du reste des sots, il existe un certain rapprochement; mais que vous ayez l'audace de croire que la croix de la Légion d'honneur se vendait, qu'il y avait acheteur et vendeur, voilà ce que jamais on ne vous pardonnera. Du génie ou du sang! voilà ce qui la paie. Tenez-vous-en aux autres insignes que vous avez payés de la moitié de votre fortune.

Je quittai, le front baissé, le cabinet du juge, me demandant qui voudrait me défendre. Savez-vous ce que chacun me répondait?

— Je plaiderais si vous aviez commis un grand crime, mais votre cause est absurde, et l'avocat qui l'accepte reçoit un peu de ridicule.

Mais, je vous tiens, je vous connais. Il est possible de tirer quelque chose de l'affaire. Acceptez! acceptez! Vingt mille francs, le prix d'une empoisonneuse, monsieur Picauville, fit la Marchenoir en s'adressant à un reporter qui tenait son carnet à la main.

— Un avis, mon cher... Cette excellente Marchenoir offre trois mille francs à son avocat pour plaider une mascarade... dix à moi pour que je remplisse d'articles spirituels la...

— Et vous refusez, mon bon?

— Nous nous rendons, dirent Picauville et son ami.

— Vous me sauvez la vie, s'écria madame Marchenoir.

— Pardonnez-moi de vous quitter, je cours rejoindre l'avocat du contumax.

— Mais mon cher conseil, que deviendrai-je sans vous!

— Attendez-moi à la correctionnelle.

Mme Marchenoir se dirigea vers un autre tribunal, tandis que le reporter Picauville et son ami, le dessinateur, gagnaient la salle d'audience de la cour d'assises. Nul ne voulait perdre les émotions du procès du *contumax;* c'est sous ce nom que l'affaire du malheureux Samuel avait été classée par les journaux et adoptée par le public. Bientôt l'huissier fit son entrée, et dit cette phrase tant de fois entendue et qui chaque fois vous émeut :

— Chapeaux bas, messieurs, la cour !

Les magistrats entrèrent, solennels et graves ; le président et les assesseurs devant la table faisant face à la foule. Le procureur général à gauche, le visage pâle aux reflets de sa robe rouge.

L'appel des jurés eut lieu, lent et solennel.

Puis, à ces préliminaires succéda l'ouverture de l'audience, et Samuel fut appelé.

On allait voir le contumax ! on allait essayer de lire sur ce front ce qu'était cet homme qui, après avoir été voleur, était devenu le protecteur et l'ami des malheureux ! Certes, la curiosité était grande ; cependant on accorda au malheur de cet homme un respect que jamais accusé ne recueillit dans le prétoire. Nul n'insulta sa souffrance, et les yeux se baissèrent quand il parut au milieu des gendarmes entre lesquels il s'assit.

Un moment, il demeura droit, immobile, fouillant du regard cette foule populaire qui se pressait. Aux places réservées, à travers le brouillard qui, pour la première fois, couvrait ses yeux, il aperçut l'aveugle et, levés vers lui, les yeux bleus d'Any. Deux jours auparavant il lui avait écrit pour la supplier de ne pas monter avec lui les marches de ce prétoire. N'étaient-ils point devenus étrangers l'un à l'autre ? La honte qui le couvrait ne rejaillissait-elle pas sur elle ?

Il attendait une réponse ; il n'en reçut point et crut avoir été entendu.

Il avait agi de même avec ses ouvriers. Norbert seul, appelé en qualité de témoin, devait se trouver dans la salle. Mais la veille du jugement, les cinq cents travailleurs attendirent le jeune homme, et le plus vieux des mouleurs, s'approchant de Norbert lui dit :

— Monsieur, nous n'avons jamais refusé obéissance et dévouement au maître : chacun de nous se serait fait mettre au feu pour lui, quoi ! Nous avons applaudi à l'agrandissement de sa fortune ; nous le voulions pour député, il a refusé. Nous savons aujourd'hui pourquoi... Mais le renierons-nous au jour de sa tristesse ?

reculerons-nous devant son épreuve? des gens de cœur feraient-ils cela, monsieur Norbert? Il a fait de vous son fils, parlez, nous vous obéirons.

— Ne lui refusez pas votre assistance, camarades. Mais, hélas! il ne sera pas possible à tous d'entrer dans la salle. Je l'obtiendrai pour les plus vieux; le reste d'entre vous restera dans la cour, attendant le jugement : on leur apportera des nouvelles.

Norbert tendit la main à quelques-uns, et gravit rapidement l'escalier qui le conduisit à la chambre des témoins.

Quand l'audience s'ouvrit, une commotion terrible descendit des hauteurs jusque dans la rue. Norbert, assis à côté de l'avocat, murmura le mot : « Courage! » Les regards d'Any lui répétaient le serment d'une éternelle tendresse.

L'appel des jurés terminé, le procès commença, et Samuel, appelé par le président, déclina son nom et son âge.

Contrairement à la coutume, le président présenta ses demandes d'une telle sorte que Samuel n'eut point à répondre aux questions qui lui furent adressées pour le passé.

— M. Tuffaut, maître du chantier, n'a, de fait, jamais rien perdu de votre chef... Deux années après votre départ pour la Californie, il se trouvait remboursé?

— Oui, monsieur.

— Nous interrogerons tout à l'heure l'abbé Xavier, seul compagnon de votre voyage, puisque vous eûtes le chagrin d'avoir vu mourir votre ami Henri, après l'avoir soigné comme un frère.

Un sanglot s'échappa de la poitrine de Samuel, qui se tourna vers Any et son père.

— Racontez maintenant l'histoire de votre changement de nom.

— Avant d'expirer, Henri me saisit les mains : « Je sais, me dit-il, que tu gardes au fond du cœur une plaie amère, tristesse ou faute, je ne veux pas le savoir... Mais, je te le jure, mon nom est sans tache... Mon père est mort, ma sœur aussi, je suis le dernier de la famille... Prends ces deux cent mille francs... Dans ce désert et devant Dieu pour juge, je te fais mon héritier. » J'obéis, monsieur, j'adoptai son nom qui devint le mien. Mais, je vous le jure, je l'ai porté noblement, j'ai semé les bienfaits au nom de mon ami, et, si le nom de mon père subit une honte, j'ai gardé haut et pur celui de mon ami.

En ce moment, M. Darieu arracha une feuille de son carnet, la tendit à sa fille, et lui dicta un court billet adressé au président.

Celui-ci en prit connaissance, et déclara qu'en raison de son pouvoir discrétionnaire M. Darieu serait entendu.

Le vieillard aveugle se leva; puis, appuyé sur l'épaule de sa fille, il se tourna non point du côté de la cour qu'il savait éclairée, mais du côté de cette foule passionnée qui, descendant de la salle, s'entassait dans les corridors, ruisselait dans les couloirs, et s'étendait dans la vaste cour où, de temps en temps, arrivaient des bulletins de l'audience.

Darieu, frémissant d'émotion, s'écria :

— Oui, mon fils le fit son frère, et, moi, je le reconnais pour mon enfant. Savez-vous ce qu'a fait cet homme assis au banc d'infamie? Il nous a, ma fille et moi, arrachés à l'incendie qui faillit détruire une partie de la rue Paradis.

— C'est vrai! c'est vrai! crièrent plusieurs voix.

— Oh! ce n'est rien. Nous mourrions de faim, il nous fournit du travail. Nous devions en faire un membre de la famille, lorsqu'en visitant nos papiers il comprit que cette alliance était impossible; et il me restitua non pas deux cent mille francs, mais huit cent mille francs en comptant les intérêts. Voilà ce dont est capable celui qui peut-être fut coupable d'une faute, mais qui la racheta si glorieusement que nul n'a plus le droit de la lui reprocher.

Quand Darieu s'assit, Any l'embrassa.

On appela ensuite le chef de l'atelier.

Au nom de ses camarades, il rappela la bonté, la générosité du maître, ses admirables créations. Quant à ce qu'on disait du passé, il admettait qu'il existait une faute, mais dans le présent on devait faire deux parts, si l'on voulait être juste : celle d'une jeunesse entraînée, coupable un instant; celle d'un été de la vie digne de toute admiration, capable de tous les dévouements.

— Objectez-vous quelque chose à la déposition du témoin? demanda le président à Samuel.

— Non, monsieur, répondit-il gravement. Il s'agit seulement de savoir si les hommes sont implacables quand Dieu pardonne, si nous devons rester maudits et damnés pour avoir failli, si l'erreur d'une seconde balance vingt ans d'efforts. Non, messieurs, je n'ai rien à dire ; je me repens du mal commis, je jure d'employer le peu de vie qui me reste à soutenir les faibles et à instruire les ignorants.

Samuel s'assit, mais, comme pendant la lecture de l'acte d'accusation, il garda le front haut, regardant l'abbé Xavier qui l'encourageait avec bonté. Le procès, éclairci par la première procédure faite à Dieppe, abrégea de beaucoup l'affaire du contumax. En général, l'opinion était bonne. Son attitude devant la justice, une humilité non sans grandeur, le silence tenu sur ses œuvres, tout en lui plaida sa cause devant la justice.

L'avocat général prit la parole. Il dit que devant lui il voyait, d'un côté, le dossier du procès d'un enfant, de l'autre, l'histoire de vingt ans de vertu ; et que cette opposition que jamais il n'avait vue le remplissait d'une telle stupéfaction que, cédant au sentiment de son cœur, il ne voulait pas croire au mal, quand il consultait les balances de la justice.

— Du reste, messieurs, dit-il en se tournant du côté des jurés, si je me trompe, moi qui suis chargé de représenter la justice, je croirais mentir à mon mandat en écoutant la voix du repentir qui est manifesté par de tels hommes. Si j'appelle ici souvent vos sévérités, si j'appelle sur une tête le couperet du bourreau, j'ai aussi cette consolation de rester libre de dire à tous : « Celui-là n'est pas coupable ! » Prononcez, messieurs, je me retire devant la majesté de votre mandat.

De ce moment on comprit quel serait le verdict du jury.

Any jeta sur Samuel un regard empreint d'angélique candeur ; Château-Bélin et Marcelle joignirent les mains d'une façon joyeuse, et les chefs d'atelier firent le geste d'applaudir.

Les mains de Samuel cachaient en ce moment son visage. On l'emmena pendant le délibéré, et, durant les minutes qu'il passa dans la salle des délibérations, il garda un douloureux silence. Serait-il acquitté ou condamné ? Puis il songea à Any, sa belle et courageuse Any, qui allait avoir le courage de le soutenir s'il était à jamais perdu. Il souffrit durant quelques minutes toutes les douleurs que peut endurer un homme, et cependant quelle consolation eût été la sienne, s'il eût entendu ces braves gens dire entr'eux :

— Acquitté, n'est-ce pas?
— A l'unanimité.
— C'est un grand bonheur!
— Et une justice à laquelle tous les hommes doivent applaudir.

Les jurés rentrèrent, et sur leur physionomie rayonnante on devinait le mystère d'une noble action. La foule attendait anxieuse, et le président s'associant à cette émotion dit, de façon à ce que tout le monde pût l'entendre, non pas: « Introduisez l'accusé! » mais:

— Introduisez M. Samuel Dupont.

Ce trait de bonté remarqué par tous fut applaudi par tous.

En ce moment Samuel entra.

Any, penchée vers lui, lui souffla en deux mots son bonheur.

La voix du chef du jury tremblait quand, d'une voix haute et solennelle, il dit que Samuel était innocent.

La salle entière éclata en applaudissements, tandis que Samuel, disparaissant par la petite porte, s'abandonnait aux embrassements de ses amis. Alors seulement il versa des larmes. Quoi! le poids qui l'écrasait était à jamais tombé de ses épaules. Il pourrait vivre heureux, le front levé. On ne lui pardonnait pas : il était pur de toute faute.

Chacun mit un empressement rempli de bonté à diminuer ou à hâter les formalités qui lui rendraient enfin la jouissance de la liberté.

Samuel alla saluer le procureur général; puis il prit le bras de son avocat, et alla retrouver Darieu, sa fille, Norbert et un intime ami, dans la chambre où ils l'attendaient.

La voiture des jeunes gens stationnait sur la place du palais de justice. Là, les ouvriers de la fabrique prenaient d'assaut les voitures, offrant aux cochers des pourboires énormes pour les conduire jusqu'au village d'Eden.

La voiture de Samuel, dans laquelle il se trouvait avec Any et l'aveugle, prit la tête de ce cortège. Dans les rues on se rangeait pour le voir passer.

Enfin apparut Eden-Village, et, derrière les grilles encore fermées, étaient réunis tous ceux qui n'avaient pu se rendre à Paris. A l'instant où la voiture de Samuel s'approcha, les grilles s'ouvrirent, et des bouquets furent tendus à Samuel, dont les yeux s'emplissaient de larmes. Il les posa sur les genoux d'Any, et le visage de la jeune fille apparut rayonnant de bonheur.

Le faïencier remercia, en quelques mots, les ouvriers qui avaient voulu entendre la grande voix de la justice proclamer qu'il était un honnête homme ; puis il leur donna rendez-vous, pour le lendemain, à un repas qui les réunirait tous. Après une telle journée d'émotion, on se quitta de bonne heure : Any, folle de joie, couvrait son père de baisers ; Samuel, plus grave que jamais, se demandait si un bonheur plus grand encore ne lui serait pas réservé.

Il entraîna doucement sa fiancée dans le petit bois entourant la maison, comme s'il voulait y cueillir les souvenirs de cet entretien plein d'abandon et de tendresse qu'elle avait eu avec lui.

Any s'appuyait sans crainte sur le bras qui lui était offert ; elle sentait, elle aussi, que leur existence allait se décider, mais, dans les délicatesses infinies de son cœur, elle rêvait de rendre complète la félicité de l'homme à qui elle devait tout.

Arrivés à un banc de pierre qu'ils connaissaient bien, tous deux s'assirent, et durant un moment ils demeurèrent silencieux. Les paroles ne pouvaient se faire jour à travers leur cœur trop plein : ils avaient été frappés de trop d'émotions pendant cette journée. Tous deux repassaient en leur esprit ces scènes où leur bonheur avait failli sombrer. Et maintenant il était sauvé ; rien n'empêchait plus leur union. Une joie immense les envahissait.

Elle se baissa vers le sol, cueillit un bouquet de sylvies qu'elle partagea en deux, en lui disant :

— Voilà mon bouquet de noces !

Ils rentrèrent ensemble chez M. Darieu. et, s'agenouillant devant lui :

— Bénissez-nous, mon père, dit Samuel.

Mais M. Darieu, le relevant, lui ouvrit les bras en murmurant :
— Mon fils !

La grande nouvelle se répandit vite parmi les ouvriers de l'Eden. Si le patron avait épousé une jeune fille coquette et frivole, peut-être auraient-ils craint pour l'avenir de l'œuvre de Samuel ; mais Any était de la famille des travailleuses. Any, dans un jour d'angoisse, avait été jusqu'à engager sa palette à la Banque des Gueux. Et ce fut une joie nouvelle à joindre à toutes les joies de ce jour.

En un moment, Any fut entourée de ses amies : des vivats se firent entendre au moment où elle choisit dans la corbeille un bouton d'oranger qu'elle plaça auprès des sylvies, et la joie dont se colora son charmant visage trahit mieux que ne l'aurait fait ses paroles la vive émotion de son cœur.

Le soir, Samuel, M. Darieu et Any dînèrent ensemble; puis Any resta seule avec son fiancé.

Appuyés tous deux sur le balcon enguirlandé de vignes vierges, ils laissèrent pour la première fois s'épancher le trop plein de leur cœur. Le faïencier bénissait la jeune fille qui lui était restée fidèle dans l'épreuve, et dont l'amour le soutenait même quand il repoussait cet amour.

Any lui rappelait qu'elle lui devait la vie et celle de son père; elle lui disait qu'elle lui devait la fortune qui la rendait indépendante, et qui lui permettait, en devenant sa femme, de ne point faire un mariage de raison.

Elle ajouta, en appuyant sa main sur la main de Samuel :

— Il me reste une dernière prière à vous adresser.

— Vous? Any! laquelle?

— Suis-je certaine de me voir exaucée?

— Oui, certaine, quand vous me demanderiez...

— Votre vie? Il est convenu qu'elle m'appartient. Non... Ne trouvez-vous point que depuis trois années nous vivons au milieu d'un état de trouble qui nous attriste et qui nous lasse... J'ai Paris en horreur...

— Je le déteste autant, répondit Samuel.

— Et puis il me semble que je n'eus jamais ma part dans votre œuvre. Faites-la-moi aussi grande que vous pourrez; la femme n'est pas seulement la compagne, elle est encore l'aide de l'homme. Vous avez créé ici une œuvre qui vivra, mais cette œuvre s'applique à des hommes. Je souhaiterais m'occuper des enfants, les ramasser dans un pli de ma robe et vous les apporter tout tremblants de froid, mourant de faim, redoutant les hommes parce que les hommes les ont brutalisés. De ces êtres qu'on repousse, que le vice appelle, que la prison gâte, nous ferons des hommes honnêtes qui deviendront des travailleurs de la terre.

— Any! Any! où avez-vous fait ce rêve?

— Je le place en Sologne, dit-elle.
— Ah! fit-il, ce ne sera pas assez de t'aimer!
— Alors notre voyage de noces...
— Sera dans la ferme de Sologne ; ce ne sont pas les orphelins qui manqueront.

Cette fois leurs âmes s'entendaient d'une façon complète ; la charité venait de leur poser au doigt son divin anneau d'or ; ils se sentaient certains d'être heureux pour la vie.

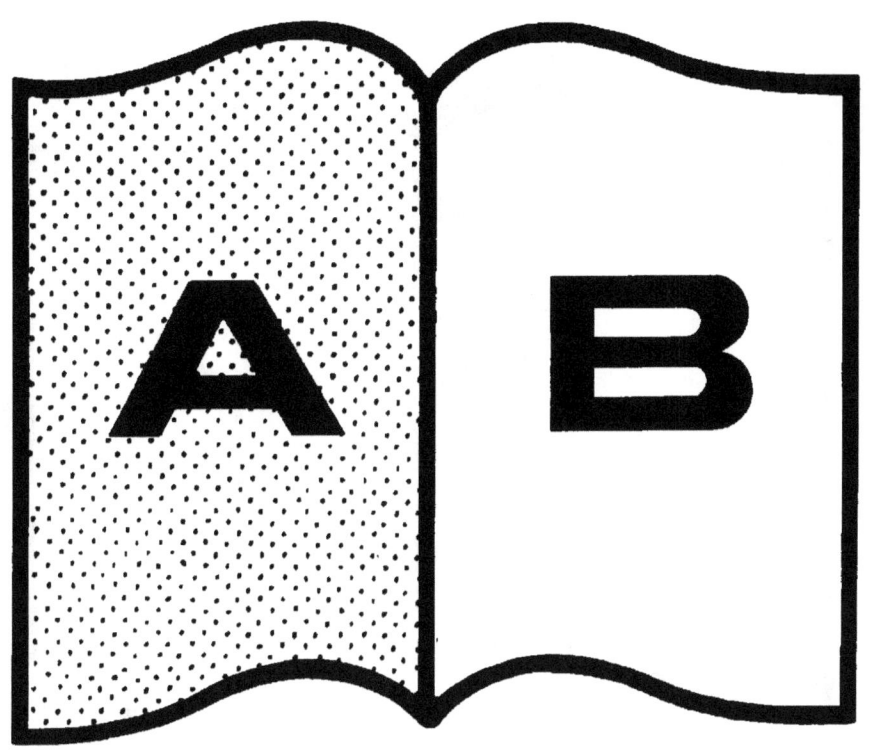

Contraste insuffisant

NF Z 43-120-14

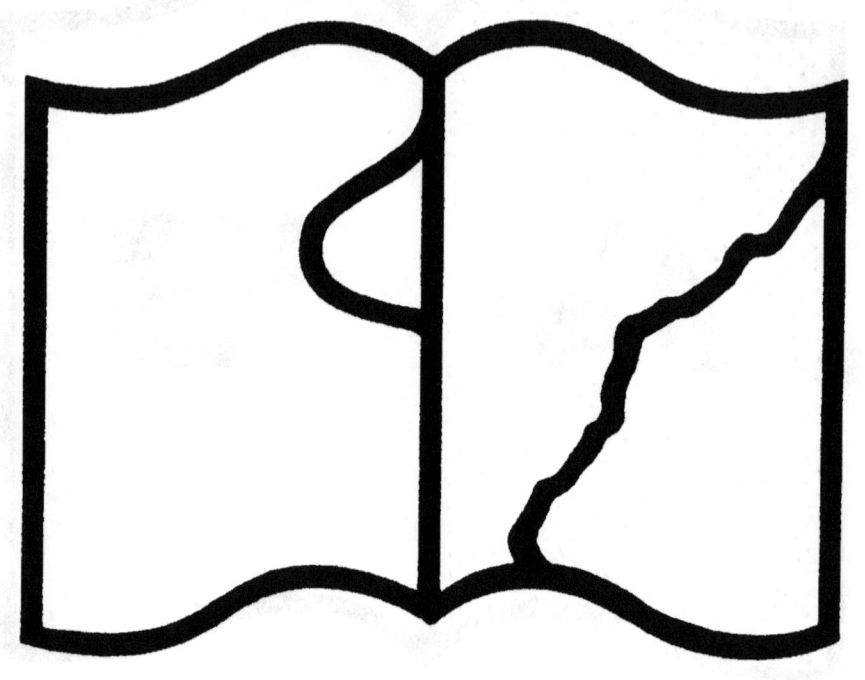

Texte détérioré — reliure défectueuse
NF Z 43-120-11

www.ingramcontent.com/pod-product-compliance
Lightning Source LLC
Chambersburg PA
CBHW071127160426
43196CB00011B/1824